L'ANNÉE 1796

SUR LA PAIX PERPÉTUELLE

À LA MÊME LIBRAIRIE

L'année 1793. Kant. Sur la politique et la religion. Actes du 1er congrès de la Société d'études kantiennes de langue française (Dijon 13-15 mai 1993), publiés sous la direction de Jean Ferrari, 1995.

L'année 1795. Kant. Essai sur la paix, sous la direction de Pierre Laberge, Guy Lafrance et Denis Dumas, 1997.

L'année 1798. Kant et la naissance de l'anthropologie au siècle des Lumières. Actes du colloque de Dijon (9-11 mai 1996), publiés sous la direction de Jean Ferrari, 1997.

L'ANNÉE 1796
SUR LA PAIX PERPÉTUELLE
DE LEIBNIZ AUX HÉRITIERS DE KANT

Sous la direction de

Jean FERRARI
et Simone GOYARD-FABRE

Ouvrage publié avec le concours
de la Fondation Robert Bosch (Stuttgart)
et du Centre Gaston Bachelard (Dijon)

PARIS
LIBRAIRIE PHILOSOPHIQUE J. VRIN
6, Place de la Sorbonne, Ve
—
1998

La Mise en forme a été assurée
par Marie-Françoise Conrad et Jean Ferrari

La publication n'a pu être menée à son terme qu'avec le concours de la Fondation Robert Bosch (Stuttgart), qui avait déjà apporté son aide à la traduction des textes inédits qui figurent dans ce volume, à laquelle les auteurs expriment leur plus vive reconnaissance

ISSN 0249-7875
ISBN 2-7116-1370-4

A la mémoire de Rudolf Malter

AVANT-PROPOS

Jean FERRARI

A l'occasion du 200e anniversaire de la parution de l'opuscule de Kant, *Zum ewigen Frieden, Vers la paix perpétuelle,* l'année 1995 a connu un grand nombre de journées d'études, de colloques, de congrès et de publications qui ont souligné l'importance, dans le système critique lui-même et dans l'élaboration d'une charte universelle pour la paix, des idées développées par Kant, en partie à l'origine, au XXe siècle, de la création de la Société des Nations, puis en 1945, de celle de l'Organisation des Nations Unies.[1]

L'idée de paix perpétuelle n'appartient pas à Kant. Si l'abbé de Saint-Pierre, sans en être lui-même le découvreur, est le premier à l'avoir si amplement développée par ses écrits durant la première moitié du XVIIIe siècle, elle fut l'objet de vives controverses où s'opposèrent polygraphes, écrivains et philosophes de l'époque. En 1993, un colloque fut organisé à Saint-Pierre l'Eglise dont les actes n'avaient point encore paru[2]. Il a semblé utile de faire figurer dans ce volume cette série d'études, demeurées inédites et dues à des spécialistes reconnus, sur des auteurs qui ont traité de la paix perpétuelle et auxquels Kant s'est lui-même référé. Elles constituent la première partie de ce livre.

Si le texte même de l'opuscule de Kant n'y figure pas, c'est qu'il a fait l'objet , ces dernières années, de plusieurs traductions qui sont venues s'ajouter à celles déjà existantes, depuis la première de 1796 *qui donne donc son titre à l'ensemble de l'ouvrage*, reprise dans l'édition des *Œuvres philosophiques* de Kant à la Bibliothèque de la Pléiade. Mais nous présentons la traduction, inédite en français, de trois textes publiés outre-Rhin, en écho à la parution de l'opuscule de Kant : de Johann Gottlieb Fichte, « Vers la paix perpétuelle » *Un essai*

1. Le deuxième congrès de la société d'études kantiennes de langue française réuni à Ottawa du 4 au 8 octobre 1995 avait précisément pour thème : « Kant, la paix et les Nations Unies » à l'occasion du double anniversaire de la parution de *Zum ewigen Frieden* en 1795 et de la création de l'O.N.U. en 1945.

2. Pour marquer le 200e anniversaire de la mort de l'écrivain, la Société des Amis de l'Abbé de Saint-Pierre avait organisé en septembre 1993 un colloque international sur le thème : « Projet de la paix perpétuelle pour l'Europe. »

philosophique d'Emmanuel Kant (Königsberg, chez Nicolovius 1795)[3], de Friedrich Schlegel, *Essai sur le concept de républicanisme*, et d'un auteur anonyme, *Paix perpétuelle et droit du peuple à résister*.

Il a paru intéressant de permettre une comparaison entre ces réactions allemandes et les comptes rendus de l'opuscule qui parurent dans les journaux français durant l'année 1796. C'est pourquoi nous présentons *in extenso* les articles parus à ce sujet dans la *Gazette nationale ou le Moniteur universel*, dans le *Magasin encyclopédique*, dans le *Journal d'économie publique, de morale et de politique*.

En appendice enfin figurent quatre textes relatifs à la paix d'inspiration et de style fort différents :

Des *Essais de morale* de Pierre Nicole, le « traité des moyens de conserver la paix avec les hommes ».

De William Penn, les vingt-quatre articles de l'*Essai sur la paix perpétuelle et future de l'Europe* (1693).

Le chapitre I de l'*Abrégé du Projet sur la paix perpétuelle* 1729 de l'Abbé de Saint Pierre.

Enfin, de Voltaire, le *Rescrit de l'empereur de la Chine à l'occasion du Projet de paix perpétuelle* (1761).

Une importante bibliographie achève l'ouvrage.

Malgré son apparente diversité, il s'agit là d'un ensemble cohérent d'analyses et de matériaux présentés au lecteur, autour d'une idée dont la réalité, sans cesse démentie par les faits, ne cesse d'habiter comme une espérance l'esprit des hommes de bonne volonté.

3. V. *Zum ewigen Frieden — Ein philosophischer Entwurf von Immanuel Kant. Königsberg, bei Nicolovius. 1795*. In : Johann Gottlieb Fichte : *Werke 1794-1796, Gesamtausgabe der Bayerischen Akademie der Wissenschaften*, hrsg. von Reinhart Laut und Hans Jacob, Bd. I, 3, Stuttgart — Bad Cannstatt 1966, p. 221-228.

INTRODUCTION

LES CHEMINS DE LA PAIX AU XVIIIe SIÈCLE

Simone GOYARD-FABRE

L'idée de paix est l'une de celles qui éloignent les temps modernes des siècles où la geste des guerriers s'auréolait de gloire. Certes, dès l'époque médiévale, le droit canonique considérait que, seule, la guerre défensive est légitime ; et il est vrai que certains monarques, à l'instar du roi Saint Louis, préféraient l'épée de justice à l'épée de guerre. Mais, avant le XVIe siècle, bien rares ont été les auteurs qui ne vantaient pas l'épée de guerre comme symbole du code d'honneur de la chevalerie. En revanche, l'humanisme de la Renaissance, en un vigoureux élan de la pensée, a brisé les clôtures mentales du monde médiéval et entrevu la possibilité de tracer les voies nouvelles de la concorde qui pourrait régner sur la terre des hommes. L'évangélisme d'Erasme, l'humanitarisme de Francisco de Vitoria, les rêves de « concorde universelle » de Guillaume Postel, la sagesse de Montaigne, la générosité de l'utopie conçue par Thomas More... se rejoignent pour vanter, dans la *communitas orbis*, les chemins qui devront à l'avenir conduire à la paix universelle. Dans le monde qu'élargissent les grandes conquêtes et que commencent à transformer les mutations culturelles, le fracas des armes résonne comme un bruit maléfique qu'il faudra faire taire. Les jurisconsultes, en se demandant si la diplomatie et l'arbitrage ne devraient pas prendre la place du *jus gladii,* préparent, en une dialectique qui n'est pas toujours consciente de sa puissance, le renversement des valeurs attachées à la guerre et à la paix.

1. Le XVIIe siècle est le temps de ce retournement intellectuel et, dans l'histoire des idées, le nouveau regard qui s'attache à la guerre et à la paix est appelé à prendre une envergure spectaculaire.

Après la hardiesse des idées défendues par la Scolastique espagnole et notamment par Francisco Suarez, Henri IV et son ministre Sully forgent « le grand dessein » d'édifier une « universelle république très chrestienne » dont l'assiette serait « toujours tranquille »[1]. Sully connaissait peut-être le livre

1. Sully, *Mémoires des sages et royales oeconomies d'Etat* (1638), Paris, 1837, p. 345.

qu'Emeric Crucé de Lacroix, régent de rhétorique au collège du Cardinal Lemoine, avait fait paraître à Paris en 1623 sous le titre *Le Nouveau Cynée*, et dont le sous-titre était à lui seul tout un programme : *Discours des occasions et moyens d'établir une paix générale et la liberté du commerce par tout le monde.* Le grand ministre d'Etat qu'il était ne pouvait non plus ignorer l'œuvre monumentale du jurisconsulte néerlandais, Hugo Grotius. Celui-ci, après la saisie d'une carangue portugaise, la *Catharina*, par un amiral de la Compagnie des Indes orientales, avait composé une retentissante plaidoirie en faveur de la liberté des mers, en laquelle il défendait avec fougue la cause d'un commerce pacifique[2]. Puis il avait publié en 1625 son grand traité *De jure belli ac pacis,* ouvrage où il expliquait que, le droit étant ce qu'il est « même si Dieu n'existe pas » ou « s'il est indifférent aux choses humaines »[3], il appartient aux hommes d'élaborer les moyens juridiques de la paix, notamment grâce à des procédures d'arbitrage fondées sur la raison et sur le droit naturel[4]. Comme en écho, le « politique » Richelieu, homme d'Etat bien plutôt que juriste ou philosophe, mettait en œuvre en ce temps une politique de la raison, dite « politique de l'équilibre », destinée, disait-il, à instaurer la paix entre les princes souverains d'Europe (en fait, entre les « maisons » de France et d'Autriche).

Pourtant, quelle qu'ait été au XVIIe siècle l'envergure du retournement intellectuel provoqué dans la manière de penser la guerre et la paix par l'assurance rationaliste du droit et de la politique, cela ne put suffire à empêcher que, dans les traités destinés à mettre un terme aux guerres — paix de Westphalie en 1648, paix d'Aix-la-Chapelle en 1668, traité de Nimègue en 1678, paix de Ryswick en 1697 —, la victoire ne revînt toujours au plus fort : dès lors, guerres et violences ne semblaient cesser que pour recommencer.

2. Devant ce spectacle des choses humaines, l'esprit du XVIIIe siècle se fait critique et met en doute la possibilité d'une pacification du monde par les calculs d'une raison rationnelle trop sûre, dans son dogmatisme, de ses postulats et de ses procédures.

A l'heure où se préparait la paix d'Utrecht (1713), Charles Irénée Castel de Saint-Pierre, après s'être interrogé avec un solide bon sens sur les avantages et les inconvénients des « moyens pratiqués jusqu'ici pour entretenir la paix » — c'est au « système de l'équilibre européen » qu'il pensait — n'hésita pas à dénoncer sans indulgence les « funestes effets » de la balance des puissances dont la politique a été le théâtre en Europe au XVIIe siècle. Avec le même réalisme diplomatique que Leibniz, il pensait que, *de facto,* les « liens de

2. La plaidoirie de Grotius fut rédigée en 1605 sous le titre *De jure praedae commentarius*. Un chapitre en fut extrait et publié en 1609 par Grotius lui-même sous le titre *Mare liberum,* qui fait évidemment diptyque avec le texte célèbre de Selden *Mare clausum.*

3. Grotius, *De jure belli ac pacis,* Prolegomena, § XI.

4. *Ibid.,* Livre III, chapitre XX, § 46 et 47.

papier » entre souverains sont décidément bien fragiles ; avec la même lucidité aussi que le vieux philosophe, il jugeait que le calcul mécanistique de l'équilibre des forces entre les Etats est, *de jure*, illusoire puisque ces forces sont sans cesse mobiles et fluctuantes. Pour pallier ces graves « inconvénients », il élabora, dès 1712, son *Projet pour établir la paix en Europe*, en publia les deux premiers volumes en 1713 et un troisième tome en 1717. Son optimisme devait susciter à travers le siècle, tout ensemble, un flot de littérature pacifiste et beaucoup de railleries assez malveillantes.

Il n'empêche... Malgré l'accueil ambivalent qui fut réservé au *Projet de Paix perpétuelle,* malgré les *Observations* teintées de scepticisme faites par Leibniz à qui l'abbé avait adressé son ouvrage, malgré les guerres qui, obstinément, continuaient de ravager l'Europe, quelque chose venait de changer dans la manière de penser les relations inter-étatiques. Lors même que « le bon abbé » aurait seulement « rêvé », comme on le lui a si souvent reproché, être le pacificateur de l'Europe, sa conception d'un européanisme fédéraliste au service de la paix, du progrès et de la félicité publique a marqué un tournant dans l'histoire des idées. Dans la mesure où le mémorable projet de Castel de Saint-Pierre n'est qu'un programme sur le papier, comme tel, dépourvu d'efficience juridique ou politique, on peut assurément le ranger aux côtés des œuvres d'un Grotius ou d'un Vattel, et l'imputer, comme le fit Kant, à un « triste consolateur ». Pourtant, l'idée « fédéraliste » — dût-elle être considérablement affinée en ses structures juridiques — était désormais appelée, dès le XVIIIe siècle, à faire son chemin. Tandis que Montesquieu logeait en elle l'espoir d'une organisation juridique qui, éclairée par une étincelle de la sagesse divine, ferait taire les égoïsmes nationaux et les antagonismes entre les peuples, Emeric de Vattel, Jerémie Bentham, Georges Friedrich de Martens... ciselaient les clauses d'un droit des gens qui, sacralisant les pactes et les traités, édifierait non pas la *Civitas maxima* à laquelle pensait Christian Wolff, mais une confédération des Etats, c'est-à-dire une communauté internationale qui, fidèle à ses engagements, serait, comme le pensait Mably, le creuset d'un véritable droit de la paix.

On ne peut taire que, dans le temps même où grandissait chez ces auteurs l'espérance d'une paix construite par le droit des gens, s'accumulaient les réticences du chevalier de Jaucourt dans l'*Encyclopédie*, la raillerie cinglante de Voltaire, les réserves inquiètes de Rousseau amené, à la demande de Mably, à commenter et à juger le *Projet de paix perpétuelle* de l'abbé de Saint-Pierre. Mais le réexamen du problème de la paix effectué par Kant, dans le cadre de sa philosophie critique, à la lumière des Idées de la raison, l'écho de cette nouvelle problématisation de la paix qui traverse l'essai du jeune Joseph Görres[5], la

5. Joseph Görres a vingt ans lorsqu'il publie à Coblenz, en 1796, *Der allgemeine Frieden : ein Ideal* — ouvrage dans lequel il se réfère à Kant.

réplique de Friedrich Gentz à Kant[6], l'intérêt que Fichte[7] et Schelling[8] accordent à l'*Essai sur la paix perpétuelle* du vieux philosophe de Königsberg puisque le premier en rédige un compte rendu dès 1796 et que le second lui consacre une réflexion attentive en soulignant le lien qui unit la paix et le républicanisme, l'importance prise par les traités du droit des gens dans les Ecoles de droit.... sont autant de signes qui montrent combien les hommes du XVIIIe siècle avaient besoin, fût-ce avec des prudences infinies, de croire à la valeur de la paix. Même si Hegel et De Moltke devaient encore voir dans la guerre un phénomène salutaire voulu par la Providence, l'enseigne sinistre sur laquelle le facétieux aubergiste cité par Leibniz[9] avait, sous les mots *Pax perpetua*, fait peindre un cimetière, avait pris une allure si obsolète qu'elle méritait absolument d'être remisée dans l'ombre d'une cave.

3. Voilà pourquoi les hommes, depuis deux siècles, ont travaillé, du point de vue théorique comme du point de vue pratique, à faire avancer la pacification du monde.

Certes, l'élaboration de nouveaux plans de paix et les discours militantistes des « Congrès » ou des « Conventions de la paix » ont pu donner lieu à des doctrines pacifistes qui ont pris parfois l'allure, peu réaliste, d'une apologie de la non-violence. Cependant, les efforts de la communauté internationale pour créer des institutions dont la vocation est de conjurer la belligérance par le droit ont été et demeurent encore aujourd'hui considérables. Malgré ces immenses progrès, le droit international demeure assurément, faute de moyens, déficient et problématique et il est affligeant que des guerres — souvent des guerres civiles, qui sont les plus affreuses — continuent, ici et là, d'ensanglanter notre planète. Il reste que, à l'échelle du monde, le progrès de la conscience a suscité, tout ensemble, une réflexion sur la condition humaine et des initiatives profitables, sinon à la suppression, du moins, à l'apaisement des conflits.

Les chemins de la paix que frayait l'optimisme juridique des XVIIe et XVIIIe siècles n'ont pas conduit les peuples — il faut avoir la franchise de le reconnaître — à une pacification réelle et durable du monde. Celle-ci est

---

6. Friedrich Gentz, *Essai sur la paix perpétuelle*, in *Historisches Journal*, 1800 (traduction française dans le « Thesaurus de philosophie du droit », Paris II- Duchemin, Paris, 1997).

7. Le compte rendu de Fichte parut dans le *Philosophischen Journal*, 1796, IV, § 81-92 (traduction française in Fichte : *Machiavel*, Payot, 1981, p. 185-193).

8. Le texte de Schelling fut imprimé dans la Revue *Deutschland*, 1796 ; le numéro fut interdit par la censure.

9. Leibniz, Préface du *Codex juris gentium diplomaticus*, 1693 ; lettre de Leibniz à Grimarest en date du 4 juin 1712, in édition Dutens, tome V, p. 65 (traduction française par A. Robinet in *Correspondance Leibniz-Castel de Saint Pierre*, « Thesaurus de philosophie du droit », 1996, p. 24).

probablement impossible en raison du dynamisme conflictuel de la nature humaine et, plus profondément, du caractère agonistique de l'être du monde. Mais, même si la paix perpétuelle s'apparente à un rêve infiniment heureux et même si, comme le pensait Kant, son Idée ne peut être que le phare vers lequel doivent tendre tous les efforts des hommes et des peuples de la terre — l'Idée rationnelle de la paix est un « principe régulateur » et non point un principe constitutif —, il faut saluer le courage des pionniers qui ont construit les premiers projets juridiques pour établir la paix dans le monde.

C'est à eux que nous avons voulu rendre justice en rassemblant dans ce volume quelques réflexions sur une œuvre que, trop souvent, on a qualifiée d' « utopique ». La « paix perpétuelle », qui s'inscrivait sur l'horizon d'espérance de nombreux philosophes et jurisconsultes du XVIIIe siècle, n'est certainement pas au bout des chemins qu'ils ont tracés. Néanmoins, dans la dialectique inexpugnable de la guerre et de la paix qui taraude l'humanité en sa nature même, il nous faut reconnaître leur mérite : ils ont su privilégier les conditions qui non seulement devraient désormais permettre aux hommes de comprendre, dans la lumière de l'Idéal de paix, les maléfices des forces de guerre, mais qui pourraient aussi donner enfin aux Etats et aux peuples le courage de les défier.

I

Etudes

L'OPTIMISME JURIDIQUE DE L'ABBÉ DE SAINT-PIERRE

Simone GOYARD-FABRE

L'abbé de Saint-Pierre est souvent considéré comme un utopiste prenant place aux côtés de ceux que Kant appelait les « tristes consolateurs » de l'humanité. Il est vrai que ses aventures intellectuelles ont été retentissantes : il fut exclu de l'Académie française — ce dont il se glorifia — et le vieux cardinal Fleury fit fermer le Club de l'Entresol où la verve caustique de l'abbé était par trop débordante. Ses publications mêmes, comme le *Mémoire sur l'établissement de la taille* ou *La Polysynodie* firent scandale ; le cardinal Fleury parla un jour, non sans ironie, de « l'élixir du *Projet de paix perpétuelle* » et l'abbé, prenant la chose au sérieux, lui répondit : « Je ne suis que l'apothicaire de l'Europe ; vous en êtes le médecin. N'est-ce pas au médecin à ordonner et à appliquer le remède? »...

Castel de Saint-Pierre ne laisse pas d'intriguer en effet, par sa vie comme par sa pensée. Des discussions passionnées de la « cabane » du Faubourg Saint-Jacques à l'instant où il s'éteignit auprès de Voltaire seul à son chevet, il fut un abbé dont la foi vacillante inclinait vers le déisme ; son esprit critique, comparable à celui de Bayle, s'exerça en tous domaines ; aumônier de Madame, belle-sœur du Roi, il profita de sa situation pour observer les passions qui déferlaient à la Cour et dans les coulisses de la politique ; « esprit libre » s'il en fut, il amassa une foule de remarques sur la guerre, les finances, l'administration, la statistique, l'orthographe, la pédagogie... Quant à son œuvre, elle est, par ses dimensions et par son contenu, d'autant plus insolite qu'il est malaisé de la situer philosophiquement : l'abbé de Saint-Pierre n'appartient plus au grand rationalisme du XVIIe siècle : il est même fort éloigné de Descartes ou de Hobbes ; et pourtant si, à l'aube du XVIIIe siècle, il s'éveille aux thématiques des Lumières, il reste, malgré sa présence turbulente dans les salons mondains, en deçà du « jeu philosophique » et de ses ambitions systématistes.

Cependant, eu égard au problème qui l'a sans relâche préoccupé et qui est au cœur de son œuvre — le problème de la paix —, c'est bien une lumière chargée d'espérance que l'abbé de Saint-Pierre a voulu apporter. Devant le tableau de l'histoire humaine déchirée par la guerre, il a ciselé un projet diplomatique empli d'optimisme juridique. Ce texte programmatique qu'il propose à l'intelligence des souverains d'Europe n'est pas l'exposé d'un rêve pacifiste. Loin de s'égarer dans une utopie aussi naïve que généreuse, l'abbé de Saint-Pierre a élaboré rationnellement la charte constitutive d'un Corps européen qu'il présente comme le *moyen de droit* par lequel le fait de la guerre pourra être conjuré. Le passage de ce qui est à ce qui doit (ou devrait) être se condense en 12 articles fondamentaux (que l'*Abrégé* de 1729 réduira à 5)* dont il est intéressant, dans les premières décennies du XVIIIe siècle, de mesurer l'envergure, sans oublier toutefois de s'interroger, puisqu'il s'agit d'un programme juridique de paix, sur ses chances d'efficience.

En jetant sur le *Projet* du « bon abbé » un regard tout ensemble analytique et critique, nous voudrions répondre à la question de savoir si la conception juridique de l'Europe unie qu'il propose peut constituer, comme il le pense et prétend le démontrer, le chemin qui conduit de la guerre à la paix.

I. — **L'Europe malade de la guerre : la « politique de l'équilibre » mise en accusation**

Irénée Castel de Saint-Pierre, né en 1658, a été frappé, dès sa jeunesse, par le panorama des conflits armés qui ont ensanglanté et ruiné l'Europe du XVIIe siècle. La politique extérieure de Louis XIV, tout particulièrement, a été dominée par sa volonté belliciste. Le roi de France espérait, grâce à la guerre, faire étalage de ses forces et briser toute entrave à sa suprématie. La grandeur de la monarchie absolue, pensait-il, requiert l'altière affirmation de sa puissance. Dès lors, si la paix de Westphalie en 1648 puis le traité des Pyrénées en 1659 ont mis officiellement fin à la Guerre de Trente Ans, « la succession d'Espagne (Louis XIV avait épousé l'infante Marie-Thérèse) fut, selon l'expression de l'historien Mignet, « le pivot sur lequel tourna presque tout le règne de Louis XIV ». Afin que l'immense héritage espagnol revînt à la Couronne de France, les guerres de conquête et les coalitions offensives se sont succédé jusqu'au jour où la Ligue d'Augsbourg contraignit Louis XIV à un isolement défensif puis, en 1697, aux reculades de la paix de Ryswick. Mais la dévolution de la Couronne d'Espagne remit le feu aux poudres : la guerre déplorable qui s'ensuivit devait trouver son épilogue en 1713 et 1714 à Utrecht et à Rastadt. La grandeur du siècle de Louis XIV est allée de pair avec le déploiement meurtrier de la force guerrière.

---

* Le texte en est reproduit ci-après, p. 194 sq.

1. L'Europe, gangrenée par la guerre

C'est, au tournant des XVIIe et XVIIIe siècles, un constat que tout un chacun peut faire : l'Europe est malade de la guerre.

Dira-t-on que, d'Alexandre à César, de Charlemagne à Richelieu, il y a toujours eu des guerres ? L'argument, pour l'abbé de Saint-Pierre, est de faible portée. D'ailleurs, ainsi que l'attestent les *Annales politiques,* il s'intéresse davantage à l'histoire présente[1] qu'à l'histoire passée. Dès lors, pour lui, le problème n'est pas de rechercher les causes des rapports conflictuels et agonistiques quasi permanents entre les hommes : cette recherche anthropologique, qui fut celle de Machiavel et de Hobbes, et qui sera avec une force extraordinaire au principe de la réflexion de Rousseau et de Kant, ne l'intéresse guère[2]. En face des malheurs dont la succession des guerres emplit son temps, il veut être, selon sa propre expression, « l'apothicaire de l'Europe ». Seulement, pour que, en véritable « fonctionnaire de l'humanité », il puisse préparer le remède nécessaire à l'établissement de « la paix perpétuelle en Europe », il lui faut comprendre ce qui vicie l'histoire du « grand siècle » au point de marquer pathologiquement la vie internationale.

Il ne suffit pas en effet de dire que le *Projet de paix* est l'œuvre d'un homme dont la sensibilité est déchirée par le spectacle des guerres. Certes, dès sa jeunesse, l'abbé fut indigné par la politique belliciste que conduisait Louis XIV au nom de l'absolutisme royal et de la raison d'Etat. Il éprouvait douloureusement le fait que la volonté de suprématie du monarque se paye si cher : l'invasion de la Flandre, l'incendie de Gênes, la dévastation du Palatinat, les tueries de Fleurus et de Steinkerque etc... avaient engendré, pour les vainqueurs comme pour les vaincus, des maux effroyables difficiles à supporter sans révolte. Mais la réflexion de l'abbé de Saint-Pierre se situe à un niveau *théorique :* au nom d'un rationalisme dont il a mesuré les vertus critiques et la puissance pratique dès le temps de ses discussions de jeunesse avec Malebranche et l'abbé Vertot, il veut d'abord méthodiquement répondre à la question de *savoir pourquoi* l'Europe de son temps est malade de la guerre.

2. La contradiction fatale du système de l'équilibre

Dès le Premier Discours du *Projet de paix,* il entreprend de *démontrer*, par un raisonnement qu'il veut aussi rigoureux que celui d'un mathématicien, que la politique des souverains d'Europe comporte une contradiction mortelle.

1. Les *Annales politiques* rapportent une « histoire immédiate », celle de presque un siècle : 1658-1740 et elles ne laissent de côté aucun trait de l'actualité politique et idéologique.

2. « Les difficultés qui naissent du fond de la nature des hommes, avoue-t-il, m'ont toujours rebuté », *Projet pour rendre la paix perpétuelle à l'Europe*, 1713, Utrecht, Préface, p. iij. Nous nous référons à notre réédition du texte, Paris, Garnier, 1981.

On pourrait croire que l'abbé, écrivant à la fin du règne de Louis XIV, à l'heure où le royaume, après ses gloires, est devenu faible et vulnérable, condamne la politique du roi de France. Certes, à l'opposé de Voltaire, il juge sévèrement le monarque français[3]. Mais ni le *Projet* ni même les *Annales* n'ont le ton de philippiques dirigées contre Louis XIV. L'abbé de Saint-Pierre entend se hausser au niveau des idées générales et des axiomes qui les commandent : s'il condamne la politique de Louis XIV, c'est parce qu'elle exprime un *type* de politique dont les *principes* enveloppent une monumentale erreur.

Cette politique est celle dite « de l'équilibre », dont s'est enorgueilli l'absolutisme triomphant. L'abbé entend démontrer que la postulation fondamentale en est vicieuse. D'une part, il estime que, dans l'ordre politique interne, elle a inspiré la doctrine de *la raison d'Etat*. Or, il ne peut admettre les risques d'arbitraire qui accompagnent la conception sous-jacente d'une souveraineté toute-puissante qui, pour asseoir et assurer son équilibre, accepte, au nom de l'intérêt de l'Etat, de sacrifier des individus. Il le dira dans *La Polysynodie* — à ses dépens puisque cela lui valut d'être exclu de l'Académie. D'autre part et surtout, dans le domaine de la politique étrangère ou, comme nous dirions, dans l'ordre international, les principes de la doctrine de l'équilibre constituent les axiomes de base de la politique que Richelieu s'est glorifié de concevoir et que Mazarin, Louvois et Colbert — « les mauvais génies du Roi » — ont mise en œuvre. Or, selon l'abbé de Saint-Pierre, cette politique que l'on dit « de l'équilibre » n'est faite que de déséquilibres. Voilà sa contradiction fatale. En expliquant pourquoi il y a ainsi en elle « les premières sources du mal »[4], l'abbé en fait ouvertement le procès[5].

Le système qui vise à maintenir « l'équilibre de puissance des maisons dominantes » (c'est-à-dire, en clair, les Maisons de France et d'Autriche) semble être « jusques ici », écrit l'abbé, « le plus haut degré de prudence auquel les Souverains d'Europe et les Ministres ont porté leur politique »[6]. Ce système, *mutatis mutandis*, correspond à la vision mécanistique que Hobbes exprimait dans ses différents traités[7], estimant que la « science politique », dont il disait inaugurer la carrière, construite selon les schèmes intellectuels de la physique de Galilée et de Mersenne, met en évidence l'importance des rapports de forces dans le monde des hommes. Cette philosophie politique d'inspiration

3. Ses critiques les plus sévères sont dirigées contre les conséquences financières déplorables qu'a provoquées la politique belliciste de Louis XIV, *Annales politiques*, p. 283.

4. *Projet de paix*, Préface, p. ij.

5. Kant se souvient fort probablement de la condamnation que porte l'abbé de Saint-Pierre contre la politique de l'équilibre lorsque, en 1793, il écrit : « L'équilibre des forces en Europe ressemble à la maison de Swift qu'un architecte avait si parfaitement construite selon toutes les lois de l'équilibre qu'elle s'écroula dès qu'un moineau vint s'y poser », *Théorie et Pratique*, Vrin, p. 59, Pléiade, tome III, p. 299 ; AK, VIII, 312.

6. *Projet de paix*, Préface, p. jv.

7. Cf. Hobbes, *Elements of Law* (1640), *De Cive* (1642), *Léviathan* (1651).

mécanistique est d'ailleurs assez banale à l'époque : on en retrouve la tonalité, par exemple, en Italie, dans la *Bilancia politica* de Trajano Boccalini ou, aux Pays-Bas, dans *La Balance politique* des frères de La Court. Ces auteurs, il est vrai, pensent surtout, comme Hobbes, à l'équilibre politique interne de l'Etat. Or, en Angleterre, le chancelier Bacon avait montré dans ses *Considérations politiques pour entretenir la guerre contre l'Espagne*[8] que les rapports entre Etats s'établissent aussi comme une balance des forces où s'équilibrent des poids et des contrepoids. Il analysait en termes mécanistes et, plus précisément, dans une perspective de dynamique, le déroulement des hostilités entre Henri VIII, Charles Quint et François 1er. Ce point de vue était celui qu'avait adopté Richelieu dans son *Testament politique.* Bien sûr, Richelieu n'envisageait les rapports du royaume de France avec les Etats de l'Europe que dans l'intérêt national[9]. Mais un publiciste comme le duc de Rohan amplifiait en un écho puissant cette conception mécanistique des rapports de belligérance entre les Etats de la Chrétienté[10]. Or, il est intéressant de voir chez ces auteurs, qui sont avant tout des acteurs politiques, mais aussi chez des théoriciens comme Pufendorf par exemple[11], comment, dans le mécanisme des conflits armés, l'intérêt, qui constitue aux yeux des souverains la seule norme valable des actes de belligérance, est rationnellement calculé et établi.

Tel est en tout cas ce processus téléologique d'un calcul rationnel d'intérêts que retient l'abbé de Saint-Pierre lorsqu'il pense à la politique de l'équilibre telle qu'elle s'exprime depuis un siècle dans l'Europe de son temps. A ses yeux, la politique de l'équilibre signifie que les grandes puissances de l'Europe, à raison des forces et des moyens naturels qu'elles possèdent de maintenir une armée, sont devenues, logiquement et réellement, les meneurs du jeu politique. Or, écrit-il, « je ne fus pas longtemps sans voir que tant que l'on se contenterait de pareils moyens, on n'aurait jamais de *sûreté suffisante* de l'exécution des traités »[12], de la conservation des Etats et de la conservation du commerce[13]. La doctrine de l'équilibre, bien qu'elle se veuille rationnelle, est une théorie vicieuse des relations entre les Etats et elle correspond à un mauvais usage de la raison. Voilà donc ce qu'entend « démontrer » le premier des sept Discours du *Projet de paix perpétuelle :* démonstration toute négative en sa volonté critique, mais qui se présente, avec une logique incisive, comme le premier moment nécessaire à l'intelligibilité du Plan que conçoit l'abbé.

---

8. Cet ouvrage avait été traduit en français par Maugars dès 1634.

9. Cf. en particulier son *Discours des Princes et Estats de la Chrétienté plus considérables à la France selon leurs diverses qualités et conditions,* 1623 (2e éd. 1624).

10. Duc de Rohan, *De l'intérest des Princes et Estats de la Chrétienté,* Paris, 1638. L'abbé de Saint-Pierre cite, de cet ouvrage, une édition posthume datant de 1643, *Projet de paix,* édition de 1717, tome III, début de la Seconde partie, Préface, p. 1.

11. Pufendorf, *Severinus Ratio status imperii,* dernier chapitre.

12. *Projet de paix,* Préface, v.

13. *Ibid,* Préface, vj.

Ayant rappelé la difficulté qu'il y a en fait à éteindre des guerres qui s'allument partout et toujours, il veut premièrement exposer les inconvénients, l'inefficacité et l'inutilité[14] du système de l'équilibre pour lui opposer les « avantages infiniment considérables » et « la sûreté parfaite » que, en une alternative radicale, présente un système tout autre : celui de l'Union européenne[15].

Refaisons la démarche du premier volet de cette démonstration. Les arguments de l'abbé sont aussi lumineux que le raisonnement se veut rigoureux. Premièrement, interrogeons, dit-il en substance, l'histoire et les faits. Nous constatons que le système de l'équilibre mis en œuvre en Europe depuis les traités de Westphalie en 1648, n'a engendré qu'instabilité territoriale et diplomatique : la paix d'Aix-la-Chapelle (1668), la paix de Nimègue (1678), la paix de Ryswick (1697) ont redessiné désespérément la carte politique de l'Europe ; les ligues se sont faites et défaites dans un climat délétère de haine et de revanche... Si, deuxièmement, l'on s'en remet aux longues chaînes de raisons, on comprend que, logiquement, il ne pouvait en aller autrement: en aucun Etat, les forces, militaires, financières, économiques et même psychologiques et morales ne peuvent demeurer constantes; donc, l'équilibre entre les Etats ne peut non plus être constant et définitif ; les forces en présence se modifiant sans cesse, leur équilibre est toujours à rééquilibrer : c'est dire qu'il s'évanouit et qu'il faut le refaire. Aussi le système de l'équilibre, par sa nature même, enveloppe-t-il son contraire : un déséquilibre immanent qui est source d'auto-destruction. Ce système déplorable engendre donc, inévitablement, une instabilité permanente, de surcroît imprévisible en son surgissement comme en ses effets. « L'évidence du raisonnement » montre ainsi que « ce malheureux système »[16], loin de « produire un repos solide, une paix inaltérable »[17], est en crise perpétuelle. Il engendre non seulement des guerres inter-étatiques qui peuvent être effroyables, mais des séditions, des révoltes et des guerres civiles[18] qui sont les plus affreuses d'entre les guerres.

Par conséquent, l'idée rationnelle d'équilibre des forces n'a théoriquement aucune pertinence politique. Elle n'a pas non plus de convenance pratique puisque le système qu'elle inspire précipite la ruine des Etats: il provoque des destructions, des morts, l'inflation des dépenses[19] et il maintient le commerce dans l'incertitude. Et l'abbé de Saint-Pierre conclut : « Il demeure constant, ce me semble, que l'équilibre entre la Maison de France et la Maison d'Autriche ne procure aucune sûreté suffisante ni contre les guerres civiles ni

14. *Ibid.*, Premier Discours, p. 2.
15. *Ibid.*, Premier Discours, p. 36.
16. *Ibid.*, Premier Discours, p. 38.
17. *Ibid.*, Premier Discours, p. 37.
18. *Ibid.*, Premier Discours, p. 41.
19. *Ibid.*, Premier Discours, p. 51.

contre les guerres étrangères, et ne donne par conséquent aucune sûreté suffisante ni pour la conservation des Etats ni pour la continuation du commerce »[20] ; il est « source perpétuelle d'inéquilibres »[21] — proposition qu'en un premier moment, l'abbé, « (s'étai(t) proposé de démontrer » (C. Q. F. D.).

Donc, les souverains d'Europe ont beau s'évertuer à renouveler sans cesse le calcul d'équilibre de leurs puissances, il faut convenir, devant la contradiction ainsi mise en évidence, que la raison, chez eux, n'accomplit pas son office.

3. La rationalité dévoyée

Il est des conclusions qu'il faut savoir interpréter. Pour l'abbé de Saint-Pierre, le sens de la démonstration qu'il vient de conduire ne fait pas de doute. L'Europe est malade de la guerre parce que la politique étrangère des Etats puisant ses principes dans ce que, au nom d'une raison calculatrice, les souverains estiment être une « balance des forces », on assiste au dévoiement des pouvoirs théoriques et pratiques de la raison. Ce mauvais usage de la raison fait au nom du « système de l'équilibre » est d'autant plus néfaste que, par son principe même, il ne peut que s'accompagner de la suffisance aveugle des souverains les plus puissants.

En effet, alors que, en sa rationalité principielle, le système de l'équilibre est censé établir l'assiette générale des forces des différents pays d'Europe, il ne concerne *de facto* que les deux Maisons de France et d'Autriche — les deux plus puissantes du moment. L'abbé de Saint-Pierre ne souligne pas cet état de choses de manière thématique pour s'interroger sur l'anomalie qu'il constitue dans le cadre d'une logique rationnelle de la politique. Néanmoins, ce donné de l'histoire le frappe si fort qu'il en fait le point d'appui de son argumentation.

Non seulement c'est un fait de tous les temps, dit-il, que l'histoire donne raison aux plus forts — on devine aisément que l'abbé de Saint-Pierre n'aime pas Machiavel — mais, en l'occurrence, la volonté d'hégémonie des deux plus puissants souverains de l'Europe signifie que, puisque les autres sont faibles, ils sont réduits à s'arrimer à l'une ou à l'autre des grandes puissances : quelle qu'elle soit, elle les « accable » donc et les assujettit. Seulement, comme la puissance des plus puissants varie, les coalitions, les ligues et les alliances se font et se défont dans l'instabilité générale ; celle-ci ne peut engendrer qu'une « sûreté passagère » et relative, c'est-à-dire le contraire d'une sûreté véritable, laquelle requiert constance et permanence. La raison des plus forts est donc une raison qui ne répond pas à sa vocation : c'est une raison déraisonnable et, pour tout dire, une raison manquée dont les effets funestes ne peuvent que heurter le

20. *Ibid.*, Premier Discours, p. 53.
21. *Ibid.*, Premier Discours, p. 46.

bon sens. Tout particulièrement, cette raison fourvoyée va au rebours du progrès dont l'immense optimisme de l'abbé fait la règle du devenir politique et social de l'humanité.

L'idée de progrès sera donc le fil conducteur du *système de l'Union* européenne dont l'abbé de Saint-Pierre, dans sa dialectique démonstrative, fait tout ensemble l'antithèse et l'antidote du *système de l'équilibre*. C'est le second moment — le moment constructif — de son vaste *Projet*.

Considérant l'idée du progrès porteur de félicité publique comme le vecteur efficient de son plan de paix, l'abbé de Saint-Pierre prépare, dès le début du XVIIIe siècle, le message des Lumières. Seulement, à la différence de Condorcet qui retracera l'histoire des progrès de l'humanité, l'abbé cisèle les conditions juridiques du progrès que les relations internationales devront effectuer dans les décennies à venir pour faire taire les guerres.

II. — **Le progrès et la charte de l'Europe unie**

On a dit que la foi de Castel de Saint-Pierre dans le progrès était aussi naïve qu'inébranlable et l'on sait les railleries peu amènes de Voltaire ridiculisant « Saint-Pierre d'Utopie »[22]. Or, le projet du généreux abbé, quelles qu'en soient les imperfections et les carences, n'a rien d'une chimère. Bolingbroke[23] et Rousseau[24] ont eu raison de prendre au sérieux les « idées éclairées » qui en manifestent l'esprit philosophique. Il est nécessaire, afin d'écarter tout malentendu, d'en rappeler la thématique profonde. En effet, le projet de paix ne répond pas exclusivement à une intention philanthropique. Remodelant « le grand dessein d'Henri IV » exposé par Sully dans les *Œconomies royales*, attentif aux efforts diplomatiques de Leibniz, et tirant profit, au moins dans les ultimes rédactions du *Projet*, des suggestions faites par Emeric de Crucé dans *Le Nouveau Cynée*, l'abbé entend traiter d'une question de *droit politique* plutôt que d'éthique humanitaire. En conséquence, tout son effort pour élaborer la « charte constitutive du Corps européen » qu'expose le Quatrième Discours s'appuie sur les trois idées maîtresses qu'implique sa conception du progrès au service de la félicité publique, à savoir : la force du droit ; la valeur de l'intérêt public ; les promesses de l'idée fédérative.

Ces idées, au début du XVIIIe siècle, sont, à des degrés divers, des idées neuves pour la défense desquelles militeront, quelques décennies plus tard, les

22. Cf. ci-après, Voltaire, *Rescrit de l'Empereur de la Chine*, p. 200 sq.

23. Cf. *Lettres de Bolingbroke*, éditées par Grimoard, Paris, 1808, vol. III, p. 469. J. Drouet, dans sa thèse *L'abbé de Saint-Pierre, l'homme et l'œuvre*, Paris, 1912, évoque la collaboration de Bolingbroke avec l'abbé de Saint-Pierre, p. 75 sqq.

24. Cf. mon article « La guerre et le droit international dans la philosophie de Rousseau », in *Etudes Jean-Jacques Rousseau*.

philosophes des Lumières. D'ores et déjà, elles font l'originalité du *Projet de paix*... Examinons-en la teneur.

1. La force du droit

Dans un *Mémoire sur la réparation des chemins daté* du 10 janvier 1708, Castel de Saint-Pierre confie qu'il avait eu l'idée d'un projet de paix dès l'âge de 15 ans ; il envisageait alors « l'établissement d'un arbitrage permanent entre les souverains pour terminer sans guerre leurs différends futurs et pour entretenir aussi un commerce perpétuel entre toutes les nations »[25]. Cette même idée se retrouve dans le manuscrit du *Mémoire pour rendre la paix perpétuelle en Europe* qu'il emporta à Utrecht et publia à Cologne en 1712. Lorsqu'en 1713 s'ouvrirent à Utrecht les négociations qui signifiaient que, une fois de plus, la carte politique de l'Europe allait être redessinée par les plénipotentiaires venus siéger au Congrès, l'abbé ne se contente pas de déplorer une situation en laquelle il voit l'aboutissement du rapport de forces entre les Etats. A sa table de travail, il ne se borne pas, en affinant son projet, à exprimer les convictions sentimentales ou morales qui portent condamnation de la nocivité des conflits armés. Aussi, tout en appréciant les intentions pacifistes — celles par exemple dont Leibniz lui enseignera l'existence chez Emeric de Crucé —, l'abbé préfère souligner, afin que cessent les guerres, plutôt que la générosité des sentiments, les exigences d'effectivité du droit. C'est pourquoi il place son *Projet* sous le patronage d'Henri IV et de son « grand dessein ». Sans doute détourne-t-il de son sens véritable le royal projet dont il s'inspire : il écarte ce qui, pour Sully et pour son Roi, était l'essentiel — une nouvelle distribution territoriale des puissances sur la carte politique de l'Europe afin d'abaisser, par la guerre s'il le faut, la Maison d'Autriche — et il ne veut retenir que ce qui, à leurs yeux, passait pour l'accessoire : à savoir, l'impératif d'une organisation juridique de la paix au moyen d'une Diète européenne. Et lorsque, médités et mûris pendant quatre années[26], les articles du *Projet* prennent forme, ils constituent l'armature juridique d'une charte européenne de paix. Cette charte repose, comme l'indique son article premier, sur « une alliance perpétuelle » dont trois traits sont essentiels : 1°. les Alliés « renoncent à jamais à la voix des armes » ; 2°. ils conviennent de recourir à la médiation de leurs pairs pour aboutir, par voie d'arbitrage, à la conciliation ; 3°. la grande Alliance contraindra la puissance

25. Cf. *Œuvres complètes*, Briasson, Rotterdam et Paris, 1738-1740, 14 volumes ; tome IV, *Ouvrages de politique*, p. 1-27(à partir du tome XII, le titre devient *Ouvrages de morale et de politique*).

26. Cf. *Projet de paix*, Préface, p. ij et xvij : sur la foi de cette confidence, la conception du projet remonterait donc à 1709.

condamnée, au besoin par la force, à respecter la décision arbitrale du Tribunal de l'Alliance.

Or, ce sont là les traits essentiels des *voies de droit :* le refus de la violence en des affrontements sanglants ; l'appel à l'idée d'une justice arbitrale sous le signe de la sage raison ; et — ce qui est spécialement intéressant du point de vue juridique — le recours, en cas ee besoin, à la force légale pour faire respectcr lc droit[27]. L'intuition qu'a l'abbé de Saint-Pierre de la nécessaire juridicisation des rapports internationaux est assez remarquable : non point que l'idée de ce que nous pourrions déjà appeler un « droit international » soit neuve puisque des jurisconsultes comme Francisco de Vitoria puis Grotius ont ouvert la voie ; mais, d'une part, dépassant la perspective des alliances et des traités, Castel de Saint-Pierre reconnaît que les voies du droit ne se substitueront à la violence guerrière que par le recours aux procédures d'arbitrage qu'inspirent la justice et la raison[28] ; d'autre part et surtout, il a une conception explicite très claire du caractère d'obligation qui s'attache aux règles et aux décisions de droit de sorte qu'il souligne le rôle que la contrainte et la force, juridiquement prévues et organisées, ont à jouer pour que les sentences du Tribunal de la Diète soient exécutées.

Pourtant, quelle que soit la netteté de la conception que se fait l'abbé de Saint-Pierre des voies du droit, il insiste moins sur la forme juridique des procédures de paix que sur leur vocation réformiste. Il se veut vraiment un « moderne » et son appel au droit enseigne avant tout qu'il tourne le dos aux thèses jusqu'alors couramment admises du providentialisme. L'optimisme juridique qui sous-tend son *Projet* traduit sa confiance dans un progrès dont il appartient aux hommes, en conjurant le mauvais usage de la raison qui conduisait au système néfaste de l'équilibre, d'être eux-mêmes les artisans. Curieux abbé, dira-t-on, qui se détourne du théologisme et n'interroge pas les voies de Dieu ! Sans doute... Mais cette originalité ne doit pas nous étonner. Profondément humaniste, Castel de Saint-Pierre considère que l'édification d'un système de droit qui lie les Etats afin qu'ils ne soient plus entre eux comme des individus rivaux constitue un progrès — un progrès général qui se manifeste jusque dans les sciences, les arts, le commerce, l'économie, la démographie, l'éducation...[29] — qui est l'expression de la raison universelle.

27. Il est assez remarquable que l'abbé de Saint-Pierre n'ait pas escamoté la question particulièrement délicate des moyens de faire respecter par la contrainte — force armée ou police — les décisions arbitrales d'un tribunal international.

Cependant, il ne voit pas, semble-t-il, que l'Etat qui sera contraint par la force à subir une sanction verra là, de la part des autres Etats, une coalition dirigée contre lui, donc, un acte de guerre. En outre, l'abbé de Saint-Pierre ne s'interroge absolument pas sur la possibilité d'arbitrages injustes ou iniques.

28. *Projet de paix*, Troisième Discours, exposé du 3e avantage, p. 195 sq.

29. *Ibid.*, Troisième Discours, p. 226.

2. *La valeur de l'intérêt public*

En outre, le système de l'Union, en supplantant par des liens de droit les rapports de forces et l'inflation de la violence, est censé œuvrer à l'utilité publique et à la justice. Le *Troisième Discours* ayant examiné les « avantages » que l'Europe unie doit procurer aux Souverains chrétiens, l'abbé, fidèle à sa méthode démonstrative, entend exposer dans le *Quatrième Discours* comment « sûreté suffisante de la perpétuité de la paix au dedans et au dehors de leurs Etats » devrait être obtenue[30].

Sous la prolixité de l'écriture, il faut bien avouer que le bouillonnement de la pensée va de pair avec un défaut de conceptualisation. L'auteur du *Projet*, il est vrai, ne se veut pas philosophe. Aussi est-ce plutôt l'implicite de son discours qui en indique le sens. Mais l'esquisse de ce sens, dans les premiers lustres du XVIIIe siècle, prélude au nécessaire changement de la mentalité politique. Entendons bien : le sens implicite du *Projet* n'est pas prophétique ; plus sobrement, il procède d'un rationalisme qui, s'éloignant de la forme spéculative en laquelle il a excellé au XVIIe siècle, se veut raisonnable plutôt que rationnel, pratique plutôt que théorique. Maintes fois répétée, la visée explicite des articles constitutifs de l'Alliance européenne est de procurer « sûreté suffisante », voire « sécurité parfaite » aux Souverains. Mais le message implicite est plus subtil : il s'adresse aux souverains les plus intelligents et les plus sages (ce qui laisse à penser qu'ils ne le sont pas tous) pour lesquels « des considérations d'agrément et d'utilité » seront suffisantes[31] ; vis-à-vis des autres, il sera nécessaire de brandir « quelque grande crainte ». Pour un esprit lucide et prudent, il est clair que la « paix perpétuelle » — cette paix dont l'abbé entend démontrer que, par les douze articles fondamentaux de la Charte de l'Union, la promotion est possible — balayera tous les risques de résistance ou de trouble[32] parce qu'elle répond à un impératif omniprésent : celui de l'*utilité publique.*

Ce serait évidemment une erreur de classer l'inclassable abbé parmi les pionniers de l'utilitarisme : il n'adhère ni à l'eudémonisme pour lequel plaidera Hutcheson recherchant « le plus grand bonheur pour le plus grand nombre »[33] ni à l'arithmétique des plaisirs que préconisera Bentham[34] à l'autre bout du siècle. Mais une remarque éclaire toute son œuvre. Dans ses *Observations sur le progrès continuel de la raison universelle*[35], il déplore que Descartes et Newton « n'aient pas aperçu la grande supériorité de la science des mœurs et de la

30. *Projet de paix*, Quatrième Discours, p. 279.

31. *Ibid.*, Quatrième Discours, p. 330.

32. Cf. l'article XII : « on ne peut pas craindre... », expression douze fois répétée.

33. Cette formule, souvent répétée par Bentham, se trouve en fait chez F. Hutcheson, *An Inquiry concerning moral good and evil*, 1726, art. 3.

34. Le mercantilisme moral de Jeremie Bentham (1748-1832) s'exprimera plus tard dans toute une série d'ouvrages dont le *Panopticon* donnera en 1791 une vue synthétique.

35. In *Ouvrages politiques,* Rotterdam, 1737, vol. XI, p. 269.

science du gouvernement, c'est-à-dire de la science du bon et du mauvais, du bonheur et du malheur ». Aussi bien estime-t-il que « les Descartes à venir » n'œuvreront au bonheur que s'ils consacrent leurs efforts à travailler à l'intérêt et à l'utilité publics. Or, il entend précisément, lui, l'humble abbé de Saint-Pierre, être « utile » aux hommes par ses projets réformistes qui forgent les moyens de la félicité publique. Car seule, la félicité publique manifeste le progrès de la raison universelle du genre humain. Sa confiance en la raison, son optimisme juridique sont une protestation contre celui que Voltaire ne tardera pas à dénoncer comme « le misanthrope sublime »[36] : l'abbé de Saint-Pierre est un anti-Pascal.

En ce point, il faut être précis car même si l'abbé de Saint-Pierre n'explicite pas les attendus philosophiques de cette prise de position, deux remarques s'imposent. D'une part, selon lui, être utile à l'humanité ne consiste pas à procurer le bonheur aux individus en tant que tels ; parce qu'il est sensible à la socialisation de l'existence, c'est à la félicité *publique* que, déclare-t-il, il faut travailler. Or, celle-ci n'est pas affaire de charité ou de philanthropie : la dimension publique de l'existence veut bien plus que la générosité et la bienfaisance ; elle veut, dans la paix civile et internationale, le développement du commerce, des arts, de l'agriculture, de la médecine, de l'éducation... D'autre part, l'originalité de l'abbé est de penser que l'utilité et la félicité publiques ne résident pas dans les seules techniques dérivées des sciences ; la morale, la politique, le droit doivent y contribuer bien plus largement. A ses yeux, la raison est moins instrumentale que normative. Cela ne signifie pas simplement que la valeur reconnue au bonheur et à l'intérêt communs s'inscrit dans une éthique humanitaire. Ce qui, plus profondément, est en jeu n'est rien de moins que la mutation de l'idée d'*humanité*. A cette métamorphose, modestement, mais l'un des premiers, l'abbé de Saint-Pierre apporte sa contribution : puisque l'heure de l'individualisme triomphant du XVIIe siècle est déjà dépassée, puisque l'homme s'insère dans un contexte social et politique où la vie publique importe plus que la subjectivité, il faut que s'éveille, et que s'éveille d'abord chez les princes qui ont office de gouverner les peuples, la conscience d'une appartenance à une communauté que les frontières ne viennent ni borner ni miner. L'européanisme de l'abbé de Saint-Pierre est plus qu'une politique : il est un humanisme et, dans les articles de droit appelés à l'instituer, se profile une espérance cosmopolitique que ne manqueront de percevoir ni Rousseau ni Kant.

3. L'idée fédérative

Dans ce nouvel espace mental, l'humanisme raisonnable est appelé à supplanter aussi bien la raison déductive empêtrée dans les erreurs de la logique

36. Voltaire, *Lettres philosophiques*, XXV.

gangrenée de l'équilibre politique que les élans triomphants de l'individualisme qui se grise du « cher moi ». Pour remplir cette double mission, l'abbé de Saint-Pierre élabore et cisèle les clauses de la charte organisatrice du bonheur public dont la paix entre les nations est le plus sûr garant. Cette organisation implique un travail de juridicisation des rapports entre Souverains et trouve sa meilleure expression dans *l'idée fédérative*.

L'idée de fédération, au début du XVIIIe siècle, n'est pas inédite. D'une part, elle a des antécédents historiques dont l'abbé se plaît à rappeler l'importance au point de les ériger en mythes : il mentionne les Amphictyonies de la Grèce antique et s'attarde surtout sur le Saint Empire romain germanique qui, né en 962, confédérait plus de deux cents souverains, grands ou petits. Il l'idéalise au point de lui prêter figure de modèle[37]. D'autre part, la notion de fédération a des antécédents doctrinaux dans lesquels l'abbé déchiffre le souci pacifiste qui lui tient à cœur : tout particulièrement, la fédération des Etats chrétiens dont Sully faisait l'axiome de base du « grand dessein » d'Henri IV constitue pour lui un précédent d'autant plus précieux qu'il était présenté non seulement comme un moyen de faire taire la volonté de puissance de l'Autriche mais aussi comme un moyen de mener campagne contre les Infidèles.

Cependant, l'abbé de Saint-Pierre croit trop à la vertu du progrès pour transporter dans l'avenir les enseignements du passé. Sans réussir à thématiser sa réflexion philosophique, c'est la finalité de la politique qu'il met en question. En cela, il prolonge la leçon des jurisconsultes comme Grotius et Pufendorf dont les gros traités, plus connus que l'œuvre des juristes de la Scolastique espagnole, avaient montré, à la différence des philosophies de Hobbes et de Spinoza, combien les problèmes du droit politique passent les frontières des Etats. Il voit donc son projet de paix comme l'instauration d'une ligue européenne d'une vingtaine d'Etats-membres qui, par leur « union », sont promis à un âge d'or. L'organe essentiel de l'Europe unie serait, comme dans la Confédération germanique, un Congrès ou Sénat perpétuel où siègeraient les représentants des Souverains (Princes, Rois ou Electeurs). Le principe fondamental de son fonctionnement serait de ne jamais s'immiscer dans les affaires intérieures d'un Etat, la Diète de l'Europe devant s'assortir d'un Tribunal habilité à jouer le rôle d'arbitre entre les Etats. En outre, cette fédération serait propice aux « communications internationales » : en effet, parce que le mercantilisme est éminemment contestable, parce que ni le libre-échangisme ni le dirigisme étatique n'ont de valeur économique sûre, parce que la physiocratie naissante

37. *Projet de paix*, Second Discours, proposition II, l'abbé souligne vigoureusement l'institution, dans le Saint Empire romain germanique, d'une Diète ou Reichstag à laquelle, annuellement, siégeaient des représentants des Villes, des Princes et des Electeurs, qui délibéraient et décidaient sur les affaires de politique intérieure et extérieure.

La Confédération des Pays-Bas et la Confédération helvétique ont suivi, ne manque-t-il pas de rappeler, l'exemple germanique.

n'est pas crédible, une législation internationale — le corps de ces lois fût-il, en un premier temps, provisionnel — devrait organiser la coopération et le commerce entre les Etats-membres. Enfin, des juges compétents et habilités devraient veiller, sous peine de sanctions, à l'observance de cette réglementation.

L'abbé de Saint-Pierre s'attarde amplement sur la technique de l'institution fédérale : il s'interroge sur le nombre optimum des Etats-membres que, ni universaliste ni œcuméniste, il arrête — du moins en 1713 — à 24 Etats européens en excluant l'Infidèle Turquie[38] ; il se pose la question de la présence, à côté des membres à part entière, de membres associés et d'observateurs destinés à empêcher l'espionnage ; il se demande quels facteurs prendre en considération pour choisir la Ville de Paix où devrait siéger l'Assemblée européenne ; il examine l'organisation de la force armée de l'Union... Il est donc évident que la Diète européenne telle qu'il la conçoit ne devrait pas avoir seulement une compétence contentieuse : ayant vocation à arbitrer les différends, elle devrait aussi les éviter et, dans la pire des hypothèses, les minimiser en faisant appel, par delà les règles de droit, aux vertus morales d'équité, de tolérance et de prudence[39].

La force de ce dispositif « fédéraliste » réside dans les deux idées sous-jacentes qui le portent.

La première est que la vie internationale ne saurait se dérouler sous l'égide d'un super-Etat. Un grand empire européen risquerait de ressusciter une volonté d'hégémonie qui ne manquerait pas d'engendrer une politique de conquêtes et d'annexions, de mutations territoriales par voie successorale ou matrimoniale, une surenchère de l'armement..., autant de tendances qui sont préjudiciables à la paix et à la félicité publique, donc, condamnables. Sans faire le procès, comme Montesquieu trois décennies plus tard, de la « monarchie universelle », l'abbé, malgré son analyse conceptuelle un peu courte du thème fédéraliste, insiste néanmoins sur le fait que, par delà la signature volontaire des monarques au traité d'union, chaque Etat-membre devra conserver sa propre souveraineté. Il souligne que, dans cette grande alliance, on ne fera pas de distinction entre grandes puissances et puissances subalternes et qu'ainsi, on ne confondra point le pouvoir de droit d'un Etat signataire avec sa simple puissance ou force matérielle. Il envisage même la constitution d'une force militaire commune en vue de la défense mutuelle des pays-membres de l'Union.

La seconde idée-force réside dans l'importance accordée par le projet d'Union au recours arbitral devant un tribunal européen. La fonction de cet

38. La Russie du Czar fait problème car si la Moscovie, comme on disait alors, est aux confins de l'Europe, elle est aussi aux confins de la chrétienté. Pourtant, l'abbé finit par compter la Russie parmi les Etats-membres ; la tactique est claire : mieux vaut s'en faire un allié qu'un ennemi.

39. A la différence de Kant et de Fichte abordant, à la fin du siècle, la question du fédéralisme dans la perspective d'une paix perpétuelle, l'abbé de Saint-Pierre n'établit pas de césure entre l'ordre éthique et l'ordre juridique.

arbitrage peut, de prime abord, paraître bien floue du point de vue juridique à raison de sa nature éthique et psychologique : l'arbitrage doit en effet éviter, dit l'abbé, les vengeances personnelles ou particulières, toujours illicites, et doit posséder un pouvoir de dissuasion. Néanmoins, à regarder les choses de plus près, le concept d'arbitrage, en son caractère conventionnel ou, selon l'expression de l'abbé de Saint-Pierre, « artificiel », se déploie de manière systématique et synthétique en 7 théorèmes :

- au départ de l'arbitrage, le *statu quo* doit être respecté ;
- nul ne peut être juge en sa propre cause ;
- l'arbitrage a force contraignante ;
- il est nécessaire de substituer les règles de la justice aux voies de fait ;
- les jugements arbitraux sont exécutoires ;
- en tout arbitrage, s'allient l'épée et la balance ;
- les règlements de police valent *erga omnes.*

Assurément, la langue diplomatique utilisée ne va pas sans imprécision ou hésitation : par exemple, l'abbé ne précise ni la manière — requête ou compromis — dont le tribunal doit être saisi de l'affaire à juger ; ni la langue en laquelle doivent se dérouler les débats ; ni la nécessité d'un exposé des motifs de la sentence ; les procédures mentionnées sont loin de répondre aux exigences d'un droit public international dont nous mesurons aujourd'hui les difficultés. Mais le mérite de l'abbé de Saint-Pierre est de ne pas engluer sa pensée dans les thèses moralisantes d'un vague idéalisme pacifiste, de penser *juridiquement* le problème de la paix internationale et de le formuler dans les termes d'un droit qui serait commun aux pays de l'Union européenne.

Ainsi, le projet fédéraliste établit, contre la guerre, les statuts d'une « assurance mutuelle des gouvernements établis »[40]. C'est en cela, n'a-t-on pas manqué de dire, qu'il est utopique. Or, un tel jugement amoindrit et falsifie la signification de la politique d'union qu'il préconise. Celle-ci, qui est essentiellement européenne même si une espérance universaliste la traverse, répond au pragmatisme de celui qui a voulu être le « solliciteur de l'intérêt public ». Cette réponse n'est pas un défi envers la réalité ; dans l'esprit de l'abbé de Saint-Pierre, elle est un pari d'ordre normatif. Même si l'on peut reprocher à l'abbé de n'avoir pas élaboré un « traité de la nature humaine », il a parié qu'un jour viendrait où (du moins chez les souverains intelligents, car il ne parle pas des peuples) les exigences de la raison l'emporteraient sur le fanatisme des passions. Ce pari en faveur des normes de la raison est la source de son optimisme juridique : à l'avenir, il dépend de la sage raison des hommes de substituer le bien-être de la paix à l'enfer de la guerre.

En imposant de la sorte un devoir aux souverains intelligents de l'Europe du XVIIIe siècle, l'abbé, par son humanisme juridique, invite — ce qui n'a rien

40. *Projet de paix,* Quatrième Discours, art. 2, tome I, p. 290-291.

d'un mirage — à une révision des paradigmes de la coexistence. N'allons pas jusqu'à déchiffrer en cela les grandes lignes du droit international que le XXe siècle s'efforce, non sans peine, d'élaborer. Mais on ne saurait mésestimer l'ampleur de la force normative du *Projet de paix* de 1713. De cette œuvre peu ordinaire qui, à partir de *ce qui est,* s'efforce de construire *ce qui devrait être*, essayons, quelles qu'en soient les insuffisances thématiques, de cerner, dans une dernière démarche, les promesses et les limites.

III. — Les promesses et les limites du *Projet de paix*

Il est temps de répondre à la question que nous nous sommes posée de savoir si la conception juridique de l'Europe unie que propose l'abbé de Saint-Pierre pour faire pièce au bellicisme de la politique de l'équilibre indique vraiment le chemin qui conduit vers la paix du monde.

Si nous interrogeons *l'histoire* ou, tout simplement, l'expérience quotidienne, force nous est de répondre négativement : depuis 250 ans, les guerres européennes et mondiales aussi bien que les guerres civiles n'ont guère connu d'accalmie. L'abbé aurait-il fait un pari insensé et, même si son *Projet de paix* n'est pas un rêve en Utopie, ne pécherait-il pas tout de même par idéalisme ?

L'abbé avait prévu l'objection et, à ceux qui lui feraient reproche de sa vision « trop platonique » et l'accuseraient de « ridicule », il répondait d'avance qu'ils étaient « des esprits superficiels » coupables, devant des arguments sérieux, de n'être que « des plaisants de profession »[41]. Il nous semble, quant à nous, que, même si nous admettons la faiblesse des remarques anthropologiques de l'abbé de Saint-Pierre, l'accusation d'idéalisme procède d'un mauvais jugement sur ses propositions. Certes, l'abbé de Saint-Pierre, à l'aube du XVIIIe siècle, croit à la raison et au progrès et il pense que des lendemains qui chantent sont possibles. Mais, loin de verser dans un idéalisme naïf et d'affirmer péremptoirement qu'un avenir radieux va naître de l'Union européenne, il a voulu construire, avec un réalisme prudent, un dispositif juridique qui devrait permettre l'avènement de la sûreté et de la paix. C'est donc du point de vue du *droit* et non du point de vue de l'histoire qu'il convient d'en juger.

Donc, plaçons-nous dans une *perspective juridique.*

Ce n'est évidemment pas la valeur du concept de paix, enjeu central du *Projet*, qui est susceptible de faire problème : tout homme sensé sait les horreurs de la guerre et l'abbé de Saint-Pierre a pris soin d'exposer les avantages que procure la paix en tous domaines. La finalité du *Projet* n'est donc pas en cause.

41. *Ibid.*, Sixième Discours, 37e objection, tome II, p. 175-177.

En revanche, deux questions cruciales se posent, qui sont relatives aux moyens à mettre en œuvre pour réaliser cette fin.

1°. Un traité diplomatique fondateur d'une Union européenne est-il, pour « rendre la paix perpétuelle en Europe », nécessaire et suffisant ?

2°. La conception « fédéraliste » proposée par l'abbé de Saint-Pierre offre-t-elle à la paix internationale un cadre juridique pertinent?

Les réponses que nous apporterons à cette double interrogation nous éclaireront sur l'efficience possible du programme de l'abbé de Saint-Pierre.

Examinons tour à tour ces deux questions.

1. La crédibilité d'un traité fondateur de l'Union européenne

Il est relativement facile de répondre à la question de savoir si la paix est une affaire diplomatique dont un traité d'Union constituerait la clef de manière nécessaire et suffisante.

Si nous nous plaçons dans la logique même de l'abbé de Saint-Pierre, nous devons à coup sûr reconnaître que le traité d'alliance ouvert à la signature des souverains d'Europe et destiné à sceller leur Union fait pièce à la multitude des ententes ponctuelles sans cesse révocables qu'impliquait le « système de l'équilibre ». Dans la dialectique idéelle de la guerre et de la paix, il ne fait pas de doute que, par son unicité fondationnelle, le pacte créateur de l'Union européenne rend caduque la pluralité des traités et alliances que leur contingence voue à être éphémères, donc, inutiles.

Mais la réalité historico-politique ne correspond pas à l'idéalité logique. Leibniz, par les *Observations* qu'il a adressées à l'abbé de Saint-Pierre sur son *Projet de paix*, nous éclaire fort pertinemment sur ce point. Evoquant le Saint Empire romain germanique dont l'abbé a fait un modèle idéal pour la construction de la Société européenne, il souligne que, eu égard à ses origines, l'Union germanique « n'a pas commencé par la signature de quelque traité »[42]. Effectivement, même la Bulle d'Or de 1356, qui magnifiait la dignité de l'Empereur « tête temporelle du peuple chrétien », n'effaçait ni en fait ni en droit le pluralisme des Etats dont chacun conservait dans l'Empire sa propre souveraineté. Dans cette situation de morcellement politique et juridique, les guerres privées et le brigandage étaient un fléau permanent. Les décisions prises en 1495 par la Diète de Worms, qui interdisaient le recours à la guerre sous peine de mise au ban de l'Empire, ne parvinrent même pas à éradiquer les violences. Curieux modèle de paix, donc, que les brutalités et l'anarchie du Saint Empire !...

42. Leibniz, *Observations sur le Projet de paix perpétuelle de M. l'abbé de Saint Pierre*, réimpression d'après l'édition Foucher de Careil, Presses Universitaires de Caen, 1993, p. 571.

De surcroît, le vieux Leibniz note, avec le réalisme exemplaire qu'il a acquis au cours de sa longue carrière de diplomate, que le jeu des alliances ne peut pas grand chose s'il n'est servi, dans le cours de pourparlers et de négociations, par la compétence psychologique et politique des grands hommes. Hegel retiendra la leçon... Leibniz considère donc que, en son principe comme en ses effets, le pacte fondateur de l'Union européenne est un acte diplomatique qui n'est ni nécessaire ni suffisant à l'établissement de la paix.

Sans doute son réalisme s'accompagne-t-il en l'occurrence d'un pessimisme quelque peu désabusé. A tout le moins le caractère « artificialiste » que donne l'abbé au Pacte de l'Union européenne en le jugeant nécessaire et suffisant pour « rendre la paix perpétuelle en Europe » risque-t-il fort, à lui seul, de le vouer à la précarité. Certes, il faut bien, pour que naisse une Communauté, qu'une entente soit scellée entre ses membres. Par conséquent, une société inter-étatique a besoin, pour voir le jour, de cette sorte de traité originaire que nous disons aujourd'hui « multilatéral » et nous pouvons concéder à l'abbé que le pacte fondateur d'Union est nécessaire. Mais il ne peut suffire à procurer, comme il le croit, la félicité publique et la paix. Cette insuffisance n'est pas accidentelle ; elle est substantielle. Pour cette raison, elle ne saurait trouver de palliatif, comme le pense l'abbé de Saint-Pierre, ni dans l'intelligence et la sagesse des souverains ni dans le progrès des consciences. Il est donc à craindre que l'optimisme juridique dont témoigne le *Projet de paix* ne soit aussi fragile qu'il est sûr de lui.

Cette fragilité tient à deux raisons majeures.

D'une part, en pensant que, jadis, quelque Solon germain, dont Henri IV aurait été la moderne réplique, a « dressé le premier projet » d'une Grande Société d'Europe, l'abbé de Saint-Pierre a substitué un mythe à l'histoire réelle. L'union du Saint Empire romain germanique, nous l'avons rappelé, ne s'est pas faite dans l'ombre paisible qu'aurait engendrée la signature d'un pacte ; elle est tout au contraire sortie d'une pluralité de longues luttes partisanes et de batailles sanglantes. Dès lors, il nous faut admettre que, dans l'humanisme de son grandiose programme de paix, l'abbé a tendance à effacer tout ce que l'histoire des peuples a eu de rocailleux et qu'une vision réaliste de la politique ne saurait négliger : « force et violence », comme disait Jean Bodin, sont inscrites dans l'histoire de manière indélébile. Pour avoir estompé le rude réalisme qu'impose l'histoire, l'abbé de Saint-Pierre a conféré à l'artificialisme du traité de l'Union européenne qu'il appelle de ses vœux une vertu apaisante qui ne relève que de sa logique dialectique.

D'autre part, une erreur de perspective affaiblit le propos constructeur de l'abbé. En effet, après les analyses de Grotius dans le *De jure belli ac pacis* de 1625, comment penser que la paix perpétuelle se confond avec les effets d'un traité fondateur si l'on ne précise pas ce qui fait sa *différence spécifique* par rapport à la catégorie générale des ambassades, traités, alliances, trêves ou armistices dont l'histoire de la guerre et de la paix fournit tant d'exemples si peu convaincants ? Assurément, la plupart des traités qu'offre l'histoire ont mis un terme à des conflits armés ; mais ces conflits étaient ponctuels dans l'espace et dans le temps ; en eux, rien ne garantissait que, entre les belligérants d'hier un temps réconciliés, les armes ne parleraient plus. Et l'histoire a montré que la paix intervenue entre un vainqueur et un vaincu est toujours provisoire et des plus vulnérables. Nous n'en conclurons pas que l'abbé de Saint-Pierre se nourrit de chimères, qu'il pèche par un idéalisme intempérant ou qu'il s'égare dans des rêves utopiques. Il nous semble plutôt que son analyse catégoriale et conceptuelle n'est pas assez minutieuse et qu'il n'a pas assez insisté sur la singularité essentielle que doit manifester le Traité qui fonde la Société européenne.

C'est pourquoi il nous faut scruter le schéma fédéraliste qui est le fer de lance du *Projet de paix perpétuelle* .

2. Les promesses et les difficultés du schéma fédéraliste

Notre seconde interrogation portait sur la relevance du thème fédéraliste comme instrument juridique de la paix européenne. Il est assez délicat de répondre aujourd'hui à cette question sans verser dans l'anachronisme. Aussi, afin d'éviter ce dérapage intellectuel, nous imposerons-nous comme règle méthodologique de nous en tenir strictement à la littéralité du discours de l'abbé. Or, le texte fournit à notre interrogation deux éléments de réponse extrêmement précis, quoique d'inégale valeur.

Le premier élément de réponse réside en une remarque faite par l'abbé de Saint-Pierre à la suite de la 62e objection qu'il imagine. La valeur de son programme de paix dépend avant tout, dit-il, de la bonne volonté avec laquelle les souverains concernés s'uniront[43]. Ce serait se méprendre que de souligner ici le volontarisme qui commande l'artificialisme du Traité d'Union. L'abbé veut dire qu'en l'affaire, les souverains les plus puissants donneront l'exemple et que les autres suivront. Il y a là, déclare-t-il, la preuve que le Traité d'Union n'est pas « un leurre pour amuser les Princes » ; il résulte de la démarche exemplaire en laquelle se trouvent conjointes les plus hautes vertus de l'intelligence politique. — Mais, ici, les points d'interrogation se précipitent, que rien, dans le *Projet,* ne permet de lever : en quoi consiste l'intelligence politique ? existe-t-elle vraiment ? chez qui ? quelles en sont les capacités et les limites ?... A la différence de Hobbes, de Rousseau ou de Kant, l'abbé de Saint-Pierre n'a pas su affiner les rapports entre l'anthropologie et le droit politique.

43. *Projet de paix,* Sixième Discours, réponse à la 62e objection, tome II, p. 252.

Le second élément de réponse à la question de la pertinence de l'idée fédérative a davantage de gravité ; il nous amène à porter notre attention tour à tour sur le contenu et sur la forme du *Projet* de 1713.

En ce qui concerne le *contenu* du *Projet,* le titre que lui donne l'abbé de Saint-Pierre paraît sans équivoque : « Projet pour rendre la paix perpétuelle *en Europe* ». L'abbé est donc un « européen » : il énonce « *pour* l'Europe » (comme l'indique le titre du Tome Premier) le moyen d'établir la paix « *en* Europe » (ainsi que l'énonce le titre du Tome Second). Seulement, pour un diplomate des années 1710, il est malaisé de dire ce qu'est l'Europe (cette incertitude, qui met en question le contenu et l'étendue du Traité d'Union, subsistera d'ailleurs tout au long du XVIIIe siècle[44]). L'on répondra qu'il n'est question pour l'abbé de Saint-Pierre que de l'Europe chrétienne. Soit. Mais le Czar de Moscovie, dont la chrétienté est douteuse, alors que la puissance est indubitable, sera convié à signer le Traité[45]. En revanche, le Turc pose un problème redoutable que l'abbé, du reste, ne sait pas trop comment résoudre : en 1713, la Turquie, plus mahométane que chrétienne, pourrait (peut-être au nom de la tolérance religieuse) faire partie des « associés de l'Union »[46] ; en 1717, mieux vaut bouter les Turcs hors d'Europe : « le Traité fondamental de la police européenne signé, il sera avantageux, facile et glorieux aux Souverains chrétiens de chasser les Turcs de l'Europe »[47]. Cette fois, l'esprit de croisade remplace l'esprit de tolérance. Après tout, il est de l'intérêt du Pape et des Chrétiens d'exterminer les Infidèles ». Drôle de paix...

En ce qui concerne la *forme* du *Projet,* on peut assurément soutenir qu'elle est « fédéraliste » puisque c'est là le vocable employé par l'abbé. Pourtant, c'est aller très vite en besogne... Bien entendu, la charte d'Union contient des éléments qui pourraient s'inscrire, bien qu'ils ne soient point des critères décisifs, dans un cadre fédéraliste : une capitale unique appelée Ville de Paix, un Sénat européen, une langue commune, un tribunal international doté de compétence arbitrale et habilité à prononcer sanctions ou récompenses, des forces armées communes, (il n'est pas fait mention de monnaie unique)...

Seulement, le dispositif de la « Ligue de Paix » laisse dans l'ombre la grande interrogation juridico-politique que soulève la forme institutionnelle de toute communauté internationale : la question de la souveraineté des Etats signataires du Traité d'Union. Ce point est d'autant plus difficile que deux thématiques s'entrecroisent en lui. D'une part, si l'on admet que le *Projet de Paix* apporte une contribution au droit des gens, il faut admettre du même mouvement que, pour l'abbé de Saint-Pierre, le droit des gens n'est pas un droit naturel mais se présente comme un dispostif de normes voulues et posées par les

44. Cf. P. Hazard, *La pensée européenne au XVIIIe siècle*, Fayard, 1963, p. 423.
45. *Projet de paix* , Quatrième discours, art. 8, tome II, p. 334.
46. *Ibid.*, Quatrième discours, art. 7, tome II, p. 312.
47. *Projet de paix* (édition de 1717), tome III, p. 431.

hommes. L'abbé bouscule l'espace mental du droit international naissant en passant d'une théodicée à une anthropodicée[48]. Or, en ce passage, qui atteste sa confiance dans les capacités normatives de l'homme, se loge probablement le point faible de sa philosophie : non point qu'il ait cru naïvement à la bonté naturelle des hommes, mais il croit à une essence de l'humanité donc, à ce que nous appellerions aujourd'hui une « communicabilité » des peuples et de leurs cultures. Or, il ne voit pas combien la communication des peuples et des cultures est problématique.

D'autre part, l'abbé de Saint-Pierre a assez de lucidité pour comprendre que l'idée de « communauté humaine » n'est qu'une idée — une idée qui, comme telle, n'a pas de dimension concrète : c'est pourquoi il ne se réfère ni au thème stoïcien de « la société générale du genre humain » ni au mythe du « citoyen du monde » ; il ne prend pour modèle ni le *jus gentium* des Romains, ni le moralisme stoïcien, ni même l'évangélisme chrétien représenté par l'image grandiose du *bonum commune totius* de Francisco de Vitoria. De là procède son refus — et il faut lui en savoir gré — aussi bien des perspectives politiques d'une monarchie universelle ou d'un Super Etat que du schéma doctrinal de la *Civitas maxima* défendu en son temps par Christian Wolff. Selon lui, la construction de la paix européenne passe par un fédéralisme qui ne réunit que des Etats souverains. Mais c'est là que, dans son plan diplomatique, nous nous heurtons à une difficulté particulièrement épineuse (sur laquelle, d'ailleurs, viennent buter toutes les constructions juridico-politiques internationales).

Cette difficulté transparaît dans le vocabulaire : si les normes juridiques de la « ligue de paix » ne doivent pas effacer les particularités des Etats signataires, l'abbé de Saint-Pierre ne propose-t-il pas une *confédération* plutôt qu'une fédération ? On dira que, utilisant la langue de l'époque, il ignore cette distinction. Admettons.

Mais, par delà une question de terminologie, le problème juridique fondamental demeure : celui des pouvoirs et des bornes de la souveraineté des Etats dans la société internationale. En éludant cette question — aujourd'hui plus actuelle que jamais —, l'abbé laisse subsister dans son système d'Union une brèche qui le fragilise gravement. L'erreur de son hypothétique diplomatie n'est pas tant de préconiser l'union des Princes plutôt que l'alliance des peuples[49] ; elle est surtout de proclamer comme « fondamental » le principe de non-ingérence[50] qui implique l'intangibilité de la souveraineté des gouvernements

48. Cette idée recevra d'ailleurs un écho profond au cours du XVIIIe siècle ; cf. par exemple, Herder, *Vom Erkennen und Empfinden der menschenlichen Seele* (1778) : « Nous vivons dans un monde que nous avons nous-mêmes créé », in *Werke*, ed. Suphan, Berlin, tome VIII, p. 252.

49. Le terme de peuple est, encore au début du XVIIIe siècle, chargé de connotations sociales et psychologiques assez péjoratives ; ce n'est guère qu'avec Rousseau qu'il prendra une dimension proprement politique.

50. Ce principe de non-ingérence est le second des « Articles fondamentaux » de la Charte, *Projet de paix*, Quatrième discours, p. 290.

établis[51]. Ce maintien du *statu quo* est, il faut l'avouer, difficilement compatible avec le thème du progrès qu'il défend avec tant de ferveur. Mais il y a plus grave. En ne s'interrogeant pas sur l'indispensable limitation de la souveraineté qu'entraîne pour les Etats-membres leur engagement au Traité d'Union, l'abbé laisse subsister dans son *Projet* une double équivoque. Premièrement, comment admettre que la Ligue de Paix puisse, par la Diète et les divers organes politiques, judiciaires ou militaires dont elle est assortie, imposer son autorité aux Souverains tandis que leurs Etats conservent, pleine et entière, leur propre souveraineté ? Deuxièmement, comment ne pas voir que cette incohérence logique fait obstacle, pratiquement, au fonctionnement de l'institution communautaire ? Un doute surgit donc, qui risque d'être mortel : au nom de leur souveraineté, les Etats peuvent violer les engagements pris, ne pas respecter la parole donnée, agir au mépris des parchemins signés... bref, révéler à la face du monde combien les accords et les conventions, fussent-ils conclus dans le cadre général d'un unique et vaste traité d'Union, sont contingents et révocables. Qu'est-ce à dire sinon que, faute de préciser les restrictions de souveraineté qu'impose aux Etats signataires une organisation fédérale, la paix est toujours précaire et, par conséquent, la guerre sans cesse possible entre eux ? *A fortiori,* l'idée d'un droit qui, de l'Europe unie, s'élargirait à la dimension de l'universel et serait la condition d'une mondialisation de la paix, risque d'avoir une silhouette évanescente. C'est, au fond, ce que redoutait Rousseau devant l'optimisme diplomatique de l'abbé de Saint-Pierre. Il concluait son *Jugement sur le Projet* par ces mots inquiétants : « admirons un si beau plan, mais consolons-nous de ne pas le voir exécuter... Qui de nous oserait dire si cette Ligue européenne est à désirer ou à craindre ? »[52]

*

Dans son extrême lucidité, Rousseau éprouvait douloureusement la civilisation et le progrès des hommes modernes. Aussi a-t-il déchiffré dans l'optimisme de l'abbé de Saint-Pierre plus de signes du malheur tout proche de la conscience que de motifs d'espérance en la félicité publique et la paix. Mais, lors même que plus de deux siècles d'histoire lui donnent amplement raison, son jugement est d'une sévérité excessive. D'abord, tout n'est pas mauvais dans cette « modernité » que les beaux esprits de notre temps accablent de tant de sarcasmes et dont, quoi qu'ils en disent, nous sommes, et eux aussi, à tant de titres, les légataires. Ensuite, ce n'est que justice de reconnaître la noblesse et la magnanimité de celui qui, à l'aurore du XVIIIe siècle, a voulu être, au nom d'une

51. « Mon système », écrit l'abbé en répondant en 1717 à l'une des objections qu'il a imaginées, « suppose les choses établies et n'est fait que pour donner de la solidité à celles qui sont établies », *Projet de paix*, tome III, p. 321.

52. Rousseau, *Jugement sur le Projet de paix perpétuelle,* Pléiade, tome III, p. 600.

raison raisonnable, le Solon d'une Europe unie et pacifique. Son message, il faut l'avouer, comporte, dans la simplicité de son schéma, des imperfections et des carences. Il mérite néanmoins d'être entendu, même au soir du XXe siècle.

Seulement, recevoir ce message ne dépend plus du « fonctionnaire de l'humanité » que fut celui à qui nous rendons hommage aujourd'hui. Œuvrer à la paix n'est pas croire aux vertus du pacifisme. C'est, comme le montrera Kant en écrivant, lui aussi, à l'autre bout du siècle, un *Essai sur la paix perpétuelle,* un devoir : l'impératif catégorique d'une humanité véritable, dût-elle avoir conscience que ce devoir n'a de sens et de valeur que dans les « limites de la simple raison ». Dans notre monde présent que ravagent tant de drames, un horizon de paix est celui-là seul que nous avons le devoir de dessiner. Mais deux questions rebondissent, qui tiennent à la fragilité de la nature humaine et à la complexité essentielle de tout ce qui relève de la juridicité. Psychologiquement, les hommes de notre temps auront-ils l'intelligence et la sagesse de ces Souverains d'Europe à qui l'abbé de Saint-Pierre demandait de conclure son héroïque programme de paix ? Juridiquement, parviendront-ils à donner effectivité à un plan de paix en organisant le contrôle de son exécution et en prévoyant l'application de sanctions à ceux qui s'y déroberaient ?

Ces deux questions mettent en évidence l'ambiguïté vertigineuse de toute entreprise juridique. Elles ne sont pas différentes de celles que soulève l'examen critique du *Projet* de l'abbé de Saint-Pierre : le droit, lors même qu'il s'élargit à l'échelle de l'Europe ou du monde, exige effectivité, sans quoi il s'effrite dans les nuées d'un idéalisme sans substance. Il faut donc — et c'est la tâche la plus difficile — qu'un programme fédéraliste ou qu'un plan de paix se donne les moyens d'exécutoriété de ses normes : sinon, il ne serait que « le rêve d'un homme de bien ».

LES ENSEIGNEMENTS D'UNE CORRESPONDANCE AU SUJET DE LA PAIX : LEIBNIZ – SAINT-PIERRE (1714-1716)

André ROBINET

La correspondance échangée entre Leibniz et l'abbé de Saint-Pierre se développe en plein renouvellement des données historiques de l'Europe. L'envoi destiné à Leibniz qui comporte le *Projet de paix perpétuelle* ne lui parviendra qu'après le décès de l'Electrice Sophie, inlassable protectrice de Leibniz, qui était en passe de devenir reine d'Angleterre. Mais elle meurt (8 juin 1714) quelques mois avant celle à qui elle devait succéder, la reine Anne (12 août 1714). C'était déjà une redistribution importante de la carte européenne et de ses forces puisque la Grande-Bretagne et le Hanovre passaient sous le même sceptre, celui de Georg, duc d'Hanovre, fils de Sophie, qui devient George 1er, roi d'Angleterre. La première moitié des lettres échangées le sont courant 1715, avant le décès de Louis XIV (1er septembre 1715). Le second lot le sera courant 1716, alors que les bouleversements politiques sont encore plus accentués, avec l'avènement du Régent Philippe d'Orléans, petit-fils d'Elisabeth-Charlotte, duchesse d'Orléans, promue au rang de Madame. Nièce de Sophie, échangeant avec sa tante maints propos sur Leibniz, Madame prendra en main et sous son couvert la seconde partie de la correspondance entre la Cour du Palais-Royal et Leibniz, resté à Hanovre. De tels préliminaires ne sauraient être étrangers au fond du débat de philosophie politique qui se poursuit puisqu'on passe d'une conception de l'Europe dominée par l'antagonisme entre Louis XIV et les autres nations européennes à la première Entente entre la France et la Grande-Bretagne, et puisque la déludovicisation qui se poursuit en France met en place des structures gouvernementales inspirées aussi bien de la polysynodie que des philosophies politiques malebranchiste et fénelonienne.

Quatre questions sont ouvertes par cet échange :

1°) Le premier état (I) du livre de Saint-Pierre, paru sous le titre de *Mémoires* début 1712, porte-t-il trace d'une lecture de la *Théodicée*, puisque la présentation en est faite en fonction de la guerre considérée comme un mal absolu que l'on cherche à diminuer par un projet d'union ? La correspondance comprend maintes remarques fondées dans les doctrines jurisprudentielles des deux auteurs et nous y aboutirons.

2°) Ces *Mémoires* ont été connus de Leibniz avant la correspondance directe. Les réactions de Leibniz au travers de ses lettres envoyées à Paris sont telles qu'elles n'ont pas pu ne pas parvenir aux oreilles de Saint-Pierre ; d'où une seconde question : Saint-Pierre a-t-il connu les critiques de Leibniz et en a-t-il tenu compte en rédigeant son second état (II) qui paraît sous le titre de *Projet*... début 1713 ?

3°) Ce qui est assuré, c'est que Leibniz entre en correspondance avec une connaissance précise des deux premiers états, *Mémoires* et *Projet*. Sa connaissance en est telle que, durant deux années, il reçoit de Saint-Pierre écrits sur écrits, pendant que l'abbé compose avec force remaniements sa troisième mouture (III), devenue un *Projet de traité pour rendre la paix perpétuelle*, qui paraîtra au lendemain de la mort de Leibniz survenue en plein échange le 14 novembre 1716.

Une première remarque concernera précisément ces changements :

Pourquoi la page de titre a-t-elle pris cette orientation ?

1°) L'état premier voit le jour début 1712 après, écrit Saint-Pierre, quatre années de recherche et d'interrogation sur tout ce qui fait de la guerre un mal absolu qui semble nécessaire et dont on ne peut entraver la nécessité. Il s'agit légitimement de « mémoires », Saint-Pierre rappelant ses réflexions récentes, dont certaines portent sur des thèses ou des propositions qui disparaîtront des deux éditions suivantes. Rien n'empêche que, dans ce contexte, Saint-Pierre ait rencontré la *Théodicée* qui connaît alors son succès de librairie et qui attire de la part des correspondants de toute l'Europe, donc de Paris, nombre d'éloges et de critiques.

2°) L'état second paru au début de 1713 est intitulé par son objet propre : *Projet de paix perpétuelle*... C'est l'édition qui est envoyée à Leibniz et qui sollicite ses réactions. Remarquons qu'on reste dans le pur « projet », un projet d'« union », opposé à un simple traité.

3°) On remarquera que le troisième intitulé porte *Projet de traité pour*... Il aura fallu attendre la troisième forme des réflexions de Saint-Pierre pour que vienne au devant de la scène le mot de « traité ». Car en fait, la structure dominante de ces pages de Saint-Pierre repose sur une opposition entre « traité de paix » et « traité d'union ». Il est manifeste que le terme de « traité » porte au départ une charge négative que le terme d'union dissipe, que le terme de traité est péjorativement considéré comme traité de ligue, comme trêve momentanée, dans l'opposition à ce que devrait être la « perpétuité » de l'union. La question devient pour le commentateur : pourquoi ces titres successifs ? Et pourquoi le terme de traité a-t-il été passé sous silence en 1712 et en 1713, alors qu'il est sorti de l'ombre en 1717 ? Et c'est là, disons-le, que l'impact leibnizien a joué de plein fouet.

Une seconde remarque concernera les interventions de Leibniz au sujet des preuves *a posteriori* avancées par Saint-Pierre en faveur de sa théorie de l'union. Les trois éditions avancent des preuves culturelles et des preuves par l'histoire.

Par preuves culturelles, j'entends celles que Saint-Pierre met en avant dès le départ en citant à son profit les mémoires de Sully qui concernent la théorie de la paix pratiquée par Henri IV. D'autres textes mentionnent les thèses d'Elisabeth d'Angleterre. Or c'est là un des points captivants de l'échange direct : l'insuffisance de la documentation historique, non seulement pour l'agrément de l'histoire, mais pour la précision des textes, dont Leibniz regrette que Saint-Pierre ait fait un aussi piètre usage : aussi doit-on souligner que l'effort accompli dans l'état (III) de 1717, avec sa centaine de pages documentaires sur les théories d'Henri IV, est un effet direct des observations leibniziennes continues, directes comme obliques. Saint-Pierre d'ailleurs remercie Leibniz de l'avoir encouragé en ce sens et marque expressément sa dette.

Mais cette documentation culturelle réfère aussi, dans les critiques de Leibniz, à d'autres ouvrages qui ont traité de la paix, que Saint-Pierre aurait eu tout avantage à mentionner comme à exploiter. Leibniz met en avant le *Nouveau Cyneas* d'Emeric de Crucé et le « catholique sincère » d'Ernst Hesse-Rheinfels, dont il envoie copie à Saint-Pierre qui se promet de le mettre en Appendice dans le tome en préparation, ce qui ne fut pas fait. Quelque admiration que Leibniz ait pour son ami Rheinfels, il conserve quelque tendance à énumérer de telles tentatives à la suite de l'*Utopie* de Thomas More et autres « belles visions platoniques ». Toutefois la documentation leibnizienne aussi bien sur les utopies pacifistes que sur les écrits concernant la construction et la protection de la paix est d'une tout autre ampleur et interfère souvent avec les préoccupations proprement réalistiques du Conseiller aulique.

Dans ces preuves culturelles *a posteriori* figure avant tout la doctrine du « Solon germanique » avancée par Saint-Pierre comme exemple concret et durable de la construction par projet d'un ensemble de nations sous un même étendard. La doctrine en est largement explicitée dès 1712. L'unité germanique était difficile à maintenir à supposer qu'elle fût obtenue. Pour l'obtenir, « le sage Auteur de l'unité germanique, en réfléchissant sur les sources des malheurs de la nation, n'eut pas de peine à voir que ce remède, loin de diminuer les guerres, ne faisait autre chose que de les faire durer plus longuement et ne donnait pas même de sûreté permanente de la durée des Etats ; ce fut alors que ce grand génie eut l'occasion de s'élever jusqu'à cette idée d'arbitrage... » (II), 1, 56. Il y eut donc, selon des textes de 1712 repris en 1713, un « sage Inventeur » ; « un sage allemand », « le Solon allemand », « le Solon germanique », qui proposa de former une « union » et pas seulement un « équilibre ». Saint-Pierre souligne que cette union « ne se forma pas sans projet ». Evidemment, il relève par là tacitement l'analogie avec ce qu'il est en train d'entreprendre, afin de réaliser un tel « chef d'œuvre de politique ». Or ce Solon fut, comme l'abbé, fort combattu pour son projet taxé de « chimérique ». Etait-ce un sujet ou un prince qui prit l'initiative du projet ? L'union a donc commencé ; or « elle n'a pu commencer sans quelque souverain, ou quelque sujet, qui en ait eu la première idée, sans que quelqu'un en ait fait une espèce de projet petit ou grand ». Certes « on a perdu le nom » du Solon germanique, et ce n'est certes pas Leibniz qui va en souffler la mémoire à Saint-Pierre.

Parce que voici un point d'achoppement qui constitue un moment fort de la correspondance et qui a de grosses répercussions dans la rédaction de l'état (III) du Projet. Leibniz a une tout autre vue de l'histoire germanique. « Il semble que Saint-Pierre conçoive l'union germanique comme commencée par la signature de quelque traité... », « mais cela ne saurait être concilié avec l'histoire ». Et Leibniz d'énoncer les phases de la Germanie pré-carolingienne, carolingienne et souabe, des Habsbourgs, puis de la Maison d'Autriche. Il n'y avait d'abord aucun pouvoir absolu des rois, mais seulement des règlements apportés entre égaux dans des diètes. Peu à peu, par le jeu des alliances et des héritages, les grands seigneurs s'imposèrent aux plus petits, mais chacun conservait son indépendance et sa souveraineté absolue. C'est seulement avec Frédéric III que « par le moyen des diètes et des pacifications, on connût la forme actuelle de l'Empire germanique, tel que la *pax optima rerum* de Münster vient de la consacrer ». Mais c'est plutôt la décadence du pouvoir des Empereurs qui en a permis l'apparente union : « Aucun traité d'union ne l'a formée... », et le traité de Westphalie « a son origine de la diminution insensible du pouvoir des Empereurs » (dès le 4 juin 1712, avant la correspondance directe, qui va formaliser ce schéma dans la pièce appelée « Observations », 7 février 1715).

Or cet envoi ne reste pas lettre morte et l'état (III) porte les traces d'un retrait plus prudent de Saint-Pierre sur des considérations graduées. Est-ce par la force que l'union germanique a été établie ? Est-ce par un inventeur supérieur en force plutôt qu'en persuasion ? Saint-Pierre continue à pencher en faveur d'une convention entre les Etats. Mais il concède maintenant que « ces sortes d'établissements n'ont été faits que par hasard et par degrés presqu'insensibles sans qu'aucun Sage leur ait jamais proposé par écrit aucun projet de convention ». Leibniz a été entendu et l'abbé le prie de bien vouloir le remarquer dans les écrits préparatoires à la version de 1717. Au demeurant « qu'importe que cette Société se soit formée en peu ou en beaucoup d'années, cela ne fait rien à la chose. »

Mais cela fait beaucoup en philosophie politique ! Car, nouvelle remarque, cette discussion n'est que l'émergence de deux doctrines des fondements entièrement distinctes et opposées. La correspondance ne comporte que l'écho de deux conceptions de la convention qui ne sont pas concordantes.

Pour Saint-Pierre, l'union résulte d'une volonté, imposée par quelque génie politique qui fait adhérer à un projet une pléiade de souverains consentant de par leur libre arbitre à passer d'une position de souveraineté indépendante à une association de souveraineté partagée, avec tout ce que comporte à ce sujet l'organisation pratique de ce conseil des souverains.

Les remarques de Saint-Pierre au sujet de ce fondement juridique de la convention sont éparses et n'ont certes pas le caractère jurisprudentiel rigoureux des thèses leibniziennes. Or, là aussi, on peut observer un certain retrait envers des convictions hobbesiennes ou semi-hobbesiennes, qui parsèment les deux premières éditions du *Projet*.

Quand Saint-Pierre admet un stade primitif de violence, un état de « non-société », de « non-arbitrage », de « l'homme insociable », il prétend qu'il y avait alors, « dans les premiers temps », une « voie de la violence » pratiquée par ces êtres sans cesse prêts à s'entre-tuer que sont ces « animaux avides, défiants, jaloux, présomptueux, fiers, orgueilleux, impatients, coléreux, vindicatifs, injustes, sans sûreté réciproque. » Cette insécurité est le propre de l'état de crainte qui engendre une inquiétude sans cesse renouvelée dans ces sociétés « sauvages ».

Mais à quelques pages de distance, Saint-Pierre pratique une philosophie hobbesienne tempérée. Toute société est d'abord policée et l'homme est naturellement sociable. Elle pratique un « arbitrage naturel », qui assure sa « tranquillité » dans une paix originaire ayant pour caractère le repos et le calme. Effectivement, le rôle de la « compassion » retarde l'apparition des passions : la pitié originaire, la commisération provoquent « la supputation de sentiments qui déterminent plutôt à la société » ; « la compassion unit » ; « le cœur des hommes » leur fait respecter ce fondement du droit naturel que Saint-Pierre évoque constamment sous le titre d'« équité ». Ainsi « la société de famille », « la société de village », les premiers « petits corps politiques », les « petites monarchies naissantes », reposent non pas sur convention écrite, mais sur « la loi de l'avantage naturel » qui répond au désir d'être mieux et à la « crainte d'être pis ».

Or les écrits de Saint-Pierre en l'occurrence vont jusqu'à admettre une théorie de la « société domestique » qui pourrait être leibnizienne. Malgré les violences premières, « cependant il s'était établi entre ces animaux si déraisonnables des sociétés très raisonnables, très avantageuses aux associés et durables » ; à tel point « qu'il n'y a aucune société, si grossière qu'elle soit parmi les sauvages, qui n'ait au moins un arbitrage grossier et tel qu'il peut maintenir cette société, et rendre entre ses membres le commerce permanent » ; certes, resteront les « principes de division », mais « il y a dans les mêmes hommes des principes d'union : c'est qu'ils ont besoin les uns des autres pour contenter les fantaisies et les désirs qui sont la base de leurs intérêts ». Or cet « arbitrage naturel » engendre une police qui, pour grossière qu'elle soit, n'a rien de conventionnel.

Pour Saint-Pierre, c'est quand on passe du « petit » au « grand » que les choses se compliquent par les oppositions flagrantes d'intérêts. C'est alors qu'il reconnaît que « la première convention n'a pas été établie par la crainte » (III, 61), car si l'inventeur du contrat était le plus fort, on irait de mal en pis : rien ne l'empêcherait de le rester et ne le contraindrait à abandonner, si bien que l'union obtenue ne le resterait que du vivant du plus fort. « La salutaire invention de l'arbitrage » vient « de ce qu'il est plus avantageux de convenir que de ne pas convenir » (III, 58). La convention n'a donc pas de fondement juridique strict, mais seulement un fondement eudémonique externe. La convention ne s'impose qu'au regard du mieux et du pis, et pas du tout en fonction d'une régulation *a priori* par des considérations relatives à la raison pratique. Ce que complète l'abandon de la recherche sur les origines : savoir si l'arbitrage a été proposé, imposé, perfectionné, obtenu par persuasion, par force ou par calcul. « Il n'importe de l'origine de cet établissement : il nous suffit qu'il existe depuis longtemps » (III, 59). « Il suffit que quelqu'un l'ait trouvé... ».

Ainsi s'entremêlent les questions de la nature originelle des sociétés et des débuts de l'arbitrage dont découlent les sociétés policées. On aboutit alors à rencontrer l'équité comme règle de base du droit naturel, soit qu'elle ait succédé au droit strict de l'égalité pour la liberté dans l'hypothèse à la Hobbes, soit qu'elle accompagne originellement le repos de la société : car « sans équité, point de société, point de repos, point de tranquillité, point de commerce sûr et durable » (I, 9). « Tout est fondé sur cette première loi d'équité naturelle dont toutes les autres lois dérivent comme de leur source. Ne faites point contre les autres ce que vous ne voudriez pas qu'ils fissent contre vous, si vous étiez à leur place et qu'ils fussent à la vôtre » (II, I, 388). Et dans (III, IX) : « jugez les autres équitablement, c'est-à-dire comme ils voudraient en être jugés en pareil cas ». Toute désunion provient de l'éloignement de « l'équité ».

Il semble que sous le terme d'équité Saint-Pierre entende une jonction du *neminem laedere* et du *suum cuique tribuere*, dont Leibniz fait deux degrés différents de ses fondements du droit naturel, en ajoutant que le troisième degré est représenté par cet *honeste vivere* qui fait entrer la piété, plus que la pitié, dans l'inspiration du droit naturel.

Les fondements juridiques de la paix reposent pour Leibniz sur cette triple formulation qui soumet la liberté, l'équité et l'honnêteté à l'idée d'une raison régulatrice qui n'est pas seulement transcendante, mais qui est expérimentée dans l'immanence, dans l'expérience de la jurisprudence. L'inspiration dans laquelle il puise les objections adressées à Saint-Pierre proviennent, non pas de considérations utilitaires et commerciales sur la nécessité de l'arbitrage, qui le laisserait entièrement contingent dans ses fondements, mais sur une jurisprudence divine tirée de l'analyse philosophique du concept de Dieu, tel que le droit l'appelle dans ses pratiques traditionnelles.

Le principe du meilleur s'enracine dans l'acte divin *ad extra*, repose entièrement sur la considération des perfections infinies internes qui forment l'infinité infiniment infinie du concept de Dieu. Dans ce cadrage, la sagesse prend le pas sur la toute-puissance, excluant toute possibilité de recourir aux thèses de Hobbes sur les origines. Pour Leibniz, l'explication par les origines, même hypothétiquement, est abandonnée au profit d'une structuration par la combinatoire des perfections infinies et finies. Le modèle à prendre en considération n'est pas à projeter aux origines du temps et de l'histoire, mais à saisir dans le déroulement des phénomènes et des actions que les principes de la raison construisent. Il s'agit plus d'un transcendantal que d'une transcendance. En conséquence, l'acte *ad extra* se module sur l'acte immanent que permet de décrire le concept de Dieu. Cet acte ne peut trouver sa fin dans une finitude et c'est pour satisfaire à sa propre complaisance que Dieu engendre le monde, par surabondance. Cet amour de complaisance entraîne l'établissement d'un univers relié par le principe du meilleur, qui est loin d'être le principe du mieux, et encore moins celui du plus parfait. Le meilleur comporte le mal, les ombres au tableau, la guerre et les souffrances. Mais l'option leibnizienne dans ce monde violemment contrasté, traversé de tous les maux que la *Théodicée* décrit, expose au total un fruit optimum qui, « tout compte fait », établira l'avantage du bien universel. Comme conseiller des princes les plus autocrates du moment, Leibniz est loin d'ignorer les revers de la vie de Cour. Pourquoi donc adopte-t-il cette vision-là du monde ?

Après s'être débarrassé à sa manière de ses premiers engagements sur les traces de Hobbes, envers qui il gardera toujours sa haute considération, Leibniz a développé sa propre théorie de l'inquiétude sans la laisser se développer jusqu'à l'angoisse et en considérant que l'*Unruhe* avait ce mouvement de balancier d'un pendule qui va et revient en assurant au total un équilibre et un arbitrage. C'est dire que « la balance balance » et que les contrastes de l'univers ont grand besoin du secours d'une *Théodicée* pour être saisis en raison. Mais l'essentiel de ses considérations porte sur cette raison cybernétique qui déploie ses effets dans la création : la *causa Dei* est plaidable si l'on met l'amour de complaisance à la racine de l'existence, ce par quoi la plénitude de l'être peut être atteint. Cet acte d'amour interne est le geste même de cette création-émanation qui caractérise le leibnizianisme : il inspire le mouvement des créatures pensantes dès les origines de l'humanité et des sociétés. Il ordonne les relations interhumaines dès le départ et la vie n'est que le développement de l'amour, son mouvement de retour à l'infinité qui l'a suscité. Leibniz a longuement recherché l'explication de son anthropologie dans la nouvelle mécanique d'un *De Mente* dans lequel figurerait un *De Amore* sur le modèle de ce que Hobbes avait fait au moment où s'écrivait l'*Hypothesis physica nova* de 1670.

Leibniz rassemble ses objections contre Hobbes pour mieux faire apparaître les fondements de sa propre philosophie politique. Hobbes a voulu faire du droit strict le fondement de sa politique en poussant la liberté jusqu'à la main-mise de tous sur toutes choses, d'où l'apparition native et naturelle des violences ; il s'imagine au sujet d'autrui les pires des choses et est incapable de recueillir cette technique de l'équité dont Leibniz a fait, bien avant Saint-Pierre, la base de la mise à la place d'autrui. Or l'observation permet de constater que les sociétés animales sont loin de vivre dans un état de conflit perpétuel : toutes les espèces manifestent des qualités domestiques innées qui les conduisent jusqu'à la vie organisée des castors ou des fourmis. Pour ce qui est des peuplades dites sauvages, il n'en est aucune qui ne pratique sans contrat la philanthropie, et « l'expérience prouve qu'il y a des peuples qui vivent en paix sans magistrats ». Cet état de non-crainte est recueilli dans Locke et opposé à Hobbes. Les *Nouveaux Essais* rappellent que ce sont souvent les sociétés dites civilisées qui distillent des conduites dégradantes quand elles entrent en contact avec les sociétés primitives. Quant aux États constitués, « personne en Europe ne se gouverne selon les lois que Hobbes a énoncées » ; il n'existe aucune république telle qu'il la définit. Les États fédérés sont loin d'être tombés dans l'anarchie dont Hobbes les menace s'il n'y a pas de pouvoir fort. A l'en croire, il ne devrait y avoir qu'anarchie et conflits dans le monde, puisque l'exercice du pouvoir est loin de s'exercer en raison d'un souverain absolu : bien des États partagent et transfèrent les pouvoirs qui devraient, selon Hobbes, rester entre les mains du souverain. Que de nations recourent à des « voies moyennes » de gouvernement et à des conseils aux pouvoirs réels. Les républiques en Europe échappent entièrement au type de gestion que Hobbes décrit : les Pays-Bas, la Suisse, la République de Venise. De même les royaumes où les souverains sont absolus dans leur pouvoir respectent les décisions des parlements : la France par exemple, qui passe pour le plus absolu des États, conserve des parlements provinciaux et la loi salique s'impose au monarque qui ne peut disposer de sa succession. L'Empire germanique enfin, avec ses conseils et ses diètes, fonctionne sur la distinction politique de sa souveraineté des princes et de la majesté de l'Empereur, ce qui sauvegarde l'indépendance de chacun, malgré les instances communautaires.

Ainsi Leibniz balaie et jalonne théoriquement un terrain où Saint-Pierre omet de faire le ménage et dans lequel il reste engagé entre argumentation hobbesienne, semi-hobbesienne et anti-hobbesienne. Mais il n'a ni la puissance juridique de Leibniz, ni la pratique de ces pouvoirs où le prince absolu admet et provoque l'intervention du conseiller. Au demeurant, Saint-Pierre s'en doute, qui encourage Leibniz d'intervenir auprès des détenteurs de la puissance.

Je ne retiendrai ainsi que les raisons de philosophie politique qui l'ont éloigné de cette solution absolutiste : Leibniz n'a aucune part si profondément critiqué Hobbes que dans son *De jure suprematus*, composé au moment du traité de Nimègue, destiné à soutenir les droits des princes allemands et à sauvegarder leur souveraineté, non pas contre, mais aux côtés de la majesté de l'Empereur. Cette opposition entre souveraineté et majesté est la distinction conceptuelle sur laquelle repose l'attitude de Leibniz face à Saint-Pierre, comme face à tout autre. On peut admettre la majesté de l'Empereur sans renoncer à l'entière souveraineté des princes. Les détails de ce droit diplomatique l'autorisent à soutenir ce que Saint-Pierre n'a pas la capacité conceptuelle d'aborder : qu'un souverain puisse accepter le sceptre de la majesté de l'Empereur sans renoncer à son indépendance, tout en participant aux instances organisationnelles des diètes impériales, des conseils des princes et des conseils des électeurs. C'est avec ces concepts élaborés depuis longtemps qu'il reçoit les écrits de Saint-Pierre : mais alors, que peut-il bien y trouver ?

J'en viens à la structure oppositionnelle majeure à la fois dans l'œuvre de Saint-Pierre et entre Saint-Pierre et Leibniz. C'est l'opposition de ce que Saint-Pierre appelle le « système de l'équilibre » contre « le système de l'union » dans ses discussions théoriques, et il se trouve que Leibniz est le défenseur du « système de l'équilibre » et Saint-Pierre celui du « système de l'union ».

La démonstration *a priori* qu'avance Saint-Pierre provoque, selon ses termes, « un jugement » entre deux « préjugés ». La structure antithétique qui commande avec force les deux premiers états de son œuvre oppose le « système de l'équilibre » au « système de l'union ».

La mise en place historique du système de l'équilibre provient de cet état européen de non-société qui tient aux origines violentes de l'humanité et des grands ensembles humains. Les guerres y sont dominantes, entrecoupées de trêves qui sont ponctuées par autant de traités de paix contingents et transitoires. La sûreté y reste imparfaite et la « voie de la force » engendre un « équilibre de puissance » qui est extrêmement dispendieux. Un « traité de ligue » n'a rien d'un vrai traité d'union et « traité de paix » est nettement opposé à « traité d'union ». Cette remarque éclaire ce que nous disions en commençant : si Saint-Pierre ne fait pas figurer le mot « traité » au titre de (I) ni de (II), c'est parce que la charge péjorative de « traité » affecte le syntagme « traité de paix » dans son opposition à « union » ou à « traité d'union ». Mais l'union est plus qu'un traité. Le « système de l'union » relève de ce qui n'existe pas encore, dont les preuves *a posteriori* ou *a priori* ne sont pas encore inscrites dans la réalité. Car la paix signifie non plus l'entre-deux des guerres, mais la suppression radicale de ce mal absolu, l'éradication du conflit de forces par armées opposées pour le règlement des différends. A l'horizon de ce système, se dégage l'idée de la « paix perpétuelle », « inaltérable », préservant les nations des guerres étrangères et civiles, permettant les progrès des échanges, du commerce et des progrès de la raison. Ce système fait appel à des « dépenses réglées » qu'il faudra consentir pour l'organisation structurelle de la paix dont les trois éditions donnent une image constante, variée dans ses détails au fil des événements. Surtout, on retrouve à ce propos les concepts fondamentaux de Saint-Pierre concernant la tranquillité et le repos, qui lui semblent procurer l'état d'amélioration de la société. Cette statique politique est axée sur « un repos solide », qui rappelle la phraséologie cartésienne de l'anti-thèse entre force de repos et force de mouvement, avec le principe de conservation de la même quantité de mouvement. Le mouvement est donc peint en noir comme relevant du « système de l'équilibre », le repos est mis en avant comme principe du « système de l'union ».

Saint-Pierre, pour en arriver là, définit l'union comme « conservant les choses en repos en l'état qu'elle les trouve » (2, I, 291). Car il faut préciser que l'Article I, par lequel doit se régler le passage à l'union, décrète que les nations en resteront « en l'état de possession actuelle » quand sonnera le temps de l'union. Or Leibniz viendra buter sur ce décret volontariste de la renonciation à toute évolution ultérieure de la carte géopolitique de l'Europe, bloquée en cet état. Les souverains renonceraient à leurs droits virtuels, aux futures alliances entre Maisons par les liens du mariage, aux conséquences des héritages entre Maisons princières, aux conditions stipulées dans la généalogie des chartes au sujet des mouvements futurs dans les découpages nationaux. Saint-Pierre invente artificiellement cet « état de repos » que tous les souverains s'engageront, soit simultanément par un acte unique, soit peu à peu, à respecter en abandonnant toute « espérance » d'agrandissement. Le système de l'union reposant sur cet arrêt de l'histoire, la carte de l'Europe restant statique, la théorie du moindre coût favorable au commerce devient alors dominante et, pour chaque souverain, Saint-Pierre fait les comptes de ce qu'il y a à gagner en signant plutôt qu'en ne signant pas. Il n'a aucune peine à démontrer en recourant aux calculs de Petty ou de Locke que le système stable de la paix est moins coûteux que celui de la guerre, même si la renonciation aux avantages promis ou espérés ne se produit plus. On en arrive ainsi, dans cette correspondance avec Leibniz plus que dans l'état (III), à la composition d'une arithmétique des nations dont la banque comptable devient le moteur de prospérité et de mieux-être.

Leibniz a toujours œuvré dans le cadre réalistique du « système de l'équilibre », terme qu'il emploie pour son compte en le précisant par l'expression qu'il affectionne de « balance de l'Europe ». Il fait remarquer à Saint-Pierre que sa condamnation des traités-trêves devient inexacte depuis que le traité de Westphalie a procédé à des arrangements organisationnels de la paix future et pris les dispositions de rigueur pour en faire respecter la lettre. Les dérangements ne proviennent que des ambitions de Louis XIV qui n'a aucun respect de ses propres traités. Ces expressions dévoilent de la part de Leibniz une tout autre phraséologie physique concernant les concepts de mouvement et de repos appliqués à la coexistence des États européens. Car le meilleur pour Leibniz ne comporte rien de statique. On sait, contre Descartes, qu'il n'y a pas de « force de repos », que le repos est un moindre mouvement, que la physique repose sur l'équilibre des forces en présence dans les chocs violents, et que le principe de l'action gère de manière continue le mouvement essentiel qui détermine la marche d'ensemble des forces qui se déploient sans choc. L'univers physique est effectivement un système en équilibre, ce qui veut dire que les forces composantes changent constamment sous le principe du meilleur. La conservation des trois principes fondamentaux de la dynamique traduit cette *Unruhe* du pendule, et s'étend à cette « inquiétude » qui affecte tout être vivant, non découpable en parties égales et toujours en voie de retrouver son équilibre. L'angoisse serait l'arrêt du balancier de l'inquiétude vers l'un de ses pôles d'écartèlement.

En philosophie politique, le « système de l'équilibre », la « balance de l'Europe » attirent une phraséologie similaire, confirmée par les preuves historiques et par la preuve métaphysique de la conservation du meilleur. Il n'y a pas d'état statique au niveau duquel on puisse arrêter l'évolution de la carte géopolitique de l'Europe ou du monde. La paix n'est pas le résultat d'un arrêt de l'Histoire, mais l'aménagement circonstancié de ses tendances multipolaires par la recherche d'un ajustement des forces de sécurité nationales. Aussi Leibniz s'élève-t-il dans la correspondance contre l'obtention de l'union par réduction à la présente possession à temps T d'un Etat E. En conséquence, il s'élève contre la réduction du mouvement vital des nations par un décret volontariste. Rien ne peut empêcher l'organicité des sociétés à poursuivre son élan, que Leibniz fonde dans la domesticité primordiale des familles, des groupes, de la socialité originelle et des grandes Maisons. L'Europe reste pour lui une affaire de famille avec ses deuils et ses joies. Il admet volontiers les structures des Républiques naissantes et se met à réfléchir sur le rôle d'un Parlement depuis que son souverain est devenu roi d'Angleterre.

S'il reçoit de bonne part le projet de Saint-Pierre, s'il encourage de telles recherches, c'est avec une distance certaine, en croyant plus à la permanente recherche d'un équilibre de l'inquiétude qu'à la perpétuité de la paix. La paix est au total enracinée dans l'Histoire par l'acte de Dieu *ad extra*, au nom même du principe optimum de la métaphysique.

Leibniz connaît certes les utopies, il en lit et en recommande la lecture, car elles font partie de cet équilibre à rechercher ; il faut des penseurs comme Saint-Pierre qui projettent la perpétuité de la paix loin des instantanés de la violence guerrière : cela fait partie du monde. S'il n'y avait que des Hobbes réduits au constat de la violence primitive jugulée par la seule prise de pouvoir du plus fort, alors l'univers serait celui de l'homme loup pour l'homme. Mais Leibniz aimait dresser face à face les deux exergues : l'homme est aussi un dieu pour l'homme ! L'irénisme leibnizien a besoin du pacifisme castellien, mais le trouve largement insuffisant face aux menaces de la violence aussi bien qu'organiquement, face à la vie des nations que l'historiographe saisit à travers la généalogie des Guelfes et l'histoire de la Maison de Bronsvic. Leibniz élève ses méditations dans ses traités juridiques en recherchant la loi fondamentale aux trois degrés de la liberté, de l'équité et de la piété, qui constituent le concept positif *a priori* de la paix. Car la paix est pour Leibniz un concept plein du développement total de l'univers, dont l'Histoire porte la manifestation relative. La perpétuité n'est validée qu'au total : elle ne saurait l'être comme le veut Saint-Pierre par l'acte décrétoire des souverains qui arrêteraient leur propre histoire. Les nations sont pour lui des « substances » grosses de leur passé, de leur présent et de leur avenir, insécables, infixables.

Cette correspondance permet de saisir en plein développement la pensée de deux prodigieux champions de la paix. Les tendances réalistiques du conseiller, historien, juriste, métaphysicien Leibniz refrènent l'ardeur volontariste de l'abbé moins engagé dans le corps à corps international, plus « philosophe ». Mais l'un et l'autre représentent, en ces années de la grande ouverture du siècle des Lumières, deux efforts considérables pour enrichir le concept de paix et n'en pas faire que le creuset vide de l'absence de guerre.

P. S. : Le présent exposé trouve ses raisons du côté leibnizien par notre dernier ouvrage G. W. Leibniz : *Le meilleur des mondes par la balance de l'Europe*, PUF, 1994, qui fait pendant à notre étude métaphysique et épistémologique *Architectonique disjonctive, automates systémiques et idéalité transcendantale dans l'œuvre de Leibniz*, Vrin, 1986. On peut voir Leibniz aux prises avec l'histoire dans son *Iter Italicum, La dynamique de la République des lettres*, Olschki, Florence, 1988, et *La conquête de la chaire de mathématiques de Padoue*, Université, Padoue, 1992. Du côté de Saint-Pierre, nous avons rassemblé la correspondance intégrale avec Leibniz, récupérée dans les fonds hanovriens ; celle-ci a été publiée dans le *Thesaurus de philosophie de droit*, que dirige Simone Goyard-Fabre, Paris II-Duchemin, 1995. Cette publication réunit quinze lettres directes et une trentaine de lettres obliques éclairant cet échange de 1714-1716.

L'ABBE DE SAINT-PIERRE
ET
JEAN-JACQUES ROUSSEAU

Guy LAFRANCE

L'écrit le plus célèbre de l'abbé de Saint-Pierre, son *Projet de paix perpétuelle,* paru en 1713, soit l'année suivant la naissance à Genève de Jean-Jacques Rousseau. La rencontre des deux hommes eut lieu en 1742, soit un an avant la mort de l'abbé, au salon de Madame Dupin à Paris, où étaient conviés, selon l'expression de Rousseau au Livre septième des *Confessions,* « tous les gens qui jettaient de l'éclat » et parmi lesquels se trouvaient M. de Fontenelle, l'abbé de St. Pierre, M. de Buffon et M. de Voltaire »[1]. Au milieu de tous ces gens, « le pauvre Jean-Jacques, comme il l'affirme encore dans *Les Confessions,* n'avait pas de quoi se flatter de briller beaucoup »[2]. Rousseau avait 30 ans à ce moment-là. Et il semble qu'il ait très peu connu l'abbé de Saint-Pierre. Outre la rencontre précise qu'il rapporte chez Madame Dupin, il dira plus loin dans les *Confessions :* « J'avais un peu vu l'Abbé de St. Pierre dans sa vieillesse »[3].

Mais la véritable rencontre de Rousseau avec les écrits et la pensée de l'abbé de Saint-Pierre se fera au printemps de 1756, alors que Rousseau s'installe à l'Ermitage de Montmorency, apportant avec lui les manuscrits de l'abbé de Saint-Pierre que lui avait confiés le Comte de Saint-Pierre, neveu de l'abbé, à la demande de Saint-Lambert. Il faut dire aussi que Rousseau avait été séduit par l'idée de l'abbé de Mably de faire un extrait des ouvrages de l'abbé de Saint-Pierre, idée que Madame Dupin, du reste, suggérait fortement à Rousseau d'adopter. Ce qu'il fit et entreprit d'exécuter, dès son arrivée à l'Ermitage, sans enthousiasme véritable pour ne pas dire avec une certaine lassitude qu'il attribue curieusement à sa paresse, à l'effort de penser et de créer qu'il trouve fatigant ; lassitude qu'il éprouve aussi devant la quantité des manuscrits de l'abbé, la qualité de son style et l'engagement qu'il avait pris devant ses amis. Très vite, il constate la lourdeur de la tâche à exécuter, mais en même temps cette lourdeur se transforme en défi devant l'obstacle à surmonter, défi stimulé par l'intérêt

---

1. Voir *Les Confessions,* L. VII, dans *Oeuvres Complètes,* Bibliothèque de la Pléiade, t. I, p. 292. Voir aussi G. De Villeneuve-Guibert : *Le portefeuille de Madame Dupin.*

2. *Les Confessions,* L. VII, O.C. t. I, p. 292.

3. *Ibid.*, L. IX, p. 423.

suscité par les idées de l'Abbé. « Il ne s'agissait de rien moins que de lire, écrit-il dans les *Confessions,* de méditer, d'extraire vingt trois volumes diffus, confus, pleins de longueurs, de redites, de petites vues courtes ou fausses, parmi lesquelles il en fallait pêcher quelques unes grandes, belles et qui donnaient le courage de supporter ce pénible travail »[4]. Et déjà Rousseau, tout en reconnaissant le mérite de l'abbé de Saint-Pierre et la grandeur de ses idées, lui adresse le reproche qui deviendra chez lui une constante, soit le reproche de la raison, le reproche de faire comme s'il s'adressait à des hommes raisonnables. « Ces mêmes ouvrages, écrit-il encore dans les *Confessions,* ne laissaient pas de contenir d'excellentes choses mais si mal dites que la lecture en était difficile à soutenir, et il est étonnant que l'abbé de St. Pierre qui regardait ses lecteurs comme de grands enfants, leur parlât cependant comme à des hommes par le peu de soin qu'il prenait de s'en faire écouter »[5].

En vérité, Rousseau, tout en admirant le prestige et les idées de l'abbé, va chercher d'une part à lui rendre justice en exposant de façon succincte les grands thèmes et l'articulation de sa pensée en en faisant ressortir l'originalité et la pertinence, mais aussi d'autre part, il va profiter de la forme donnée à son ouvrage pour faire passer « d'importantes vérités », comme il l'avoue, « sous le manteau de l'Abbé de St. Pierre »[6].

Ces importantes vérités, pour Rousseau, elles tiennent à la conception qu'il se fait des hommes et en particulier de l'usage qu'ils font de leurs lumières ou de leur raison ; elles tiennent aussi à la conception même du fondement du droit politique, c'est-à-dire à l'idée de souveraineté et à la conception pure du fondement du droit. Elles tiennent encore aux conditions de possibilité effective de réaliser la paix par une alliance ou une véritable confédération des États souverains. Ces importantes vérités, aux yeux de Rousseau, nous permettent de comprendre l'ambivalence des sentiments qu'il entretenait à l'égard de l'abbé de Saint-Pierre.

Comme on le sait, Rousseau a toujours conservé une très grande estime pour l'abbé, qu'il qualifiait d'« homme simple, honnête et vrai »[7] et que, dans un élan d'enthousiasme, il appellera : « cet homme rare, l'honneur de son siècle et de son espèce, et le seul être depuis l'existence du genre humain qui n'eût d'autre passion que celle de la raison »[8]. Mais l'éloge est aussitôt suivi de la critique qui vise à corriger certaines vues de l'abbé et à préciser ou à faire passer ces importantes vérités si chères à Rousseau.

---

4. *Ibid.*, p. 408.
5. *Ibid*,, p. 407.
6. *Ibid.*, p. 408.
7. Voir *Fragments et notes sur l'abbé de Saint-Pierre,* O. C., Bibliothèque de la Pléiade, t. III, p. 656.
8. *Confessions,* L. IX, p. 422.

La critique vise d'abord le rationalisme de l'abbé de Saint-Pierre et du même coup l'idée trop optimiste qu'il se fait des hommes en général et en particulier de leurs princes. « C'eût été un homme très sage, dit encore de lui Rousseau, s'il n'eût eu la folie de la raison. Il semblait ignorer que les princes comme les autres hommes ne se mènent que par leurs passions et ne raisonnent que pour justifier les sottises qu'elles leur font faire »[9]. Rousseau va répéter plusieurs fois cette critique à l'endroit de l'abbé, car, à ses yeux, le rationalisme excessif dont l'abbé fait preuve conduit presque à l'utopie et rend, à toutes fins utiles, ses projets « impraticables ». Rousseau, on l'aura remarqué, n'a pas oublié son bilan négatif des progrès des connaissances humaines, des sciences et des arts en particulier ; il n'a pas renoncé non plus à son analyse anthropologique du *Discours sur l'inégalité* ni au constat des égarements de la raison. Aussi ne doit-on pas s'étonner de le voir souligner sa divergence profonde de vues avec l'abbé de Saint-Pierre au sujet du principe de la raison humaine et des progrès qu'elle aurait apportés dans les connaissances. L'abbé, affirme encore Rousseau, « n'a jamais pu sortir (de l'idée) que les hommes se conduisaient par leurs lumières plutôt que par leurs passions » ; de même, l'admiration qu'entretenait l'abbé à l'endroit des sciences modernes lui aurait fait adopter, selon l'expression de Rousseau, « ce faux principe de la raison perfectionnée »[10].

Le rationalisme de l'abbé de Saint-Pierre, s'il ne conduisait pas tout à fait à l'utopie, manquait pour le moins de réalisme, surtout dans les questions touchant le pouvoir politique et la vertu des princes. Comment peut-on imaginer, estime Rousseau, que les rois et princes d'Europe consentent à une « grande alliance », à « l'Union Européenne », selon l'expression utilisée par l'abbé de Saint-Pierre[11], par un simple appel à la raison, sans qu'il y ait « une force coactive et coercitive » pour la rendre « ferme et durable » ?[12] Mais en même temps qu'il constate cette lacune, Rousseau reconnaît la grandeur du projet : « Le projet de la paix perpétuelle étant par son objet le plus digne d'occuper un homme de bien, écrit-il dans le *Jugement sur le Projet de paix perpétuelle,* fut aussi de tous ceux de l'abbé de St-Pierre celui qu'il médita le plus longtemps et qu'il suivit avec le plus d'opiniâtreté : car on a peine à nommer autrement ce zèle de missionnaire qui ne l'abandonna jamais sur ce point malgré l'évidente impossibilité du succès »[13]. Du même coup, Rousseau reconnaît la possibilité de réaliser le projet moyennant certaines corrections. Ces corrections passent par une critique sévère et impitoyable du système monarchique.

9. *Fragments et notes, Op. cit.*, p. 657-658.

10. *Confessions,* L. IX, p. 422.

11. Abbé de Saint-Pierre : *Projet, pour rendre la paix perpétuelle en Europe,* tome I, Préface VII, éditions Garnier, p. 130.

12. Rousseau : *Extrait du projet de Paix perpétuelle,* O. C. t. III, p. 574.

13. Rousseau : *Jugement sur le Projet de Paix perpétuelle,* O. C., t. III, p. 591.

L'abbé de Saint-Pierre présente un projet d'union conçu pour les Princes d'Europe ; il propose une « ligue des rois ». Alors que pour Rousseau, ces même princes n'ont aucun souci de la paix ni du bonheur des peuples. Tout ce qu'ils recherchent, c'est d'« étendre leur domination au dehors et la rendre plus absolue au dedans »[14]. Encore moins peut-on imaginer des Princes se soumettre à un « Tribunal supérieur » alors qu'ils « s'osent vanter de ne tenir leur pouvoir que de leur épée »[15]. Il faut donc rétablir le projet de paix sur des bases plus solides et à partir d'une réalité constatée par l'abbé de Saint-Pierre, soit celle de la conscience européenne fondée sur un ensemble d'affinités morales et spirituelles qui forment ce que Rousseau lui-même appelle la « société des Peuples de l'Europe »[16]. Mais encore faut-il donner à cette « liaison sociale imparfaite »[17] une plus grande solidité, par des liens juridiques véritables ; car la société européenne ne représente, en définitive, pour Rousseau, qu'un ensemble de peuples qui vivent dans l'état de guerre[18].

Sous le manteau de l'abbé, Rousseau profite donc de l'occasion offerte par l'*Extrait du Projet de paix perpétuelle* pour faire passer ses vues sur la souveraineté du peuple comme fondement du droit politique ainsi que sur la confédération des Etats souverains comme base du droit des gens. Mais le défi à relever est de taille puisque, pour Rousseau, l'établissement du droit des gens passe nécessairement par la reconnaissance du droit politique des peuples et de leur souveraineté ; tout comme l'amour du genre humain passe d'abord par l'amour des concitoyens et de la patrie. D'où ces « dangereuses contradictions », comme il les appelle, et qui ne peuvent être résolues « que par une forme de gouvernement confédérative, qui unissant les Peuples par des liens semblables à ceux qui unissent les individus, soumettent également les uns et les autres à l'autorité des Loix »[19].

Le dessein de l'abbé de Saint-Pierre est donc tout à fait justifié et même nécessaire, aux yeux de Rousseau ; mais il suppose au départ une réforme des hommes et la constitution de peuples souverains soumis à la seule autorité des lois. Ce qui est déjà l'œuvre de la raison, mais d'une raison qui ne parvient pas d'elle-même à s'étendre au genre humain, d'où les guerres entre les peuples. « Si l'ordre social était, comme on le prétend, l'ouvrage de la raison plutôt que des passions, écrit Rousseau, eut-on tardé si longtemps à voir qu'on en a fait trop ou trop peu pour notre bonheur ; que chacun de nous étant dans l'état civil avec ses concitoyens et dans l'état de nature avec tout le reste du monde, nous n'avons

14. *Ibid.*, p. 592.

15. *Ibid.*, p. 593.

16. *Extrait du projet de paix perpétuelle, loc. cit.*, p. 565.

17. *Ibid.*, p. 573.

18. «...l'état relatif des Puissances de l'Europe est proprement un état de Guerre ». (*Extrait*, p. 568).

19. *Ibid.*, p. 564.

prévenu les guerres particulières que pour en allumer de générales, qui sont mille fois plus terribles ; et qu'en nous unissant à quelques hommes, nous devenons réellement les ennemis du genre humain ? »[20].

Dans cette perspective, le projet de l'abbé de Saint-Pierre apparaît à nouveau justifié quant à son objectif ; mais « il dessinait pour ainsi dire le faîte d'un Édifice dont il fallait (d'abord) tracer les fondements »[21], prétend Rousseau. Et en ce sens, son projet était encore imprégné d'optimisme et d'une certaine naïveté, ce qui ne lui enlève pas pour autant toute sa valeur. Bien au contraire, s'il n'a pas été adopté ni pris très au sérieux, ce n'était pas qu'il n'était pas bon, « qu'on dise au contraire, affirme Rousseau, qu'il était trop bon pour être adopté »[22]. Ce qui lui manque, en réalité, pour former une alliance « solide et durable », c'est justement la puissance coactive et coercitive de lois qui puissent garantir les intérêts et la liberté des États européens constitués en vrais corps politiques. Ainsi, bien que « le projet [de l'Abbé] fût très sage, nous dit Rousseau, les moyens de l'exécuter se sentaient de la simplicité de l'auteur »[23].

Les modifications que propose Rousseau sont donc motivées par le réalisme et le souci d'efficacité, de fermeté et de durabilité de l'alliance européenne. Or, cet objectif ne peut être atteint, selon Rousseau, que par le moyen d'une « société libre et volontaire, qui unit tous les États Européens » sous la forme d'une « confédération réelle », ayant « la force et la solidité d'un vrai Corps politique »[24].

Car c'est bien au modèle républicain que pense Rousseau quand il trace le modèle de la confédération européenne. Il s'agit, pour lui, de trouver une forme viable et solide de contrat européen, ou de contrat international pour gérer les « relations externes », dont il se proposait d'établir les principes à la suite de son Contrat social[25]. Il s'agit, pour lui, de sortir les peuples de l'état de nature dans lequel ils vivent entre eux et qui conduit à l'état de guerre, afin de les assujettir à l'autorité des lois et à un « Tribunal judiciaire » doté d'un véritable pouvoir de contraindre. C'est dans l'*Extrait du projet de paix perpétuelle* que Rousseau formule pour la première fois cet objectif quand il propose de trouver « une forme de gouvernement confédérative, qui unissant les Peuples par des liens semblables à ceux qui unissent les individus, soumette également les uns et les autres à l'autorité des Loix »[26]. Idée reprise, par la suite, dans l'*Emile*[27].

---

20. *Ibidem.*
21. *Fragments et notes, loc. cit.*, p. 658.
22. *Jugement*, p. 599.
23. *Ibid.*, p. 595.
24. *Extrait du projet de paix*, p. 574.
25. Voir *Du Contrat social.* L. III, Ch. XV, note **, p. 431.
26. *Loc. cit.*, p. 564.
27. « Nous rechercherons comment on peut établir une bonne association fédérative, ce qui peut la rendre durable, et jusqu'à quel point on peut étendre le droit de la confédération sans nuire à celui de la souveraineté.., *Émile*, L. V, dans *Oeuvres complètes*, t. IV, p. 848.

Ce que Rousseau reprochait à l'abbé de Saint-Pierre, devient pour lui l'objectif à poursuivre, soit d'une part fonder les principes du républicanisme international ou des confédérations réelles, et d'autre part formuler, d'une manière suffisamment précise, un pouvoir de contraindre afin que l'Union des peuples soit ferme et stable pour qu'elle puisse assurer une paix durable. Il faut donc, comme il dira en d'autres termes dans le fragment sur *l'état de guerre,* « le concours de la force et de la loi », à la condition toutefois que « la loi dirige la force »[28], et qu'on puisse ainsi fonder une véritable « République Européenne »[29].

L'idée de républicanisme international ne fait pas de Rousseau un cosmopolite ; elle vise simplement à montrer les conditions de possibilité du « droit public » ou du droit des gens qui suppose au départ la liberté des peuples ; car, affirme-t-il, « il y a bien de la différence entre dépendre d'autrui, ou seulement d'un Corps dont on est membre, et dont chacun est chef à son tour, car en ce dernier cas on ne fait qu'assurer sa liberté, par les garants qu'on lui donne ; elle s'aliénerait dans les mains d'un maître, mais elle s'affermit dans celles des Associés »[30].

Encore faut-il que cette association d'hommes et de peuples libres soit ferme et durable. C'est ici que Rousseau croit devoir ajouter aux articles de l'abbé de Saint-Pierre des conditions qui soient davantage contraignantes. La préoccupation de Rousseau, lorsqu'il reprend à sa manière les « cinq Articles fondamentaux » des Confédérés, inspirés du Quatrième Discours du *Projet* de l'abbé de Saint-Pierre, est évidente : il faut assurer à l'alliance européenne un véritable pouvoir de contraindre en instaurant « un Tribunal judiciaire, qui puisse établir les loix et les règlements qui doivent obliger tous les Membres », afin que l'alliance ait « une force coactive et coercitive, pour contraindre chaque Etat de se soumettre aux délibérations communes »[31]. C'est à cette condition que l'alliance pourra s'avérer « sage, utile et inébranlable », et Rousseau de multiplier les termes en ce sens, « ferme et durable », « perpétuelle et irrévocable » etc.[32]. L'autorité des lois, si bonnes soient-elles en elles-mêmes, risque d'être vaine si elle ne s'accompagne pas du pouvoir de contraindre qui comporte également des sanctions. Ce principe, pour Rousseau, est aussi vrai pour le droit des gens que pour le droit civil[33].

Il n'est pas non plus évident pour Rousseau que les rois et les princes trouvent leur intérêt dans ce pouvoir de contraindre conféré à un Tribunal chargé

---

28. *Que l'état de guerre naît de l'état social,* dans O. C., t. III, p. 610.

29. *Extrait.* p. 576.

30. *Extrait,* p. 584.

31. *Projet*, p. 574.

32. *Ibid.*, p. 574-575.

33. « Quant à ce qu'on appelle communément le droit des gens, affirme Rousseau, il est certain que faute de sanction, ses loix ne sont que des chimères plus faibles encore que la loi de nature » (Voir *L'état de guerre*, p. 610).

d'arbitrer leurs différends. Là-dessus encore l'abbé de Saint-Pierre aurait-il manqué de réalisme historique, ou serait-il « trop moderne, comme l'affirme Madame Simone Goyard-Fabre, lorsqu'il pense les rapports politiques et diplomatiques en termes de devoir-être et de justice pure »[34] ? C'est ce que pense Rousseau, à sa manière, lorsqu'il considère comme illusoire l'alliance des princes proposée par l'abbé. « Comment n'a-t-il pas aperçu mille fois dans le cours de sa vie et de ses écrits, dit-il, combien c'est une vaine occupation de rechercher des formes durables pour un état de choses qui dépend toujours de la volonté d'un seul homme ? »[35]

Ce jugement de Rousseau nous permet de comprendre l'admiration qu'il avait pour la *Polysynodie* qu'il considérait comme l'ouvrage « le plus approfondi » et « le mieux raisonné » de l'abbé de Saint-Pierre. Celui, de tous les ouvrages de l'abbé, en tout cas, avec lequel il éprouvait une grande sympathie puisqu'il s'agissait d'« introduire un gouvernement mixte, où la forme Républicaine s'alliait à la Monarchique »[36]. C'était là annoncer, au jugement de Rousseau, « rien (de) moins qu'une révolution »[37].

Malgré les réserves exprimées par Rousseau à l'endroit de certaines thèses de l'abbé de Saint-Pierre, il n'en demeure pas moins que ce dernier mérite, à bien des égards, d'être considéré comme un précurseur de la modernité des Lumières, ne serait-ce que par les idées qu'il a mises de l'avant et qui continueront d'être débattues et reprises par les philosophes des Lumières et leur postérité. Ce sont aussi les écrits de l'abbé de Saint-Pierre qui allaient alimenter la pensée de Rousseau, dès le début de sa période intellectuelle la plus productive, et qui allaient du même coup provoquer ses réflexions sur la guerre et la paix, sur l'éducation et la religion, sur l'ordre social et les gouvernements, sur le droit civil et le droit des gens. Mais surtout, l'abbé de Saint-Pierre aura été, par ses idées, l'agent provocateur qui servira à orienter la pensée critique de Rousseau dans sa recherche des fondements du droit[38].

---

34. *Projet,* éditions Garnier, 1981, Présentation par Simone Goyard-Fabre, p. 93.

35. *Jugement sur la Polysynodie,* dans O. C., t. III, p. 642.

36. *Ibid.*, p. 639.

37. *Ibid.*, p. 637.

38. Au sujet de l'influence de l'abbé de Saint-Pierre sur les idées de Rousseau, on pourra consulter l'article de S. Stelling-Michaud, « Ce que Jean-Jacques Rousseau doit à l'abbé de Saint-Pierre », dans *Études sur le Contrat social de Jean-Jacques Rousseau,* Société Les Belles Lettres, Paris, 1964, pp. 35-45. Sur les idées morales et politiques de l'Abbé de Saint-Pierre, voir Merle L. Perkins : *The Moral and Political Philosophy of the Abbé de Saint-Pierre,* Librairie Droz, Genève, 1959.

L'ABBÉ DE SAINT-PIERRE ET L'IDÉE DE PAIX PERPÉTUELLE DANS L'ŒUVRE DE KANT

Jean FERRARI

C'est essentiellement à l'œuvre de Kant que je m'attacherai ici, aux écrits de celui dont Simone Goyard-Fabre dit avec raison qu'il a « non seulement confirmé, mais transcendantalement justifié le propos de paix éternelle. » [1].

Comment Kant a-t-il connaissance des idées de l'abbé de Saint-Pierre ? Pour répondre précisément à cette question, il faudrait faire appel à une étude exhaustive de la fortune des écrits de l'abbé de Saint-Pierre en Allemagne qui fait encore défaut. Je m'en tiendrai donc à des remarques très simples et procéderai par analogie.

Le nombre des éditions du *Projet pour rendre la paix perpétuelle en Europe* sous ses formes diverses, à partir de 1712, ne doit pas tromper. Si le nom de l'auteur et le titre de l'ouvrage étaient connus et le plus souvent moqués, ce n'est point qu'un large public ait eu accès à l'œuvre même. Dans la dernière édition en dix volumes du *Dictionnaire* de Moreri parue en 1759, il est fait allusion à un catalogue des divers écrits de l'abbé dont l'Avertissement indique que l'auteur faisait imprimer à ses dépens tous ses ouvrages (on dirait aujourd'hui à compte d'auteur) « pour les donner à ceux qui lui paraissaient en état ou d'en profiter par eux-mêmes, ou de contribuer aux établissements qu'il se proposait... »[2]. Ce tirage confidentiel n'a pas dû permettre une diffusion importante du *Projet* en France et moins encore en Allemagne. La première traduction allemande en a été faite à Berlin, en 1922, après la première guerre mondiale.

Ce qui paraît indubitable, c'est que, connu comme publiciste et philanthrope, célèbre dans l'Europe entière par ses démêlés avec l'Académie française dont il fut exclu des assemblées après la publication en 1717 de la *Polysynodie*, il n'était point considéré comme un auteur dont il fallait lire les livres. Leur réputation d'utopies galimatiennes suffisait à en éloigner les lecteurs.

---

1. Abbé de Saint-Pierre, *Projet pour rendre la paix perpétuelle en Europe*, présenté par Simone Goyard-Fabre. Collection « Les classiques de la politique », Paris, éd. Garnier Frères, 1981, p. 106.

2. *Grand Dictionnaire historique ou Mélange curieux d'histoire sacrée et profane*, 10 volumes, Paris, 1759.

Ce qui rassurait les politiques, comme le remarque justement Rousseau dans ses *Confessions*.

« La plupart des écrits de l'Abbé Saint-Pierre étaient ou contenaient des observations critiques sur quelques parties du gouvernement de France, et il y en avait même de si libres qu'il était heureux pour lui de les avoir faites impunément. Mais dans les Bureaux des Ministres on avait de tout temps regardé l'Abbé de Saint-Pierre comme une sorte de prédicateur plutôt que comme un vrai politique, et on le laissait dire tout à son aise, parce qu'on voyait bien que personne ne l'écoutait. »[3]

C'est la raison sans doute qui poussa Mably, par l'intermédiaire de Madame Dupin, à demander à Rousseau de faire un extrait de ses œuvres. Les *Confessions* nous rapportent les circonstances de la rencontre de J.-J. Rousseau et de l'abbé et, quelques années plus tard, le travail que fut pour Rousseau la rédaction de l'*Extrait* qui connut un succès extraordinaire. L*'Extrait du projet de paix perpétuelle de l'Abbé de Saint-Pierre* par J.-J. Rousseau, fut tiré par le libraire Bastide, qui l'avait presque arraché à Rousseau, à deux mille exemplaires au début de 1761. Une contrefaçon en parut la même année et une autre édition à Amsterdam chez Marc-Michel Rey, également datée de 1761. Bastide dut procéder à un nouveau tirage de *l'Extrait* qui parut encore dans le tome II des *Œuvres diverses* publiées à Amsterdam en 1761 sous le simple titre d'*Extrait du projet de paix perpétuelle par Jean-Jacques Rousseau*, sans que soit même mentionné l'abbé de Saint-Pierre dans le titre.

Aussi, quel que soit l'écart entre le *Projet* de l'abbé et *l'Extrait* de Rousseau, moins important que ne le présentent certains commentateurs qui font l'amalgame entre l'*Extrait* de 1761 et le *Jugement sur l'Extrait* qui ne paraîtra que dans les *Œuvres posthumes* (volume V) en 1782, quelles que soient les idées personnelles que Rousseau a introduites et qu'une analyse précise de la problématique et des concepts de *l'Extrait* ne manque pas de révéler[4], désormais le sort des idées de l'abbé est lié à la présentation qu'en a faite Rousseau et c'est sous la forme qu'il leur a donnée qu'elles vont être véritablement connues en Europe. On sait que l'*Extrait* fut traduit en anglais dès 1761 et qu'une seconde édition parut en 1767. Il figurait dans les premières traductions allemandes des *Œuvres complètes* à partir de 1782[5].

La parution de l'*Extrait* marque donc le véritable commencement d'un débat, qui n'est point encore terminé, sur l'idée de paix perpétuelle et les moyens

---

3. J.-J. Rousseau, *Œuvres complètes*, Bibliothèque de la Pléiade, Paris, éd. Gallimard, 1959, tome I, pp. 423-424.

4. « Il ne m'était pas défendu de penser quelques fois par moi-même », écrit Rousseau dans les *Confessions* et Bastide, son éditeur, affirme dans la lettre qui figure en tête de son édition : « qu'on ne s'y trompe pas, l'analyste est ici créateur à bien des égards. » *Op. cit.*, tome III, p. 1542.

5. Leipzig, W. Vogel, 1782, 30 volumes in 12. Cité par J. Senelier, *Bibliographie générale des œuvres de J.-J. Rousseau*, Paris, P.U.F., 1950, p. 228.

de la réaliser. Les académies s'en emparent, elle devient thème de dissertations, sujet de concours et Stelling-Michaud, dans son *Introduction* aux *Ecrits sur l'Abbé de Saint-Pierre* dans le tome trois des *Œuvres complètes* de Rousseau à la Pléiade, peut écrire : « si le nom de l'apôtre de la paix perpétuelle a été universellement connu, c'est à l'auteur du *Contrat social* qu'il le doit. »[6]

Comment dès lors pouvoir affirmer, comme le fait ce même Stelling-Michaud dans son texte, que « Kant avait lu l'Abbé de Saint-Pierre qu'il cite plusieurs fois en 1752 avant de connaître l'écrit de Rousseau. »[7] ? Kant cite en effet deux fois Saint-Pierre dans ses *Réflexions sur la logique* dont il faisait des cours à l'époque en suivant le manuel de Georg Friedrich Meier. Les savants auteurs de l'Edition de l'Académie de Berlin donnent comme dates à ces réflexions une période qui va de 1752 à 1756, c'est-à-dire à coup sûr avant la parution de l'*Extrait*. Mais il faut voir à propos de quoi Kant se réfère à l'abbé.

Dans la première citation, il s'agit d'un commentaire du paragraphe 96 de cette *Logique*, qui a pour objet de déterminer les signes intérieurs de la vérité d'une connaissance comme la cohérence des propositions qui la composent et les justes conséquences qu'on en peut tirer. Kant écrit : « La pratique des règles du christianisme, dit Bayle, est concevable *in abstracto*, mais elle n'est pas possible chez les Princes. La proposition de l'abbé de Saint-Pierre était en fait impossible. »[8] Et la phrase suivante indique bien qu'il ne s'agit là que d'un exemple parmi d'autres : « La proposition "il y a un Dieu" est la conséquence de principes justes et le fondement de justes conséquences ». Il s'agit seulement d'opposer un type de connaissance vraie à un type de connaissance fausse. La deuxième référence à l'abbé se rapporte au même cours de logique au *paragraphe 335* consacré à ce que l'on pourrait appeler aujourd'hui la validité ou la non-validité de la position d'un problème. Le manuel dit : « Un problème est faux si la solution est absolument impossible, si la solution est impossible d'un certain point de vue, si, par la force des hommes ou dans certaines circonstances, elle n'est pas possible ». Kant écrit : « Par exemple la République de Platon ou les projets de l'Abbé de Saint-Pierre »[9]. Ces deux références si brèves, dans un contexte qui n'est pas de philosophie politique, ne permettent pas de dire que Kant a lu, à l'époque, le *Projet pour rendre la paix perpétuelle en Europe*. Une simple connaissance par ouï-dire du titre de l'ouvrage et de son auteur permettait de s'y référer, tellement alors pour Kant, comme pour la plupart de ses contemporains, l'alliance de ces deux termes, paix et perpétuelle, paraissait contradictoire.

---

6. *Op. cit.*, p. CXLIII et s.
7. *Ibid.*, p. CXLV.
8. *Réfl. 2116, Kant's gesammelten Schriften*, éd. de l'Académie de Berlin, A. K., tome XVI, p. 241.
9. *Réfl. 3157, ibid.*, p. 686.

Les autres références à Saint-Pierre, dans les *Réflexions* non publiées du vivant de Kant regroupées dans le *Nachlass*, se situent toutes après la parution de l'*Extrait* de Rousseau, quelques-unes dans les années 1764-1768, à l'époque où Kant découvrait Rousseau qui allait jouer un rôle décisif dans l'orientation de sa pensée, les autres dans cette longue période qui sépare la *Dissertation de 1770* et la parution de la *Critique de la Raison pure* en 1781. Toutes appartiennent aux *Réflexions sur l'anthropologie*[10]. Quant aux textes publiés par Kant de son vivant, l'abbé de Saint-Pierre n'y est cité que deux fois, dans l'*Idée d'une histoire universelle d'un point de vue cosmopolitique* de 1784 et *Théorie et pratique* de 1793. On peut s'étonner que le nom de l'abbé, pas plus d'ailleurs que le nom de Rousseau, n'apparaisse dans l'opuscule de Kant sur la paix perpétuelle, même si plusieurs allusions implicites les rappellent.

Or, à envisager l'ensemble de ces références, on ne peut qu'être frappé par le fait que l'abbé de Saint-Pierre est presque toujours associé à Rousseau et même, dans certains cas, lorsqu'il s'agit par exemple de désigner l'alliance des peuples (*Völkerbund*), le terme est indifféremment rapporté à Saint-Pierre[11] ou à Rousseau[12]. C'est bien que Kant s'est fait à la fois de la personnalité de l'abbé de Saint-Pierre et de ses projets, une idée plus précise, à travers l'*Extrait* de Rousseau et peut-être, après 1782, son *Jugement sur l'Extrait*.

Examinant le rôle de l'imagination dans la définition du génie et son rapport à la raison, Kant évoque la personnalité de Saint-Pierre, toujours en compagnie de Rousseau. Ne faut-il pas en premier lieu le considérer comme un rêveur victime de son imagination ? Kant s'interroge : « Un rêveur, celui qui se livre à l'imagination pendant ses occupations. Homme fantasque, celui qui est le jouet de ses chimères : ou il les considère comme telles, inspiration, ou bien il en fait l'expérience dans le monde réel. Si Saint-Pierre ou Rousseau ou Basedow étaient des hommes fantasques (dans la conception et la présentation de leurs idées). »[13] A propos du génie, la question se pose à nouveau : « Rousseau est un rêveur digne d'attention. Platon rêve avec les idées - Saint-Pierre. La manière chimérique de penser consiste à étendre des idées justes et confirmées en soi au-delà des frontières de toute expérience possible. »[14] Mais n'y a-t-il point de rêves raisonnables, plus raisonnables que la raison même ? Kant fait l'éloge de l'imagination dans l'avancement des sciences et le progrès moral de l'humanité, elle suscite l'enthousiasme lorsqu'elle est liée à la raison : « Il y a des fantasques du sentiment, amoureux, mélancoliques, dévots, ou de la raison comme Saint-Pierre, Platon, Rousseau. »[15] Fantasques de la raison, l'expression est jolie. Elle

10. *AK*, tome XV, p. 210, p. 406, p. 591, p. 705, p. 790, p. 898.
11. *Réfl. 1501*, *A. K.*, tome XV, p. 790.
12. *Réfl. 1354*, *Ibid.*, p. 591.
13. *Réfl. 1485*, *Ibid.*, p. 705.
14. *Réfl. 921*, *Ibid.*, p. 406.
15. *Réfl. 488*, *Ibid.*, p. 210.

traduit ce rapport subtil entre deux facultés qui semblent s'opposer chez la plupart des hommes et dont l'union définit, chez les plus grands, le génie. Ainsi, pour Kant, l'abbé de Saint-Pierre apparaît-il dans la compagnie des plus grands, Platon, Rousseau, à l'opposé des jugements si sévères de ses contemporains et, au XIXe siècle, de Sainte-Beuve. Mais une telle idée du bon abbé indique sans doute que Kant ne l'a jamais lu, du moins avec l'attention et l'étendue de Rousseau, dont l'appréciation si élogieuse sur l'homme s'accompagnait d'une grande sévérité à l'égard de l'auteur.

En ce qui concerne maintenant les idées mêmes de l'abbé de Saint-Pierre, ce que nous en dit Kant se réduit à fort peu de choses et demeure extrêmement approximatif. Ainsi peut-on lire dans la *Menschenkunde* de Starke : « L'Abbé de Saint-Pierre s'est rendu célèbre par sa théorie d'une république universelle dans laquelle il imaginait comment tous les peuples constitueraient un seul État. »[16] Idée bien éloignée de celle de l'abbé. Il est vrai qu'il s'agit là d'une leçon prise par un étudiant dans les années 1780.

Dans les textes publiés par Kant lui-même, deux traits peuvent être retenus : d'une part, le ridicule qui entoure l'idée de paix perpétuelle et qui s'étend à leurs auteurs, Saint-Pierre et Rousseau, à cause de leur croyance supposée de sa proche réalisation, d'autre part, une réflexion sur les moyens pour l'établir et la finalité qu'elle manifeste dans l'espèce humaine. Dans la *septième proposition* de *l'Idée d'une histoire universelle d'un point de vue cosmopolitique* (1784), Kant lie très fortement la possibilité de l'établissement d'une constitution civile parfaite à l'intérieur d'un État à celle d'une société des nations, unie par des règles comparables à celles auxquelles s'obligent les individus dans une société donnée. C'est à ses yeux la seule manière de sortir de cet état de sauvagerie qui caractérise les relations entre les États, comme le contrat originaire, fondateur de nos sociétés, nous a permis de sortir de l'état de nature pour constituer un état civil. La même démarche s'impose dans le domaine des relations internationales. « Là, chacun, y compris le plus petit Etat, pourrait attendre la garantie de sa sécurité et ses droits non pas de sa propre puissance ou de la propre appréciation de son droit, mais uniquement de cette grande *Société des Nations* (*Foedus amphictyonum*), c'est-à-dire d'une force unie et d'une décision prise en vertu des lois fondées sur l'accord des volontés. Si romanesque que puisse paraître cette idée, et bien qu'elle ait été rendue ridicule chez un abbé de Saint-Pierre ou un Rousseau (peut-être parce qu'ils en croyaient la réalisation toute proche), telle est pourtant bien l'issue inévitable de la misère où les hommes se plongent les uns les autres, et qui doit forcer les Etats à adopter la résolution (même si ce pas leur coûte beaucoup) que l'homme sauvage avait acceptée jadis tout aussi à contre-cœur : résolution de renoncer à la

16. *Kant's Menschenkunde, oder philosphische Anthropologie*, hgg. von Fr. Ch. Starke, Leipzig, 1831, p. 175.

liberté brutale pour chercher repos et sécurité dans une constitution conforme à des lois. »[17] Seul l'établissement de cette société des nations permettra à l'homme de réaliser pleinement les dispositions qui ont été déposées dans son espèce par la nature[18].

Une dernière allusion explicite est faite à l'abbé de Saint-Pierre, tout aussi approximative, dans l'opuscule de 1793 *Théorie et Pratique* dont le titre exact est « *sur le lieu commun : il se peut que ce soit juste en théorie, mais en pratique cela ne vaut point* ». Le thème de la paix perpétuelle n'est-il pas un exemple éclatant de la vérité de ce proverbe ? C'est ce qu'examine Kant dans les deux dernières pages de son opuscule. Kant rappelle l'état de guerre permanent qui caractérise les relations entre les États et la nécessité de l'établissement d'un droit des gens, d'un *jus gentium* pour y mettre fin. « Mais dira-t-on, les États du monde ne se soumettront jamais à de telles lois de contrainte ; et quoique la proposition d'un Etat universel des peuples à la puissance duquel tous les Etats particuliers devraient librement se plier pour obéir à ses lois, puisse dans la théorie d'un abbé de Saint-Pierre ou d'un Rousseau, résonner harmonieusement, cela ne vaut pourtant pas pour la pratique. Car telle a toujours été la façon dont les grands hommes d'Etat mais plus encore les chefs d'Etat se sont moqués de cette proposition la tenant pour une idée pédante et naïve, issue tout droit de l'école. »[19] Tel est le point de vue des politiques, mais il n'est pas celui de Kant. S'appuyant à la fois sur l'idée du droit qui dit ce qui doit être et est donc possible et sur la nature humaine où « demeure vivant le respect du devoir et du droit » et où se fait entendre la voix de la raison pratique, Kant affirme au contraire, malgré les échecs répétés, sa foi dans le progrès de l'humanité en marche, vers cette organisation de l'univers, qui permettra l'instauration d'une paix universelle. Ici ce qui « vaut pour théorie, vaut aussi pour la pratique. »[20]

---

17. *Idée d'une histoire universelle au point de vue cosmopolitique*, trad. Piobetta, in Kant, *La philosophie de l'histoire*, Paris, Aubier 1947, p. 70.

18. Celle-ci se sert de l'antagonisme qui règne entre les individus et les nations pour parvenir peu à peu à ses fins. Dans cette perspective, la guerre elle-même reçoit une signification comme moyen d'établir une paix universelle : « Toutes les guerres sont de ce fait autant de tentatives (non pas bien entendu dans l'intention des hommes, mais dans celle de la nature) pour réaliser de nouvelles relations entre les Etats, et, par leur destruction, ou du moins par leur démembrement général, pour former de nouveaux corps ; ceux-ci à leur tour, soit dans leurs rapports internes, soit dans leurs relations mutuelles, ne peuvent se maintenir, et par conséquent doivent subir d'autres révolutions analogues. Un jour enfin, en partie par l'établissement le plus adéquat de la constitution civile sur le plan intérieur, en partie sur le plan extérieur par une convention et une législation communes, un état de choses s'établira qui, telle une communauté civile universelle, pourra se maintenir par lui-même comme un automate... » (*Ibid.*) Idée bien éloignée encore des propos de l'abbé de Saint-Pierre.

19. Kant, *Œuvres philosophiques*, Bibliothèque de la Pléiade, Tome III, Trad. J. Rivelaygue, Paris, Gallimard, 1986, pp. 299-300.

20. *Ibid.*

Ces références explicites nous apprennent bien peu sur l'influence que l'abbé de Saint-Pierre aurait pu avoir sur Kant. L'important est ailleurs, dans le projet même de Kant sur la paix perpétuelle où ni Saint-Pierre, ni Rousseau ne sont cités, mais à l'origine duquel ils ne peuvent pas ne pas être. Si Kant en effet a une dette à l'égard de l'abbé, c'est bien parce qu'il reprend à son compte, sans nullement emprunter la forme et les moyens de la réaliser imaginés par Saint-Pierre, l'idée même de paix perpétuelle et c'est par le texte de son traité qu'il accomplit, sur le plan de la philosophie transcendantale, en faisant l'objet d'un devoir et d'une espérance universelle, ce que, dans sa naïveté, l'abbé pensait obtenir de l'Europe des Princes.

Il convient donc maintenant d'examiner cet opuscule[21] qui paraît à Königsberg à la fin de 1795, alors que Kant est dans la dernière partie de sa vie. C'est un texte de moins de cinquante pages qui se présente selon la forme des traités diplomatiques de l'époque et qui, à cause de cette forme, a pu être quelquefois interprété d'une manière ironique. A un lecteur superficiel la première page du texte pourrait suggérer cette interprétation. Kant rappelle en effet une anecdote que l'on trouve sous une forme légèrement différente dans la correspondance de Leibniz et dans l'éloge de l'abbé de Saint-Pierre que d'Alembert fit à l'Académie. Dans les deux cas, elle montre le ridicule de ce projet : une enseigne où figure un cimetière avec cette inscription « à la paix perpétuelle » fait aisément comprendre que seuls les morts ne se battent plus et que l'idée d'une paix perpétuelle entre les vivants est une absurdité. Comment dès lors prendre au sérieux ceux qui philosophent sur cette idée ? Ils rêvent alors que les politiciens gouvernent, mais en même temps le peu de crédit accordé à cette idée par le public la rend inoffensive. Elle ne saurait troubler l'ordre public et par conséquent faire l'objet d'une censure. Mais comment ici ne pas se rappeler la fin de *Théorie et pratique* et ne pas comprendre qu'il y a là pour ainsi dire ironie sur l'ironie et que tôt ou tard pour Kant la théorie doit engendrer une pratique qui puisse répondre aux exigences les plus profondes de la raison ?

Voilà qui nous oblige à prendre au sérieux ce qu'il va nous dire dans cet opuscule. Celui-ci comporte une première section qui contient six articles préliminaires « en vue de la paix perpétuelle entre les États ». Ils constituent des conditions négatives sans le respect desquelles le traité proprement dit n'aurait aucune valeur. La seconde section contient les articles définitifs au nombre de trois « en vue de la paix perpétuelle entre les États ». Ils constituent le fondement de toute paix véritable et permanente entre les différentes nations. S'y ajoutent encore deux suppléments et deux appendices qui rendent à coup sûr mal aisée l'économie générale de la pensée de Kant dans ce traité, mais apportent des

21. Emmanuel Kant, *Vers la paix perpétuelle*, essai philosophique, traduit par Jean Darbellay, Paris, P.U.F, 1958.

indications précieuses sur l'importance de l'entreprise et son lien avec le reste de l'œuvre puisqu'ils concernent les rapports entre la morale et la politique.

Parmi les six articles préliminaires, Kant distingue ceux qui doivent être immédiatement appliqués et ceux qui peuvent souffrir quelque délai dans leur exécution.

Ceux qui appartiennent à la première catégorie portent les numéros 1, 5 et 6. Le premier s'énonce ainsi : « Aucun traité de paix ne doit être considéré comme tel lorsqu'on s'y réserve secrètement matière à guerre future. »[22] Il y aurait contradiction dans les termes et les finalités du traité lui-même ; le cinquième correspond à ce qu'est aujourd'hui le *devoir de non-ingérence* de la Charte de l'Organisation des Nations Unies remis récemment en question : « Aucun État ne doit s'immiscer de force dans la constitution et le gouvernement d'un autre État. »[23] Le sixième, au terme duquel Kant reprend l'image du cimetière, contient la condamnation des crimes de guerre : « Aucun Etat ne doit se permettre, dans une guerre avec un autre, des hostilités qui rendraient impossible, au retour de la paix, la confiance réciproque. Telles sont, par exemple : l'utilisation d'assassins (*percussores*), d'empoisonneurs (*venefici*), la violation d'une capitulation, l'incitation à la trahison (*perduellio*) dans l'Etat auquel on fait la guerre, etc. »[24] Du non-respect de cette clause en effet « il s'ensuit qu'une guerre d'extermination, pouvant entraîner la destruction des deux parties, et, avec elles, celle de toute espèce de droit, ne laisserait de place à la paix perpétuelle que dans le grand cimetière du genre humain. »[25]

La seconde catégorie des articles préliminaires dont l'exécution souffre quelque délai comprend les numéros 2, 3 et 4. Les voici : « Aucun Etat indépendant (petit ou grand, cela n'importe pas ici) ne peut être acquis par un autre Etat, par héritage, échange, achat ou donation. Un Etat n'est point en effet (comme le sol où il est établi) un patrimoine (*patrimonium*). C'est une société humaine à laquelle personne ne peut commander et dont personne ne peut disposer, si ce n'est elle-même. »[26] Kant critique dans son commentaire la façon dont, en Europe, par le mariage des Princes, peuvent se constituer des ensembles sans que les peuples ne soient concernés. Dans le troisième, « Les armées permanentes (*miles perpetuus*), écrit Kant, doivent entièrement disparaître avec le temps. Car, en paraissant toujours prêtes pour le combat, elles menacent constamment de la guerre les autres Etats. »[27] Kant est partisan d'un désarmement universel, et tout à fait opposé au proverbe latin : « *Si vis pacem, para bellum* ». Enfin, le dernier article préliminaire énonce une précaution :

22. *Op. cit.*, p. 77.
23. *Op. cit.*, p. 83.
24. *Ibid.*
25. *Op. cit.*, p. 85.
26. *Op. cit.*, p. 79.
27. *Ibid.*

« L'État ne doit point contracter des dettes en vue de ses conflits extérieurs »[28]. Tels sont donc, aux yeux de Kant, les conditions *sine qua non* de la validité des articles définitifs contenus dans la seconde section de l'opuscule.

Le premier est le plus fort, ni Saint-Pierre ni même Rousseau ne l'ont énoncé en des termes aussi catégoriques. « La constitution civile de chaque État doit être républicaine. »[29] Kant entend par constitution républicaine celle « qui se fonde premièrement sur le principe de la liberté des membres d'une société (comme hommes), deuxièmement sur celui de la dépendance de tous (comme sujets) à l'égard d'une législation unique et commune et troisièmement sur la loi de l'égalité de tous (comme citoyens). »[30] Liberté, égalité, soumission de tous à une loi commune, tels sont les caractères d'une constitution qui seule est susceptible de conduire à une paix perpétuelle, car pour Kant, si les sujets peuvent être contraints à la guerre par leurs Princes qui y prennent intérêt, les citoyens à l'inverse, librement consultés, ne sauraient appeler sur eux les malheurs de la guerre. Kant prend soin toutefois de distinguer la forme de la souveraineté de la forme du gouvernement. Ce qu'il appelle républicanisme est le système politique qui suppose la séparation du pouvoir exécutif et du pouvoir législatif de telle sorte qu'une monarchie peut être une république et une démocratie, un despotisme.

Le second article définitif stipule que le droit des gens doit être fondé sur une fédération d'Etats libres. C'est bien dire qu'aux yeux de Kant, ce que les jurisconsultes appelaient le droit des gens n'était à l'époque qu'un leurre et ne constituait qu'un aménagement fragile et imparfait des rapports entre des États dominés par le droit du plus fort. « Tristes consolateurs »[31] que ceux qui parlent d'un droit de la guerre ! L'état de nature qui règne dans les relations entre les États excluent qu'il puisse y avoir une justice et un droit véritables. Toutefois, à travers l'expression même, l'utilisation du terme de droit est un hommage à son idée qui révèle une aspiration morale de l'homme à dépasser l'état présent. Une fois encore, Kant insiste sur la similitude entre les individus et les États. Seuls des individus libres peuvent se soumettre à une loi commune pour former une nation, seuls les peuples libres pourront constituer une fédération soumise à des règles internationales qui feront disparaître les menaces de guerre. Ainsi il y a loin de l'essai d'introduire une législation dans la guerre, selon des conventions qu'à tout moment les belligérants peuvent violer, à l'exigence de la raison faite à tous de quitter l'état de nature.

« La raison, écrit Kant, du haut de son trône, source suprême de toute législation morale, condamne absolument la guerre comme voie de droit et fait par contre de l'état de paix un devoir immédiat. Or cet état ne peut être instauré

28. *Op. cit.*, p. 81.
29. *Op. cit.*, p. 91.
30. *Ibid.*
31. *Op. cit.*, p. 101.

et assuré sans une convention mutuelle des peuples ; c'est pourquoi il faut que soit créée une alliance d'une espèce particulière que l'on pourrait appeler alliance de paix (*foedus pacificum*), et qui se distinguerait du *traité de paix* (*pactum pacis*) en ce qu'elle aurait pour but de mettre fin à jamais à toutes les guerres, tandis que celui-ci n'en termine qu'une seule. »[32] Et Kant voit ainsi se constituer progressivement « un Etat des nations (*civitas gentium*) croissant sans cesse librement qui s'étendrait à la fin à tous les peuples de la terre. »[33]

Le troisième article définitif nous apparaît, peut-être à tort, par contraste avec les deux premiers, comme beaucoup plus banal. Il affaiblit sans doute le projet pour ceux qui ne le rapportent pas à l'ensemble de la philosophie politique de Kant, surtout parce qu'il est la seule règle que propose Kant dans ce qu'il appelle le droit cosmopolitique. Il s'agit de la libre circulation des personnes. « Le droit cosmopolitique, écrit Kant, doit se borner aux conditions d'une hospitalité universelle »[34]. Et il faut entendre ici hospitalité comme « le droit qu'a tout étranger de ne pas être traité en ennemi dans le pays où il arrive. »[35] La forme négative donnée à cette disposition en amoindrit encore la portée.

A ces articles proprement dits s'ajoutent ensuite deux suppléments qui font le lien avec les thèmes kantiens de la philosophie de l'histoire, tels qu'ils sont développés dans les opuscules « *Qu'est-ce que les Lumières ?* » de 1784 et les *Conjectures sur le commencement de l'humanité* de 1786. L'idée de la paix perpétuelle représente une fin ultime de la nature par rapport aux fins que celle-ci, sous le nom de Providence, veut pour l'homme, le plus souvent malgré lui. Si l'ensemble de ces fins ne constitue pas un savoir correspondant au mécanisme de la nature, nous pourrons toutefois et devons même les penser comme sens exigible pour la raison pratique. Ainsi la nature fournit à l'espèce humaine des conditions qui doivent la préparer à cette fin : « Elle a mis les hommes en état de vivre dans toutes les contrées de la terre ; elle les a dispersés par la guerre dans toutes les régions, même les plus inhospitalières, afin de les peupler ; elle les contraint par les mêmes moyens à contracter des relations plus ou moins légales. »[36] Ce double mouvement à la fois de fuite et de rassemblement permet le peuplement d'une planète conditionnée par sa forme sphérique.

Kant se pose alors clairement la question de la poursuite de la paix perpétuelle : « Maintenant se pose une question qui a trait à l'essentiel dans la poursuite de la paix perpétuelle. Que fait la nature dans ce dessein, pour conduire l'homme au but dont sa propre raison lui fait un devoir, et par conséquent pour favoriser son *intention morale* et comment garantit-elle l'exécution de ce que l'homme devrait faire mais ne fait pas, d'après les lois de

32. *Op. cit.*, p. 103 .
33. *Op. cit.*, p. 105.
34. *Op. cit.*, p. 107.
35. *Ibid.*
36. *Op. cit.*, p. 117.

sa liberté, de telle sorte qu'il soit *forcé* de le faire, sans préjudice de *cette* liberté, même par une contrainte de la nature, et conformément aux trois relations du droit public : le *droit civil*, le *droit des gens*, le *droit cosmopolitique* ? » — Quand je dis de la nature qu'elle veut que ceci ou cela arrive, cela ne signifie pas qu'elle nous en ait fait un *devoir* (car cela seule la raison pratique qui échappe à toute contrainte le peut), mais qu'elle le fait elle-même, que nous le voulions ou non (*fata volontem ducunt, nolentem trahunt*). »[37]

Kant y répond en développant trois considérations sur la constitution de l'État républicain d'abord, sur la constitution d'une fédération d'États ensuite, sur la constitution d'un droit cosmopolitique enfin. Sur le premier point, Kant fait remarquer que la nature se sert des penchants égoïstes de l'homme pour faire naître une volonté générale, dans la mesure où chaque peuple trouve devant lui un voisin qui le presse de se constituer en État pour former une puissance capable de lui résister. C'est d'abord par distinction, par opposition que se crée une nation. La fédération des États visée en second lieu ne saurait être une monarchie universelle, car l'idée même de droit des gens suppose « la séparation de plusieurs États voisins indépendants les uns des autres »[38] comme le sont les individus à l'intérieur de l'État. La nature le favorise par la différence des langues et des religions. Enfin le développement de l'esprit de commerce, nécessaire à la survie des hommes à la surface de la terre, permet et appelle la constitution d'un droit cosmopolitique. « C'est ainsi, conclut Kant, que la nature garantit la paix perpétuelle par le mécanisme même des penchants humains. »[39]

Le second supplément reprend aussi un thème connu de la pensée kantienne sur l'histoire, mais en l'habillant d'une manière quelque peu mystérieuse sous le titre d'« article secret en vue de la paix perpétuelle ». L'article en question dit en effet : « les maximes des philosophes sur les conditions qui rendent possible la paix publique doivent être prises en considération par les États armés pour la guerre. »[40] Il traduit pour le philosophe l'exigence de liberté de penser et de publier ses pensées sur le problème de la guerre et de la paix, gage pour Kant de l'établissement progressif des droits publics et de la réalisation de la paix perpétuelle.[41] Que le philosophe puisse s'exprimer, qu'on puisse l'entendre, certes ! Mais l'article doit demeurer secret, car le politique se considérerait comme humilié et croirait perdre une partie de son pouvoir et de son autorité s'il donnait l'impression de suivre les leçons du philosophe.

La conclusion se fait l'écho de *Théorie et Pratique* et annonce certains thèmes du *Conflit des Facultés*. « Que les rois deviennent philosophes ou que les

---

37. *Op. cit.*, pp. 121-123.
38. *Op. cit.*, p. 123.
39. *Op. cit.*, p. 127.
40. *Op. cit.*, p. 129.
41. Kant ne disait pas autre chose dans l'opuscule : *Qu'est-ce que les Lumières ?*

philosophes deviennent rois, on ne peut guère s'y attendre, et l'on ne doit pas non plus le souhaiter, parce que la possession du pouvoir corrompt inévitablement le libre jugement de la raison. Mais que les rois ou les peuples-rois (qui se gouvernent eux-mêmes d'après les lois de l'égalité) ne souffrent pas que la classe des philosophes disparaisse ou soit réduite au silence, et qu'ils la laissent au contraire parler publiquement, c'est ce qui leur est indispensable pour s'éclairer sur leurs affaires ; car cette classe, de par sa nature, est incapable de former des rassemblements et des clubs et échappe par conséquent au soupçon de propagande. »[42]

Deux appendices viennent encore, après ces deux suppléments, compléter l'opuscule. On aurait tort de les négliger, car ils traitent des rapports entre la morale et la politique au sujet de la paix perpétuelle. Le premier parle de désaccord et le second de l'accord. C'est que les deux termes de morale et de politique ne sont pas employés dans le même sens dans une perspective et dans l'autre. Kant part comme souvent de lieux communs. La politique recommande d'être prudent comme le serpent, la morale exige la franchise de la colombe. Les deux attitudes paraissent opposées, mais en fait, elles ne se situent pas sur le même plan. C'est à la morale qu'il appartient de proposer le principe suprême faute de quoi le devoir, qui se caractérise par sa nécessité, perdrait toute valeur. Seule la morale peut fonder la paix perpétuelle parce qu'elle condamne absolument les préceptes connus qui inspirent le machiavélisme en politique. *Fac et excusa* (fais et justifie). *Si facisti, nega* (si tu l'as fait, nie-le). *Divide ut imperes* (divise pour régner). Kant suggère ici une distinction entre le « politique moral », qui s'efforce de mettre en accord les maximes de sa conduite avec les exigences de la morale, le « politique moralisant » qui s'accommode volontiers des injustices existantes au nom des nécessités de la pratique et le « moraliste politique » qui propose une pseudo-morale justifiant la conduite du second.

Seule la loyauté parfaite dans les relations internationales peut permettre d'établir ce climat de confiance mutuelle sans laquelle les promesses de paix ne sont qu'un leurre. C'est pourquoi il faut adopter ce principe qui doit servir de règle aussi bien dans les relations publiques que dans les relations privées : « toutes les actions relatives au droit d'autrui dont la maxime n'est pas susceptible de publicité sont injustes. »[43] De l'application de ce principe à la fois éthique et juridique, Kant donne des exemples : ainsi comment imaginer qu'on puisse inscrire dans une constitution un droit de rébellion ou dans un traité une promesse qu'on saurait ne pas pouvoir tenir sans menacer l'existence même de l'État ou l'idée même de traité ? Les deux conditions pour qu'une paix internationale puisse s'établir sont donc premièrement l'existence d'un état de droit à l'intérieur des États qui s'accordent librement sur cette finalité par une

42. *Op. cit.*, p. 131.
43. *Op. cit.*, p. 157.

union fédérative, secondement qu'en tous les cas l'exigence morale l'emporte sur les maximes de la politique. « La vraie politique écrit Kant, ne peut faire un pas avant d'avoir rendu hommage à la morale. »[44] Si bien qu'il ne peut y avoir opposition entre la morale et la politique que subjectivement à cause des tendances mauvaises de l'homme, son goût du pouvoir et de la possession, mais objectivement il ne saurait y avoir de conflit, car la finalité du politique ne devrait être que d'assurer, par la paix perpétuelle, les conditions de la moralisation de l'homme.

Kant peut alors conclure définitivement son traité : « Si c'est un devoir, auquel s'ajoute une espérance fondée, de réaliser le règne d'un droit public, même par une progression indéfinie, la paix perpétuelle, qui doit succéder à ce que l'on a nommé à tort jusqu'ici des traités de paix (à vrai dire des armistices) n'est pas une idée creuse mais une mission qui, accomplie peu à peu, approchera constamment de son but (car il faut espérer que les périodes durant lesquelles se feront les mêmes progrès seront de plus en plus courtes). »[45]

Espérance fondée, réalisation progressive à travers l'histoire et non pas révolution brusque, la paix perpétuelle réunit en sa forme la plus accomplie les trois ordres de la politique, de la morale et du droit, non point dans les ambiguïtés d'une expérience qui semble, par les conflits qui la marquent, constamment la démentir, mais dans l'exigence transcendantale d'un devoir-être qui serait absurde s'il n'était pas possible. On ne trouve donc chez Kant aucune trace d'européocentrisme, de régionalisme, mais une exigence d'universalité qui domine toute expérience.

La publication de l'opuscule, simultanément en allemand et en français — ce fut le premier texte de Kant traduit dans notre langue — reçut un accueil très contrasté, enthousiaste chez les révolutionnaires en France, beaucoup plus réservé en Allemagne et chez les émigrés. Le républicanisme professé par Kant ne pouvait que réjouir les uns et inquiéter les autres. Plusieurs le considérèrent comme un ouvrage mineur dont le succès même empêchait la diffusion de la véritable philosophie kantienne de la *Raison pure*. Ainsi, quelques années plus tard, le traducteur en français de la *Religion* dans le *Conservateur* de François de Neufchateau justifiait ainsi son entreprise : « On n'a traduit de cet auteur que le traité sur la paix perpétuelle, ouvrage que l'on doit moins remarquer comme un développement de philosophie que comme une production accidentelle »[46], c'est-à-dire en rapport avec les événements du temps, les guerres entraînées par la Révolution. Certains l'ont même pris comme une sorte de canular ne reflétant en rien la véritable pensée de Kant sur le sujet. Nous retrouvons très curieusement l'écho de cette dernière interprétation chez un excellent historien de la

---

44. *Op. cit.*, p. 155.
45. *Op. cit.*, p. 169.
46. *Le conservateur ou recueil de morceaux inédits d'histoire, de politique, de littérature et de philosophie*, Paris, en 2 volumes, 1800.

philosophie du XXe siècle et bon connaisseur de la philosophie de Kant, Albert Rivaud, qui considère le projet de paix perpétuelle « comme un postiche ironique des projets de paix perpétuelle qui se sont multipliés depuis l'abbé de Saint-Pierre et que l'on retrouve chez Volney ou Sébastien Mercier comme chez l'abbé Raynal. »[47]

Avant de conclure, à l'opposé de ce point de vue, je voudrais encore m'arrêter sur la correspondance de Kant qui, après ce long parcours kantien, va nous ramener à l'abbé de Saint-Pierre. Nous y trouvons deux références à Saint-Pierre, non dans les lettres de Kant, mais dans celles de ses correspondants. La première est singulière[48]. Entièrement écrite en français, elle est attribuée à un émigré réfugié à Berlin du nom de Sylvestre Chauvelot. Sans ménager ses éloges à l'égard de la sagesse personnelle de Kant, Chauvelot, dont la lettre est datée de novembre 1796, se veut un critique impitoyable de sa philosophie. En une douzaine de pages, il attaque Kant sur deux thèses qu'il juge contraires au bon sens et à la saine philosophie : le rejet kantien des preuves rationnelles de l'existence de Dieu, l'affirmation par Kant de la possibilité de la paix perpétuelle. Nul doute que, sur ce dernier point, il s'agisse d'une réaction à la lecture de l'opuscule paru quelques mois plus tôt.

Or d'emblée, peut-être Rousseau implicitement par le concept de perfectibilité à la racine de la thèse, et, en tous cas, Saint-Pierre abondamment cité et moqué dans des anecdotes complaisamment rapportées[49], sont rapprochés de Kant pour un commun et vigoureux rejet. Imaginer que les hommes, « sont, à proprement dire, sur la voie de fraterniser tous ensemble, de quelque Nation ou de quelque climat qu'ils puissent être. Ah! Kant ! Kant cette fois vous tombez dans une grossière erreur. Cette idée est un Rêve, et ce Rêve est celui du bon Abbé de Saint-Pierre, qui, dans son système de la paix universelle, vouloit ainsi faire fraterniser entr'eux tous les Souverains et tous les peuples... Ne faudroit-il pas, à proprement parler, changer la nature du cœur humain ?... Le genre de vos profondes connoissances, et votre dernier paradoxe sur-tout, prouvent invinciblement que vous avez beaucoup plus commercé avec les morts qu'avec les vivants... L'Abbé de Saint-Pierre et vous, Monsieur, vous avez donc voyagé dans le pays des Chimères, en vous figurant tous deux, ou par pure bonté d'âme, ou pour avoir trop peu approfondi le cœur humain, que la paix pouvoit un jour régner universellement sur la terre : l'un, à cet effet ne voulant désarmer que les Souverains ou les Nations ; l'autre, tous les individus de notre Espèce. »[50] Et Chauvelot entreprend ensuite de montrer pourquoi le paradoxe de la perfectibilité infinie de l'homme est une funeste erreur avec des arguments

---

47. A. Rivaud, *Histoire de la philosophie*, tome IV, Paris, P.U.F, 1968, p. 252.

48. Ed. de l'Académie, tome XII, pp. 107-120.

49. Il s'agit de la correspondance de Saint-Pierre avec le Cardinal de Fleury dont toute l'Europe a ri.

50. *Op. cit.*, pp. 113-115.

communs empruntés aux Anti-Lumières. Voilà donc dans cette lettre Kant et l'abbé de Saint-Pierre mis pour ainsi dire dans le même sac. Et, en post-scriptum, Chauvelot annonce à Kant que, conscient des dangers que représentent pour la société tout entière ses rêves insensés et les abus de son système que répand « une nuée de raisonneurs pire que les insectes dévorants qui châtièrent autrefois l'Egypte, »[51] il a décidé de donner à sa lettre une certaine publicité.

Il s'agit donc en définitive d'une sorte de lettre ouverte pour dénoncer les illusions pernicieuses de Kant et de Saint-Pierre. Il est probable qu'elle eut quelque effet et le rapprochement de Kant et de l'abbé, pris par certains comme argent comptant, a servi aux critiques de l'opuscule kantien. Ainsi trouve-t-on déjà dans une lettre d'un disciple de Kant, le médecin Johann Benjamin Ermard, de novembre 1795, ces quelques lignes significatives adressées à Kant : « Votre paix perpétuelle m'a fait une joie infinie lorsque je l'ai lue, mais plus d'un déplaisir lorsque je l'ai entendue jugée par d'autres, car il y avait des hommes qui pouvaient la mettre sur le même pied que le projet de paix de Saint-Pierre. »[52]

Ainsi, à la fin du XVIIIe siècle, le plus grand philosophe allemand pouvait-il se voir comparer au bon abbé. Certes, ceux qui n'ont vu dans l'opuscule de Kant qu'un écrit de circonstance ou une simple reprise du projet de Saint-Pierre se trompaient lourdement. Il suffit de le rapporter aux textes sur la philosophie de l'histoire de la décennie précédente, à *Théorie et Pratique* et peut-être surtout à la *Doctrine du droit* qui paraîtra deux ans plus tard, pour mesurer l'importance que Kant donnait à l'idée de paix perpétuelle et le rôle qu'elle joue dans sa philosophie. La *Conclusion* de la *Doctrine du Droit* le rappelle avec une force incomparable : « ... la raison moralement pratique énonce en nous son veto irrévocable : *il ne doit y avoir de guerre*, ni entre toi et moi dans l'état de nature ni entre nous en tant qu'Etats... La question n'est pas de savoir si la paix perpétuelle est quelque chose de réel ou de chimérique... mais nous devons agir comme si la chose existait, avoir pour projet sa fondation et la constitution (peut-être le républicanisme de tous les États ensemble et en particulier) qui semble la plus capable d'y mener... Et quand bien même la réalisation de cette fin, mettre un terme à la guerre, demeurerait un vœu pieux, nous ne nous tromperons certainement pas en agissant inlassablement selon cette maxime, car elle est un devoir... On peut (donc) dire que cette fondation d'une paix universelle et perpétuelle ne constitue pas simplement une partie, mais elle est la fin entière, ultime, de la doctrine du droit dans les limites de la simple raison. »[53]

---

51. *Op. cit.*, p. 119.

52. *Op. cit.*, tome XII, p. 51.

53. *Métaphysique des mœurs, Doctrine du droit*, Trad. Philonenko, Paris, Vrin, 1971, p. 237-238.

Il est bien clair en effet que la règle de cette constitution ne saurait être tirée de l'expérience, qui ne peut jamais servir de fondement, mais « elle doit être dérivée *a priori* par la raison de l'idéal d'une association juridique des hommes soumis à des lois... La meilleure constitution est celle où ce ne sont pas les hommes, mais les lois qui ont le pouvoir... Quoi de plus sublime métaphysiquement, se demande Kant, que cette idée de loi ? » Seule la loi, parce qu'elle est voulue par tous, a une réalité objective telle que tous la reconnaissent. Seule enfin « la loi si on ne l'introduit pas d'une manière révolutionnaire d'un seul coup, c'est-à-dire par le renversement violent d'une constitution défectueuse jusque-là en vigueur — (car il y aurait dans l'intervalle un moment où serait nié tout état juridique) —, mais par une réforme insensible suivant de fermes principes, peut, par une approximation continuelle du souverain bien politique, conduire à la paix perpétuelle. »[54]

L'idée de paix perpétuelle, telle qu'elle est mise en lumière dans la *Doctrine du droit*, n'a donc rien d'une utopie dont pourraient se gausser les responsables politiques comme de ces rêves de visionnaires qu'en 1766 Kant comparait aux rêves de la métaphysique traditionnelle. Elle réunit les exigences du droit et de la morale, à l'horizon de l'histoire comme ce que l'on doit viser, mieux, ce qu'il faut accomplir comme un devoir qui s'impose d'une manière inconditionnée à tous les hommes. Là où il y a devoir, il y a toujours pouvoir. La paix perpétuelle est en notre pouvoir même si sa réalisation paraît lointaine, opposée aux intérêts immédiats de ceux qui dirigent les nations. C'est pourquoi corrélativement à la recherche de son instauration sur toute la terre, s'impose celle d'une constitution républicaine dans tous les États du monde, qui en est la condition. D'une certaine manière l'idée de paix perpétuelle s'apparente, dans le domaine juridico-politique, à celle du souverain Bien en morale. Sans elle, l'histoire n'aurait aucun sens et la guerre, posée comme unique solution aux conflits inévitables qui naissent entre les nations, continuerait d'engendrer ses sanglants désordres jusqu'à la fin des temps. La réflexion sur l'idée de paix perpétuelle conduit à l'énoncé d'un devoir qui ouvre la voie à une nouvelle conception de la métaphysique, à l'opposé de tous les dogmatismes comme de tous les scepticismes, une métaphysique de l'espérance.

Il y a loin des théories de Saint-Pierre et même de Rousseau, au statut transcendantal de l'idée de paix perpétuelle chez Emmanuel Kant. Toutefois si l'on suit le sort des idées à travers l'histoire et la résolution des hommes qui les servent, l'abbé de Saint-Pierre occupe une place qui n'est pas médiocre dans la recherche de la paix perpétuelle.

Kant le déclare dans une leçon d'éthique éditée par Paul Menzer : « Le projet de l'Abbé de Saint-Pierre d'un sénat universel des peuples, s'il était réalisé, serait un grand moment où l'espèce humaine aurait fait un grand pas vers

54. *Ibid.*

la perfection. »[55] Tout est dit ici : un grand moment qui concerne l'humanité entière en marche vers la perfection. Même si la formulation de la théorie qu'il lui prête n'est pas exacte, le rôle de l'abbé de Saint-Pierre est reconnu par Kant, éminent, dans cette quête de l'humanité vers la paix perpétuelle.

55. *Eine Vorlesung Kant 's über Ethik*, hgg. von P. Menzer, Berlin, 1924, p. 318.

LES DIFFICULTÉS INVINCIBLES DES « PROJETS DE PAIX PERPÉTUELLE »

Simone GOYARD-FABRE

Tandis que la tendance générale de la pensée antique et médiévale était de glorifier la guerre ou, à tout le moins, de défendre ce qu'il était alors convenu d'appeler « la juste guerre », l'idée de paix, depuis le XVIIe siècle, a préoccupé les esprits au point de devenir un philosophème puissant. Si l'on objecte que c'est au rythme alterné des batailles ou du repos des guerriers que, toujours, s'est déroulée l'histoire concrète, l'on n'aura assurément point tort. Mais, dans les vieux siècles de l'humanité, la paix, dans un monde agonique qu'animait la volonté de puissance, n'était pensée que comme un moment de répit entre les combats. Si l'on objecte également que l'idée de paix a lentement mûri dans les méandres de la Scolastique et au milieu des gloires cruelles de la Renaissance, l'on n'aura point tort non plus. Mais, dans la pensée de ces siècles complexes, tiraillée entre idéalisme et réalisme, l'épée de guerre continuait d'appartenir, comme dans le monde antique, au code d'honneur et la paix se plaçait sous le signe de la négativité. L'humanisme renaissant lui-même, qui n'ignorait pas les considérations politiques de puissance et de préséance, glorifiait le *jus gladii*. C'est seulement avec le XVIIe siècle que l'homme, dont le bon sens et la raison sont alors déclarés « la chose du monde la mieux partagée », comprend enfin le prix de la paix. Cela ne signifie pas la disparition des guerres. Mais tandis que les ouvrages de droit ne parlent plus seulement du *jus belli*, mais du « droit de la guerre *et de la paix* »[1], se succèdent et se multiplient les « projets de paix », que l'on considère même généralement comme pouvant être « perpétuelle »[2].

1. Grotius publie en 1625 son *De jure belli ac pacis ;* Pufendorf fait paraître en 1672 le *Jus naturae et gentium* dont le dernier livre, quoique bref, est consacré au « droit des gens ». Au XVIIIe siècle, le *Droit des gens* (1758) d'Emeric de Vattel connut un retentissement considérable.

2. Nous renvoyons ici à notre livre *La construction de la paix ou le travail de Sisyphe*, Vrin, 1994.

Certains d'entre ces projets — ceux, par exemple, d'Emeric de Crucé[3], de Sully[4], de William Penn[5], de l'abbé de Saint-Pierre[6]... sont demeurés célèbres. Ils intéressent d'autant plus le philosophe que Leibniz, Rousseau, Kant, Scheler... les ont examinés de près et que, en notre siècle même, les textes fondateurs du droit international reprennent, en les remodelant selon les exigences des temps, des thèmes jadis proposés pour construire la paix mondiale. Parmi ces thèmes, trois axes porteurs se dessinent : premièrement, l'idée *de la paix par le droit* qui, venue de Grotius, et fil conducteur du *Projet de paix perpétuelle* de l'abbé de Saint-Pierre, est, encore aujourd'hui, une idée-force ; deuxièmement, l'idée d'*arbitrage* qui, ciselée dans *Le nouveau Cynée* par Emeric de Crucé, et devenue l'une des constantes des plans de paix du XVIIIe siècle, occupe une place importante dans le droit international contemporain ; troisièmement, l'idée de *fédération*[7] des peuples, exprimée avec toutes sortes de nuances d'Henri IV à Kant et à Gentz, est, de nos jours, réajustée et affinée, au centre des préoccupations internationales. Outre ces trois poutres maîtresses des institutions du *jus gentium* qui se retrouvent dans tous les « projets de paix », ceux-ci prévoient des procédures spécifiques qui ont, aujourd'hui encore, un écho fort. Ainsi, par exemple, l'idée de créer des instances juridictionnelles, ou celle de conclure des conventions économiques, militaires et humanitaires, que contiennent la plupart des projets de paix du XVIIIe siècle, a trouvé sa réalisation en notre fin de siècle ; l'idée de coopération en matière de communication, de santé ou d'éducation, en quoi l'on reconnaissait, il y a deux siècles, un chemin de paix, nous est devenue familière. Il semble donc que le corpus des normes juridiques aussi bien que les structures des institutions internationales comme leurs organes (administratifs, délibératifs, exécutifs et judiciaires), prolongent les grands projets pacificateurs du siècle des Lumières. On pourrait croire que leurs espoirs et leurs promesses sont devenus réalité.

Or, en cette fin du XXe siècle, les hommes, en de trop nombreuses contrées, s'entre-déchirent ; de multiples guerres font rage, sanglantes, meurtrières, odieuses par le perfectionnement technique des armes et par leur pouvoir destructeur ; les guerrillas couvent ; le terrorisme s'installe. Malgré les

---

3. Emeric de Crucé, *Le Nouveau Cynée,* Paris, 1623.

4. En 1638, Sully publiait, dans les *Mémoires des sages et royales Oeconomies d'Estat domestiques, politiques et militaires d'Henry le Grand* , le « grand dessein » d'une paix européenne qu'il attribuait à feu le roi de France Henri IV.

5. William Penn, *Essay towards the present and future peace of Europe*, Londres, 1693. — Cf. ci-après, p. 191 sq.

6. Charles Irénée Castel de Saint-Pierre publia en 1713, au lendemain de la paix d'Utrecht, les deux premiers volumes de son *Projet pour rendre la paix perpétuelle en Europe ;* un troisième volume, fait d'objections (imaginaires) et de réponses, parut en 1717 et un *Abrégé* vit le jour en 1729. Cf. ci-après, p. 194 sq.

7. La distinction établie au XIXe siècle entre *fédération* et *confédération* n'est évidemment pas d'usage dans ces textes où ces deux termes sont employés indifféremment.

« conférences de paix », malgré les efforts des Nations Unies, malgré la mise en œuvre de procédures arbitrales pour régler les conflits, malgré la proclamation de trêves et de cessez-le-feu..., la guerre reste plus forte que la paix. Et lorsque, dans des pays privilégiés comme le nôtre, la paix semble régner, elle est une « paix armée ». Tout se passe donc comme si la paix, dont les hommes sensés sont unanimes pour dire qu'elle doit être construite, était paradoxalement une situation conflictuelle ou, du moins, toujours inscrite dans un contexte polémogène.

Le constat est amer. Il impose réflexion. Pourquoi tant d'échecs, pourquoi des demi-succès qui ou bien s'abîment dans des compromis peu glorieux proches de compromissions, ou bien sont démentis par la menace ou le surgissement de nouveaux conflits ? Il est devenu évident que la paix a trop de précarité et de fragilité pour pouvoir se définir comme la négation de la guerre. Il nous faut donc tenter de comprendre les difficultés, probablement invincibles quels que soient les efforts de la communauté internationale, auxquelles se heurtent son établissement et, plus encore, son maintien.

Ces difficultés se laissent subsumer par trois ordres de considérations : anthropologiques, juridiques et philosophiques. Nous voudrions ici en esquisser l'épure.

I. Les obstacles anthropologiques à la paix

L'idée selon laquelle politique et droit ont partie liée avec l'anthropologie est aujourd'hui banale. Dans cette perspective, les avatars de la paix proviennent des antagonismes qui déchirent la nature humaine. C'est ce que montrent des philosophies comme celles de Hobbes, de Kant ou, plus près de nous, de Carl Schmitt.

Hobbes déchiffrait dans la nature des hommes, considérée selon l'hypothèse de leur condition naturelle, le jeu de forces contraires : d'une part, « le désir perpétuel et sans trêve d'acquérir pouvoir après pouvoir »[8] ; d'autre part, « la règle générale de la raison », qui enjoint aux hommes de « rechercher et poursuivre la paix »[9]. Mais, lors même que, par le calcul téléologique d'intérêts qu'est le contrat, les hommes se dé-naturent, donc, se civilisent, la raison ne triomphe pas purement et simplement de la nature : parce que la contradiction est au cœur de la condition humaine, les dissensions, la rébellion, la sédition, les conflits armés dans l'Etat ou aux portes de l'Etat — en un mot la guerre — grondent perpétuellement. La dualité antagonique de leur nature

8. Hobbes, *De Cive,* (1642) I, § 3 ; *Léviathan,* (1651), XI, p. 96 (trad. F. Tricaud, Sirey, 1971).

9. Hobbes, *Léviathan,* XIV, p. 129.

condamne les hommes à une existence en laquelle l'optimisme rationaliste ne triomphe jamais totalement des drames que provoque le désir de puissance. L'état de belligérance, en puissance ou en acte, est le trait le plus marquant de la condition des hommes, non seulement en leur vie naturelle, mais aussi bien dans la *Res publica* et entre les Etats. L'art rationnel a beau civiliser les hommes, il ne suffira jamais à assurer la paix civile.

Lorsque Kant souligne la courbure de la nature humaine — l'homme est fait de bois si tors et si noueux qu'il est malaisé de le redresser[10] — et met l'accent sur « l'insociable sociabilité »[11] qui crée entre les individus tout ensemble répulsion et attraction, il indique de manière incisive le caractère conflictuel auquel est vouée la co-existence, ballottée entre les deux pôles de sa conservation et de sa destruction. Certes, la conjonction des forces antagonistes centrifuges et centripètes est productrice, explique Kant, d'un ordre de droit. Mais, en l'affaire, la « ruse de la nature » consiste en ce que, dans la nature humaine, c'est la *guerre* qui est le garant de la *paix* puisque la Providence, « suprême artiste, suscite parmi les hommes, même à l'encontre de leur volonté, l'harmonie de leurs discordes »[12] : la concorde que veut la téléologie de la Nature (ou l'art de la Providence) n'est possible que parce que la discorde habite l'espèce humaine. Donc, le « pessimisme anthropologique » qui s'attache fondamentalement à « la méchanceté *(Bösartigkeit)* de l'homme »[13] demeurera toujours le fond inamovible de l'espérance de paix que peut nourrir un optimisme pratique.

La réflexion que conduit C. Schmitt au cœur du XXe siècle n'est pas plus consolante. Lorsque C. Schmitt trouve le critère de la politique dans la distinction de l'ami et de l'ennemi, il assigne expressément à ce couple conceptuel des « fondements anthropologiques »[14]. Toute situation politique est, selon lui, polémique et tout ce qui relève de la politique et du droit — la paix elle-même — porte en soi le conflit dont la nature humaine est inexorablement le lieu[15]. Cela ne signifie pas que chacun est l'ennemi ou le rival d'un autre pour qui il éprouve antipathie ou haine, mais indique que, la nature humaine étant ce qu'elle est, rien n'échappe à la logique bi-polaire qui s'installe dans le monde juridico-politique. S'il advenait qu'un jour la planète soit définitivement pacifiée, le monde serait dé-politisé, dé-juridicisé. Aussi bien cette hypothèse

10. Kant, *Idée d'une histoire universelle du point de vue cosmopolitique,* (1784), 4e proposition.

11. *Ibid.*, 6e proposition.

12. Kant, *Essai sur la paix perpétuelle*, Premier supplément, Pléiade, tome III, p. 359 ; AK, VIII, 365.

13. Kant, *Essai sur la paix perpétuelle,* Second article définitif.

14. C. Schmitt, *La notion de politique,* trad. française, Calmann-Lévy, 1972, p. 65 et p. 103.

15. *Ibid.*, p. 72.

est-elle, au dire de C. Schmitt, totalement impossible. Il appartient par conséquent aux Etats, en tant qu'unités politiques et centres de décision, de rechercher la paix. Mais, comme le droit de désigner l'ennemi est une prérogative étatique, chaque Etat dispose du *jus belli.* Véritable épée de Damoclès, la guerre plane sur notre monde déchiré.

Dès lors, à raison du dualisme anthropologique, faut-il s'étonner que, dans le temps même où, en août 1928, les soixante Etats signataires du Pacte Briand Kellogg prônaient la paix et condamnaient la guerre comme moyen de résoudre les conflits internationaux, ils ne pouvaient renoncer à elle comme instrument de la politique internationale ? D'ailleurs, les multiples exemples rapportés par le philosophe en 1950 dans *Nomos der Erde*[16] montrent que, dans l'histoire, les Etats ont toujours oscillé de la guerre à la paix puis à la guerre. Telle est « la loi de la terre » ; tel est en tout cas le destin qu'implique pour notre planète le « credo anthropologique » de C. Schmitt. Donc, la défense du pacifisme n'a pas davantage de sens que la défense du bellicisme. La paix est toujours polémogène puisque l'unité même du genre humain est le lieu d'une irréparable brisure.

Les trois exemples que nous venons d'évoquer appartiennent à des philosophies et à des époques différentes. Leur convergence n'en est que plus frappante : la paix est toujours menacée par la conflictualité intérieure qui, caractéristique de la nature humaine, se répercute, quoi qu'on fasse, sur l'existence et l'histoire. La tranquillité et la sécurité que veut la paix se heurtent à l'obstacle anthropologique : c'est un destin — *notre* destin.

Et, puisqu'un destin est inexorable, cela explique, d'une certaine manière, les difficultés que rencontre le droit dans ses efforts pour construire la paix.

II. Les difficultés du droit dans la construction de la paix

Depuis le début du XVIIe siècle, tous les auteurs des projets de paix ont inscrit leur programme sous le signe du droit en insistant particulièrement sur la pertinence de l'*union fédéraliste* et de l'*arbitrage international.* Or, ces deux procédures enferment de redoutables difficultés. Examinons quelques-unes d'entre elles.

---

16. Cet ouvrage *Le Nomos de la terre dans le droit des peuples du jus publicum europeanum* est un ouvrage consacré au problème des relations internationales depuis la *Res publica christiana* jusqu'en 1924.

1. Les perspectives du "fédéralisme"

L'abbé de Saint-Pierre a repris au « grand dessein » d'Henri IV et probablement à Emeric de Crucé l'idée fédéraliste, à ses yeux nécessaire et suffisante pour, comme il le dit, « rendre la paix perpétuelle en Europe »[17].

Certes, dans la logique de l'abbé, le traité d'alliance ouvert à la signature des souverains d'Europe et destiné à sceller leur Union fait pièce au « système de l'équilibre » dont l'instabilité ne pouvait qu'engendrer de perpétuels déséquilibres. Mais Leibniz, dans son réalisme de diplomate, a saisi la faille de cette idéalité logique. Dans une lettre adressée à l'abbé de Saint-Pierre en date du 7 février 1715[18], il rappelle comment le Saint Empire romain-germanique, que l'abbé prend pour modèle d'une fédération européenne, loin de créer une union des Etats génératrice de paix, avait laissé subsister un morcellement politique et juridique à la faveur duquel guerres et brigandages installaient l'anarchie. Drôle de paix...

Rousseau, qui publia un *Extrait du Projet de paix perpétuelle* et un *Jugement* sur ce même *Projet,* souligne également les difficultés juridiques que comporterait une grande alliance en forme, dit-il, « confédérative », lors même qu'elle aurait le mérite de chasser le spectre de la « monarchie universelle » ou de l'« Etat mondial ». En l'occurrence, remarque-t-il, il faut distinguer l'idée et la réalité. *En idée,* une fédération des peuples correspondrait assurément à la généralisation du contrat social et, idéalement, elle devrait posséder « la force et la solidité d'un vrai corps politique »[19]. Mais, *dans la réalité*, quels souverains accepteraient, demande-t-il, lors d'un litige inter-étatique, de se soumettre aux voies juridictionnelles d'un pouvoir central qui, au-dessus d'eux, aurait prévalence sur eux ?[20]. Rousseau prévoit ainsi le conflit juridique qui ne manque pas de surgir entre la souveraineté des Etats et la supra-souveraineté d'un pouvoir fédéral. Si, en effet, la souveraineté de l'Etat correspond à son essence ou *superioritas,* elle n'admet aucune puissance au-dessus d'elle. Elle implique donc l'indépendance des Etats. Comment les Etats accepteraient-ils, dans ces conditions, d'obéir aux décisions d'un organe fédéral doté du pouvoir de légiférer ? L'erreur de l'abbé de Saint-Pierre, conclut Rousseau, fut de « s'imaginer bonnement qu'il ne fallait qu'assembler un Congrès, y proposer ses articles, qu'on les allait signer et que tout serait fait »[21].

---

17. Cf. notre édition du *Projet de paix perpétuelle* de l'abbé de Saint-Pierre, Garnier, Paris, 1981.

18. Leibniz, *Observations sur le projet de paix perpétuelle de l'abbé de Saint-Pierre,* éd. Foucher de Careil, tome IV, Paris, 1862 ; réimpression par la Bibliothèque de philosophie politique et juridique, Presses universitaires de Caen, 1993.

19. J.-J. Rousseau, *Extrait du Projet de paix perpétuelle de l'abbé de Saint-Pierre,* Pléiade, tome III, p. 574.

20. *Ibid.*, p. 593.

21. *Ibid.*, p. 595.

Ainsi, selon Rousseau, la formule juridique du fédéralisme n'abolit ni les guerres ni même « l'état de guerre » : des lois communes (et, si nous extrapolons, les lois que, selon notre terminologie contemporaine, l'on appelle « communautaires ») risquent d'être vaines si elles ne sont pas assorties de contrainte juridique et si un pouvoir juridictionnel n'est habilité à exiger, le cas échéant, l'exécution de sanctions prononcées contre les Etats-membres récalcitrants. Rousseau était donc sceptique quant à la possibilité d'élaborer un droit commun régissant une pluralité de sociétés politiques dont chacune conserverait sa souveraineté.

Lorsque Kant, à son tour, s'interroge, à la fin du XVIIIe siècle, sur la paix perpétuelle et réfléchit à la valeur d'une « Constitution cosmopolitique », il dénonce, dans les projets de paix faisant fond sur la simple idée fédérative, la « contradiction manifeste » entre l'ordre juridique interne des Etats et l'ordre juridique international qui, au rebours du but visé, a toutes chances d'être polémogène. En effet, explique-t-il, l'alliance institutionnelle des Etats se déchirera dès qu'en son sein tel ou tel partenaire croira son prestige ou ses intérêts vitaux menacés[22], ce qui suffit à créer un *casus belli.*

En notre siècle, Kelsen, qui sait pourtant à quels efforts pacificateurs a voulu répondre, au lendemain de la Grande Guerre, la Société des Nations, met en lumière l'antinomie qui en ronge le programme de paix. Le complexe institutionnel de la Société des Nations — et il en va de même, malgré les nuances et les différences de perspectives, pour l'Organisation des Nations Unies et pour la Communauté européenne — n'est possible que si les Etats membres acceptent ou de limiter leur souveraineté ou de transférer une partie de leur souveraineté à un organe supra-étatique, habilité à édicter de véritables décisions qui s'imposent aux Etats avec force obligatoire et exécutoire.

Faut-il alors admettre que le prix de la paix n'est rien de moins que le renoncement — fût-il partiel — des Etats à leur souveraineté essentielle ? Autrement dit, le schéma fédératif au service de la paix ne nous place-t-il pas devant l'antinomie entre les deux principes de la souveraineté étatique et de la solidarité internationale ? On peut même se demander si la limitation de la souveraineté des Etats ne constitue pas une contradiction *in adjecto* insurmontable : si elle est limitée, la souveraineté ne correspond plus à l'indépendance de l'Etat. Du point de vue théorique, se pose ainsi la question du monisme ou du dualisme des rapports entre les droits étatiques et le droit international[23]. Du point de vue pratique, on mesure les difficultés intrinsèques du droit international qui, conformément à sa fondation philosophique, veut s'ouvrir à l'universel afin d'être homogène et unifié, mais qui parvient tout au plus à être, dans la sphère juridique, selon une expression suggestive, un « bric-

22. Kant, *Essai sur la paix perpétuelle,*, Pléiade, tome III, p. 363 ; AK, VIII, 369.

23. Sur ce problème redoutable, cf. en particulier H. Kelsen, *Der Problem der Souveränität und die Theorie des Völkerrechts,* Tübingen, 1920.

à-brac »[24]. Ne faut-il point souligner en effet la problématicité juridique du droit international contemporain dont la logique immanente est loin d'être de même nature que celle du droit public interne aux Etats ? Tandis que dans la structure pyramidale du droit étatique, seul, sous la Constitution, le droit produit du droit[25], les mécanismes du droit international reposent sur les prétentions « subjectives » de droit avancées par ces « sujets de droit » que sont certains Etats souverains et qui, dans le meilleurs des cas, sont acceptées par d'autres Etats, non moins souverains, donc, indépendants. C'est dire que, à raison de la logique « inter-subjective » du droit international — tel du moins qu'il existe aujourd'hui en sa positivité —, celui-ci est insusceptible de se « verticaliser »[26] sous un principe constitutionnel à valeur universelle.

Certains, sans doute, objecteront là contre qu'après tout, la paix du monde est concevable dans un autre registre que celui du droit international et des structures « fédéralistes » auxquelles il préside. Il n'est assurément pas impossible de penser que les hommes de bonne volonté aspirent à la « concorde universelle ». C'est ce que soutenait Guillaume Postel dès le XVIe siècle dans son *De orbis terrae concordia*[27]. Dans une perspective œcuménique, G. Postel enracinait la paix du monde dans des principes d'équité et de piété. Dans un registre nettement éthique, Francisco Suarez, un peu plus tard[28], montrait que, à partir de la sociabilité et de la solidarité humaines, qui sont des valeurs suprêmes, s'établissent spontanément, dans le commerce des nations, des mœurs civilisées et pacifiques.

Toutefois, pour ces auteurs mêmes, la conception éthique ou éthico-théologique de la paix serait d'une fragilité extrême si elle n'était étayée par des structures juridiques. C'est ainsi que G. Postel soulignait la nécessité d'une autorité civile théocratique pour tenter de réaliser la concorde sur notre globe ; de même, F. Suarez, pour qui les bons usages entre nations et l'espérance éthique d'une paix universelle sont par soi dépourvus de toute garantie, réclamait que les juristes définissent les moyens constitutionnels à mettre en œuvre pour établir des organes chargés de promouvoir et de sanctionner le droit destiné à les régir : faute de quoi, disait-il, la moralité risque d'être totalement inopérante. L'effectivité des normes éthiques passe donc, jusque dans cette conception éthique de la paix, par la nécessaire médiation du droit.

---

24. Jean Combacau, *Archives de philosophie du droit*, tome XXXI, 1986, p. 85 sq.

25. Kelsen montre, dans la *Théorie pure du droit* (traduction Eisenmann, Sirey, 1962) que toute création de droit est application d'une ou de plusieurs règles de droit situées à un niveau supérieur dans la pyramide des normes, et que, réciproquement, toute mise en application d'une règle de droit engendre un *jus novum*. — Bien entendu, il ne saurait en cela être question que du droit positif.

26. Cf. l'article cité de J. Combacau, p. 98 et p. 105.

27. Guillaume Postel, *De orbis terrae concordia Libri quatuor*, 1543.

28. Francisco Suarez, *De legibus*, 1612.

Il semble par conséquent raisonnable et plausible de revenir aux projets juridiques du fédéralisme que proposaient les plans de paix des XVIIe et XVIIIe siècles.

Cependant, l'histoire — même celle des temps présents — n'apporte guère de démenti aux craintes que Rousseau, Kant et Kelsen ont formulées. L'objectif irénique vers lequel tend l'union fédérale des Etats préconisée par les « projets de paix perpétuelle », contre toute espérance, n'a pas été pleinement atteint. Il semble même que la guerre, effective ou à titre de menace permanente, et sous des formes diversifiées, appartienne à la nature des relations inter-étatiques et, plus généralement inter-humaines. Aussi bien, tout en louant à la fois les visées de paix qu'expriment les grands programmes fédératifs du XVIIIe siècle et les tentatives de pacification faites, en notre siècle, par les institutions internationales, il faut avouer que le chemin du droit de la paix est, même aujourd'hui, encore bien long et semé d'embûches.

La notion d'arbitrage, invoquée depuis Henri IV par tous les projets de paix, pourrait-elle modifier cette perspective?

2. Le recours à l'arbitrage

Le recours arbitral devant un tribunal européen était analysé de manière systématique par l'abbé de Saint-Pierre. Les sept « théorèmes » qui, selon lui, expriment la quintessence de l'arbitrage[29] établissent juridiquement, dit l'abbé, les statuts d'une « assurance mutuelle des gouvernements établis »[30]. Grâce aux procédures et aux jugements des tribunaux internationaux, la justice se substitue aux voies de fait. De surcroît, les règlements arbitraux valant *erga omnes* et ayant force contraignante, l'humanisme juridique au nom duquel l'abbé de Saint-Pierre cisèle son projet invite à une révision des paradigmes de la coexistence : il faut que les exigences de la raison triomphent du fanatisme des passions. Nul n'est mieux placé pour ce faire que le juge siégeant dans les Cours internationales de justice.

En son principe, ce message, à coup sûr, fut entendu et, deux siècles après l'abbé de Saint-Pierre, il semble inspirer les textes fondateurs des grands organismes internationaux. En répudiant le recours à la force armée, l'arbitrage

29. Ces sept « théorèmes » peuvent se résumer ainsi :
- au départ de l'arbitrage, le *statu quo* doit être respecté ;
- nul ne peut être juge en sa propre cause ;
- il est nécessaire de substituer les règles de la justice aux voies de fait ;
- les jugements arbitraux sont exécutoires ;
- en tout arbitrage, s'allient l'épée et la balance ;
- les règlements de police valent *erga omnes*.

30. Castel de Saint-Pierre, *Projet pour rendre la paix perpétuelle en Europe*, Quatrième Discours, article 2 ; tome I, p. 290-291.

des différends entre Etats doit pouvoir constituer une assurance contre la guerre. Ainsi, le Pacte de la SDN, en son article 14, prévoit-il la création de la Cour permanente de Justice internationale, destinée à arbitrer un différend surgi entre des Etats membres. La Charte de l'ONU, en son article 42, confère au Conseil de Sécurité un pouvoir de police qui s'exprime non seulement par voie de recommandation, mais aussi par des décisions et des résolutions appelant les Etats en situation de belligérance à la conclusion de trêves, d'armistices, de cessez-le-feu ou au retrait des forces armées. Davantage même : les textes prévoient que, par delà les mesures conservatoires définies par le Pacte de 1919 ou la Charte de 1945, des mesures militaires puissent être prises, qui engagent des actions coercitives au moyen de forces aériennes, navales ou terrestres ; le contrôle de l'armement de divers pays, la prohibition des armes biologiques ou chimiques, la non prolifération, voire la destruction des armes nucléaires peuvent être décidés. L'ensemble de ces dispositions signifie bien que, conformément aux schémas proposés dès 1713 par Castel de Saint-Pierre, l'épure normative d'un état de sécurité collective peut être tracée par voie juridictionnelle. Il apparaît de la sorte que le dispositif organisationnel et fonctionnel de l'arbitrage œuvre à la paix.

Pourtant, comment ne pas se sentir envahi par le scepticisme devant la pléthore des guerres — guerres inter-étatiques, guerres d'indépendance, mais aussi guerres civiles — qui, en se disant non plus seulement défensives, mais libératrices, ethniques, purificatrices, idéologiques, terroristes..., déchirent la planète depuis l'époque où l'abbé proposait son projet de « paix perpétuelle » aux Souverains d'Europe ? Rousseau, déjà, dans sa lucidité, doutait de l'efficacité des arbitrages que pourraient rendre des juges internationaux, dussent-ils siéger en la « Ville de paix ». Kant déplorait que « les tristes consolateurs » de l'Ecole du droit de la nature et des gens n'aient pas compris l'impossible effectivité, donc, le caractère inopérant de l'arbitrage. Si équitable qu'elle veuille être, la décision d'un tribunal international ne risque-t-elle pas d'être dépourvue d'effectivité (autrement dit, de ne produire aucun « effet juridique ») si elle n'est pas assortie, par le truchement de procédures précises à vocation instrumentale, des *moyens* de transformer un devoir-être en un devoir-faire appliqué et obéi ? A ceux qui répondent que l'abbé de Saint-Pierre, justement, avait prévu ces moyens, que la Cour de justice internationale existe bel et bien, que le Tribunal de Nüremberg a siégé au lendemain de la Seconde Guerre mondiale, qu'un Tribunal est aujourd'hui constitué qui doit juger les exactions perpétrées dans l'ex-Yougoslavie..., il faut répondre qu'il ne suffit pas que la conscience universelle, même par la voix officielle de juges internationaux, condamne les « crimes de guerre ». Pour œuvrer véritablement à la paix, l'arbitrage ne doit pas demeurer symbolique ; pour ne pas verser dans l'irréalisme, il doit s'accompagner de moyens *matériels* nécessaires à la production d'effets juridiques réels. Il faut donc que les auteurs des crimes de guerre non seulement soient sanctionnés, mais que les sanctions soient exécutées et que cette exécution soit soumise à contrôle. Or, jusque dans l'état actuel du droit international, la compétence des compétences relatives à l'exécution des sanctions et au contrôle de cette exécution demeure mal définie : quels sont les instances ou les agents habilités à ces tâches ? Qui a la charge de cette habilitation ? Quel est l'organe qui contrôlera leur éventuel contrôle ?... De telles questions demeurent aujourd'hui encore à peu près sans réponses.

Cela est grave car, précisément avec ces questions, nous touchons du doigt l'éminente difficulté du droit de la paix : l'insuffisance de ses moyens d'action, douloureusement constatée dans d'actuels conflits comme ceux de Yougoslavie, d'Algérie, d'Ethiopie, du Rwanda, de Tchétchénie, etc... n'est pas une déficience accidentelle, mais essentielle : comme tout droit, le droit de la paix a besoin d'une force, juridiquement prévue et organisée, pour faire respecter le droit. Tant que l'arbitrage se bornera, au sein de conférences ou de congrès, et même dans une Cour internationale de justice, au verbalisme d'un discours qui se veut épris de justice, il ne pourra pas être dans les faits générateur de paix.

Serait-ce à dire que, devant tant de doutes, les espérances et les promesses des projets de paix s'abîment dans le gouffre de l'aporie ou que, à tout le moins, la paix, au monde des hommes, a la silhouette fuyante de l'asymptote? Avec cette question, nous voici confrontés aux difficultés proprement philosophiques des projets de paix.

III. Les difficultés philosophiques de la paix

Le philosophe ne se borne pas au constat des difficultés anthropologiques et juridiques contre lesquelles bute la volonté de paix des hommes, jusque dans leurs tentatives les plus élaborées et les plus officielles. Il se demande *pourquoi* il en est ainsi. Afin de donner une réponse à cette question, il adopte ou bien une démarche approfondissante en laquelle il scrute les entrailles de l'Etre, ou bien une démarche réfléchissante en laquelle il interroge le tribunal critique de la raison.

1. La voie des ontologies

La démarche approfondissante des ontologies met en évidence la dimension agonistique de l'Etre. En une telle perspective philosophique, le fait que l'établissement de la paix se heurte à tant d'obstacles trouve son explication dans la nature même de l'Etre.

Nietzsche, en retraçant la généalogie de la philosophie[31], aime répéter qu'à l'aurore de la pensée, Empédocle et Héraclite avaient déchiffré l'unité multiforme de l'Etre comme un jeu cosmique à la fois sublime et tragique. Selon Empédocle[32], la circularité du cycle cosmique inclut le dualisme de l'union et de la séparation, de sorte que les principes de l'amour et de la haine s'affrontent dans le heurt de l'identité et de l'altérité. Le conflit de ces deux principes antagoniques scande le mouvement cosmogonique qui, dès lors, se confond avec un processus de désagrégation. Selon Nietzsche, Empédocle, devant le monde pétri de contradiction et de tourment, éprouve d'autant plus cruellement « la nostalgie de l'unité » que le pluralisme de l'Etre est « la prairie du malheur »[33]. — Toujours selon l'herméneutique nietzschéenne, la vision héraclitéenne d'un monde fait d'oppositions, de contraires et de mouvances, correspondrait au « jeu de Zeus », c'est-à-dire à un perpétuel conflit où Polemos, omniprésent, fait de la pluralité des formes qui, sans cesse se bousculent, un spectacle sublime et terrifiant. Dans la démesure de l'hybris, s'exprime, toujours selon Nietzsche, le mythe tragique du dionysisme : la dispute et la guerre, la chasse et le jeu sont l'indication de la nature polémique de l'Etre. La guerre est la vérité de tout ce qui est. La paix est donc contraire à la loi ontologique du monde. Elle est figure de mort et, déjà, néant.

Dans un registre moins lyrique, Heidegger, pour qui il n'y a d'autre pensée que « la pensée de l'Etre »[34], découvre aussi le monde comme lieu d'antagonismes et de combats incessants. Habité par des pulsions conflictuelles, par le risque et la détresse, il verse, sous la domination technicienne — « l'arraisonnement de la nature » —, dans le phénomène totalitaire. La paix est donc un phénomène de mort en quoi l'Etre se trouve écrasé[35].

D'après l'ontologie tragique que nous venons d'évoquer, la conflictualité loge partout dans le monde et la paix, *a fortiori* la « paix perpétuelle » ou bien est un vain mot ou bien est une marche funèbre vers la mort. Une paix synonyme de tranquillité et de sécurité définitive, comme celle à laquelle prétendaient atteindre les auteurs des projets du XVIIIe siècle, n'a aucune chance de s'installer.

On objectera que l'ontologie tragique du dionysisme ou les philosophies désespérantes de type heideggerien ne sont pas les seules manières de penser l'Etre. Certes. Mais nous répondrons que, lors même que l'image qu'elles

---

31. Nietzsche, *La naissance de la philosophie à l'époque de la tragédie grecque*, 1873.

32. Cf. le poème d'Empédocle intitulé *Peri Phuseos*.

33. L'interprétation nietzschéenne est assurément discutable dans la mesure où elle ne se réfère jamais au second grand poème d'Empédocle, *Les Catharmes*, qui, lui, célèbre l'harmonie des contraires dans l'Etre. Mais elle demeure tout à fait significative en ce qu'elle met en évidence la *conflictualité* des tendances inhérentes à tout ce qui est.

34. Heidegger, *Lettre sur l'humanisme*, Aubier, 1964, p. 35.

35. Heidegger, *Essais et conférences*, Gallimard, p. 93.

donnent du monde ne prend son sens que par un passage à la limite que rien ne force à effectuer, cette image met néanmoins en pleine lumière la conflictualité de l'Etre que même les ontologies les plus rassurantes ne démentent pas. Les philosophies qui vantent (ou chantent) l'harmonie du monde ne peuvent en effet la penser qu'à partir de la composition des *opposés*. Ainsi, Jean Bodin, en plaçant l'idée des harmonies cosmiques au centre de son œuvre, métaphysique et, aussi bien, politico-juridique[36], la conçoit comme un chant en quoi les accords naissent de l'entremêlement des discords. De même, Leibniz, dont la pensée puissante sculpte l'idée somptueuse du « meilleur des mondes possibles », est bien loin de lui donner la figure de l'unité, ou, plutôt, de l'univocité : par une sorte d'*ars combinatoria,* Dieu a calculé, dans le Tout du monde, la relation du même et de l'autre, du repos et du mouvement, du bien et du mal. Sans doute « l'harmonie universelle » est-elle née à la façon d'une mélodie en laquelle les variations deviennent des transitions. Mais elle exige la multiplicité et la diversité, et il faut partout en elle de l'inégalité, des dissonances, des discordances, des différences, des contradictions, des oppositions[37]. Sans le mal et le péché, le monde serait moins beau. L'optimisme leibnizien est ainsi bien loin d'être un chant de paix[38].

De la vision désespérante des philosophies tragiques ou des perspectives de « composition » des philosophies de l'harmonie, il ne faut évidemment conclure ni que, seule, l'exaltation des valeurs martiales a un sens, ni que la guerre, partout installée, transforme le monde en chaos. Notre univers n'est pas davantage le torrent de la violence que la mer de la sérénité : de même que les hommes ne sont ni démons ni anges, le monde n'est, à raison de son dualisme ontologique, ni enfer ni paradis. Nous savons, parce que l'histoire aussi bien que la vie quotidienne l'enseignent, que les frontières de la guerre et de la paix sont diffuses et mêlées ; davantage même, la paix, non moins que la guerre, est, selon l'expression de Clausewitz, « un caméléon ». Aussi, parce que, dans leur rhétorique déconcertante, guerre et paix sont faites de tissus hétérogènes et malléables qui, le plus souvent, se superposent ou s'enchevêtrent, la pensée qui

36. Jean Bodin, cf. principalement *Les Six livres de la République* et le *Theatrum naturae.*

37. Leibniz, *Théodicée,* § 12, 46, 124.

38. C'est ce que comprit Diderot et qu'il écrivait en 1760 dans une lettre à Sophie Volland : « Leibniz le fondateur de l'optimisme, aussi grand poète que profond philosophe, raconte quelque part qu'il y avait dans un temple de Memphis une haute pyramide de globes placés les uns sur les autres ; qu'un prêtre interrogé par un voyageur sur cette pyramide et ces globes, répondit que c'étaient tous les mondes possibles et que le plus parfait était au sommet ; que le voyageur curieux de voir de plus près ce plus parfait des mondes monta au haut de la pyramide et que la première chose qui frappa ses yeux attachés sur le globe du sommet, ce fut Tarquin qui violait Lucrèce », Lettre du 20 octobre 1760, éd. Roth, tome III, p. 172.

Voltaire, de même, en pensant à Leibniz, avait écrit dans *Le philosophe ignorant* (XXVI) : « Ce fut une grande faveur du ciel envers le genre humain que Tarquin violât Lucrèce, et que Lucrèce se poignardât ».

cherche à en définir le concept en les situant dans le cadre de l'ontologie n'y parvient pas. Dans l'essence même de l'Etre, se loge une dualité conflictuelle : en sa nature, le monde, fût-ce sous sa plus belle image, est le lieu de la dislocation. Et, s'il est vrai que, depuis les Temps modernes, les hommes, par leurs plans de paix et par les institutions internationales, cherchent à résorber la déchirure ontologique de ce monde cassé, la réussite de leurs efforts est bien problématique. C'est pourquoi la méprise est lourde de comprendre les projets de paix perpétuelle que les siècles ont vu se succéder comme des programmes à réaliser de manière définitive : il est certain que, rapportée à l'Etre même du monde, l'idée d'une « paix perpétuelle » est une chimère.

Ne sombrons pas pour autant dans l'angoisse existentielle et refusons de croire que penser la paix condamne à l'utopie ou à l'uchronie. Efforçons-nous plutôt de penser la paix *autrement* : établissons-en le statut par rapport aux exigences rationnelles qui, depuis le XVIIe siècle, en éclairent une active recherche. Cela revient à dresser, eu égard au droit de la paix, le bilan de la démarche criticiste.

2. La voie du criticisme

Adoptons la démarche pour laquelle la philosophie kantienne a tracé une voie royale. Contrairement à ce que l'on dit souvent, l'opuscule que Kant, en 1795, a intitulé *Zum ewigen Frieden* n'est pas un *projet* de paix perpétuelle si, par projet, l'on entend un programme à réaliser. Ce texte puissant prélude à l'aboutissement de la *réflexion critique* du philosophe sur la question du droit de la paix. Préoccupé depuis plus de vingt ans par ce difficile problème, Kant livrera le dernier mot de sa pensée dans sa *Doctrine du droit*, parue en décembre 1796.

Cette ultime prise de position a été préparée de longue date. Dès 1784, Kant nourrissait l'espérance qu'une Société des Nations (*Völkerbund*) pût, en perfectionnant les amphictyonies de la Grèce antique, apporter la paix au monde. En 1793, la paix, estimait-il, requiert plus qu'une alliance des peuples en un *Völkerbund* ; elle a besoin de solides structures juridiques et ne se peut penser que sous une Constitution cosmopolitique (*Weltbürgerliche Verfassung)*. Mais cette Constitution n'est pas un texte de droit positif ; elle est la règle rationnelle pure, donc, le fondement normatif d'un droit qui pourrait s'élargir à l'échelle mondiale. La Constitution cosmopolitique a le statut d'une Idée de la raison et la vocation d'un principe régulateur. Elle fonde transcendantalement, comme le montre l'*Essai* de 1795, la « possibilité » d'une Fédération d'Etats libres (*Föderalismus freier Staaten*)[39]. En cela il faut comprendre, conformément au sens du vocabulaire critique, non pas que l'on peut ou que l'on pourra, par une

39. Kant, *Essai sur la paix perpétuelle*, Pléiade, tome III, p. 345 ; AK, VIII, 354.

Fédération d'Etats libres, « réaliser » dans les faits l'Idée de la Constitution cosmopolitique, c'est-à-dire lui donner une objectivité pratique — une Idée, en effet, est « évidemment irréalisable »[40] —, mais qu'il est légitime de penser[41] qu'une « Union de quelques Etats [...] à laquelle d'autres Etats sont libres de se joindre » est susceptible de servir au maintien de la paix. En l'affaire, l'important est d'ailleurs pour Kant que cette Fédération d'Etats libres ne soit pas simplement un Etat fédératif (*Völkerstaat*), supérieur aux Etats particuliers qui en seraient les membres constitutifs. Conformément à l'Idée de la Constitution cosmopolitique, des pactes, renouvelables et révocables, doivent, pour que la paix du monde soit sérieusement envisageable, sceller l'association libre et volontaire de « peuples », c'est-à-dire d'Etats souverains (nous parlerions aujourd'hui plutôt de « confédération » que de « fédération ») dont chacun, sous sa Constitution « républicaine », conserve sa liberté d'action[42].

Dans la *Doctrine du droit,* en 1796, Kant donne comme exemples de cette « ligue de paix » (il reprend l'expression à Castel de Saint-Pierre sans lui donner dans le droit politique la même portée sémantique que l'abbé) les Congrès de La Haye et de Gertruydenberg[43]. Il n'en ignore certes ni les faiblesses ni les carences juridiques en ce qui concerne les organes constitutifs et les procédures juridictionnelles. Mais ces exemples ne s'offrent pas à la réflexion critique du philosophe comme des modèles ou des paradigmes transcendants. Ils montrent que l'on a pu traiter le problème de la paix devant le tribunal de l'Europe entière devenue « arbitre » des différends et des conflits ouverts entre Etats[44]. En cela, leur existence même a permis, devant le tribunal de la raison, de dégager les requisits purs *a priori* qui font de la paix non pas un fait ou une réalité, même future, mais un *Sollen.* Comprenons que l'Idée d'un « droit public des gens » *(öffentlichen Recht der Völker)* tranchant les conflits inter-étatiques « comme en un procès, de manière civile, et non pas de façon barbare (à la manière des sauvages) par la guerre »[45], trouve sa fondation (*Errichtung*) — et non pas sa « réalisation » — dans l'exigence transcendantale d'un devoir-être. Que cette exigence pure trouve sa formulation dans le *veto* par lequel la raison condamne absolument toute guerre[46] , ou dans l'*obligation* qui commande « l'union de tous

40. Kant, *Doctrine du droit,* § 61, Pléiade, tome III, p. 624 ; AK, VI, 350. Le texte allemand dit : *So ist der ewige Friede freilich eine unausführbare Idee.*

41. En forgeant un néologisme, disons que les conditions de possibilité sont, ici comme dans toute l'œuvre de Kant, des conditions de « pensabilité ».

42. Kant, *Essai sur la paix perpétuelle,* Premier article définitif.

43. Kant, *Doctrine du droit,* § 61.

44. *Ibid.,* § 61, Pléiade, p. 625 ; AK, VI, 351.

45. *Ibid.*

46. Kant, *Doctrine du droit,* Conclusion : « Il ne doit y avoir aucune guerre », Pléiade, p. 628 ; AK, VI, 354.

les peuples sur la terre »[47] importe peu : les deux formulations signifient l'une et l'autre le caractère absolu et impérativement obligatoire des lois de la raison. Le statut philosophique de la paix est celui d'une Idée de la raison pratique.

Donc, travailler à la paix n'est ni énoncer les articles d'un plan de paix ni même les mettre en application — ce qui, nous l'avons vu, est anthropologiquement difficile et juridiquement douteux. Dans le monde de l'insociable sociabilité où les tendances belliqueuses s'entremêlent aux aspirations iréniques, l'Idéal d'une pacification universelle est un principe de réflexion, une *norme régulatrice* pour que les Etats, en se prêtant à « un commerce réciproque »[48], tendent *vers* une « union possible de tous les peuples »[49] et se rapprochent d'un véritable droit cosmopolitique grâce auquel leurs relations possibles seront régies par « certaines lois universelles ». Une telle Idée, qui correspond à la *civili*-sation des rapports internationaux, est, comme l'Idée d'une « Constitution politique en général », « sainte et irrésistible »[50] et, « s'il est vrai qu'aucun exemple dans l'expérience ne peut lui être adéquat, aucun ne la doit contredire en tant que *norme* »[51].

Ainsi, sur l'horizon d'espérance que le regard critique de Kant n'a jamais cessé de scruter, la paix se déchiffre comme un « besoin de la raison ». Elle est une Idée pure pratique, qui a le statut philosophique d'une exigence transcendantale. Comme l'est toute Idée, elle est « évidemment irréalisable ». C'est donc une erreur lourde d'en chercher la réalisation, c'est-à-dire l'accomplissement parfait, dans l'histoire, passée, présente ou à venir. Par conséquent, l'erreur est de croire qu'un « projet de paix perpétuelle », par ses articles, en puisse, dans l'empirie, programmer l'avènement et en garantir la perpétuité. De tels projets, dont la finalité est assurément généreuse, ont le tort de demeurer simplement pragmatiques : comme tels, ils transportent l'Idée de paix hors de son ordre. Parce que la paix perpétuelle est « le souverain bien politique »[52] et, en tant que telle, une fin sublime, leur faute est de phénoménaliser une exigence qui, certes, est une espérance, mais dont le sens ne se peut déchiffrer que sur l'horizon nouménal.

L'analyse kantienne éclaire d'une puissante lumière l'aspect fallacieux de la polémique qui, au XVIIIe siècle, opposa les « partis » iréniste et anti-iréniste. Tandis que les auteurs des projets de paix, sans s'interroger sur la question de savoir si la paix peut réellement advenir dans le monde des hommes, ont forgé des plans et des programmes pour l'instaurer, le parti anti-iréniste dénonçait sans

47. *Ibid.*, § 62 ; Pléiade, p. 625 ; AK, VI, 352. Il vaut mieux parler ici d'« union » (*Vereinigung*) que d'« unification » : en effet, eu égard au problème de la paix, il est manifeste que Kant préfère l'internationalisme à l'universalisme.

48. *Ibid.*, § 62, Pléiade, p. 626 ; AK, VI, 352.

49. *Ibid.*, § 62.

50. *Ibid.*, Appendice, Pléiade, p. 650 ; AK, VI, 372.

51. *Ibid.*

52. *Ibid.*, Conclusion, Pléiade, p. 630 ; AK, VI, 355.

aménité leurs chimères et leurs illusions. Or, le problème de la paix, en cela, était mal posé. « La question n'est pas de savoir, dit Kant, si la paix perpétuelle est quelque chose de réel ou de chimérique »[53]. Sur le plan théorique, une telle interrogation, précise-t-il, manque de pertinence parce qu'elle présuppose la possibilité de réaliser empiriquement cette fin qu'est la paix perpétuelle. Et même si, sur le plan pratique — que l'Idée de la raison pure pratique qu'est la paix nous invite à seul considérer — , lorsque les hommes s'efforcent, par leurs réformes et leurs institutions, de « mettre fin aux funestes menées guerrières », la réalisation de leur intention « devait demeurer à jamais un vœu pieux »[54], la maxime : « mettre fin à la guerre » reste pour eux le devoir d'agir d'après l'Idée de cette fin[55] comme si ce qui, sans doute, ne sera jamais, *devait être*.

La leçon de la philosophie critique est claire : en cette tâche in-finie qu'est la recherche de la paix, l'important est de ne point confondre le fait et la norme.

*

Deux siècles, depuis les réflexions de Kant sur la paix perpétuelle, ont passé. Aujourd'hui, tous les hommes de bon sens et de bonne volonté s'accordent à dire que, sous toutes ses formes, la guerre est un fléau et qu'il faut construire la paix. Cela paraît même un truisme. Mais c'est un truisme foncièrement problématique dont la problématicité, à raison des difficultés anthropologiques, juridiques et philosophiques qui s'accumulent en elle, loin de n'être qu'accidentelle, est essentielle. Entre l'illusion généreuse de la non-violence prônée par Tolstoï ou Gandhi, et le donné affligeant de l'universelle belligérance qui est la substance des philosophies tragiques, les « projets de paix perpétuelle » ont voulu, quatre siècles durant, élaborer des programmes de pacification du monde et des plans de construction juridique de la paix. Or, qui pourra nier que les conflits armés ensanglantent toujours le monde ? Certes, les guerres ont changé de forme : les conflits inter-étatiques sont moins nombreux ; la « guerre froide » entre les deux « blocs » qui se partageaient le monde après la Seconde Guerre mondiale, pour l'instant, a cessé. Mais les conflits ethniques, les rivalités d'intérêts, les luttes à motivation religieuse, la belligérance sournoise

53. *Ibid.*, Conclusion, Pléiade, p. 628 ; AK, VI, 354.

54. *Ibid.*, Conclusion, Pléiade, p. 629 ; AK, VI, 355.

55. Kant, qui craignait manifestement de n'être pas compris, avait prévenu : « Il va de soi que ce n'est pas le *fait d'admettre (suppositio)* comme possible la réalisation de cette fin, jugement purement théorique et de surcroît problématique, qui est pris là pour devoir, car il n'y a en cela (croire quelque chose) aucune obligation ; mais agir d'après l'Idée de cette fin, quand bien même il n'y aurait pas la moindre vraisemblance théorique pour qu'on puisse la réaliser, encore que l'impossibilité de sa réalisation ne puisse pas davantage être démontrée, voilà ce à quoi un devoir nous oblige ». *Doctrine du droit*, Conclusion, Pléiade, p. 628 ; AK, VI, 354.

des terrorismes... se multiplient sur tous les continents où ils sèment la détresse et la mort. Les projets de « paix perpétuelle » ont donc échoué. Et si les efforts du droit international ont engendré, en matière de communication, de commerce, de recherche scientifique, de santé... des résultats incontestablement bénéfiques, ils sont loin de pouvoir imposer silence aux armes. Sous leurs nouveaux visages, les guerres n'en sont pas moins des guerres dont, jusque dans les pays où le bonheur a encore une réalité, les puissances de destruction sont ressenties très douloureusement.

Le sophisme serait pourtant de conclure que la paix est une chimère ou n'est qu'un rêve. Par la nature des choses et en raison de la nature de l'homme, elle est, en même temps que l'exigence d'un devoir, la lumière d'un horizon d'espérance. Mais si, telle un phare, l'Idée de la paix indique à l'humanité le chemin de son devoir et l'éclaire de sa lumière pure, l'erreur est de croire qu'elle se réalisera définitivement quelque jour pour installer dans le monde « la paix perpétuelle ». Comme Sisyphe qui, toujours, roulera son rocher vers le haut de la montagne, les hommes, en cherchant la paix, sont voués à une tâche interminable.

Puissent-ils avoir, malgré tout, la noblesse de n'y point faillir.

II

Les réactions en Allemagne à la parution de *Zum ewigen Frieden*

JOHANN GOTTLIEB FICHTE

Présentation par Jean FERRARI

C'est à Leipzig en 1790, à son retour de Zürich où il avait exercé des fonctions de précepteur, que Fichte (1762-1814) commença à s'intéresser à Kant et il eut l'occasion, l'année suivante, alors qu'il occupait un nouveau préceptorat à Varsovie, de faire personnellement sa connaissance à Königsberg.

C'est dans cette ville que parut anonymement en 1792 son premier livre, *Versuch einer Kritik aller Offenbarung*. Le succès en fut tel que certains attribuèrent l'œuvre à Kant lui-même. Il accepta alors à Iéna le poste de professeur de philosophie que venait de laisser Reinhold, le disciple de Kant, et c'est là qu'il commença ses cours sur la *Wissenschaftslehre* et ses conférences publiques du dimanche matin sur la « destination du savant. » En 1795 il fonda avec Niethammer un journal philosophique auquel il consacra une part importante de son temps.

C'est précisément dans le premier fascicule du quatrième volume du *Philosophisches Journal einer Gesellschaft Teutscher Gelehrten*, édité par Friedrich Immanuel Niethammer, sous la rubrique de « *literarische Anzeige* » que parut, au commencement de 1796, le texte de Fichte, sans nom d'auteur, comme un compte rendu de l'opuscule de Kant publié à la Saint-Michel de l'automne précédent.

L'admiration qu'il portait à Kant, comme l'objet de ses propres recherches, le destinait tout naturellement à cette tâche. Il avait commencé dans l'été 1795 à travailler à son « *Droit naturel selon les principes de la Wissenschafslehre.* » Il ne pouvait donc s'agir d'un simple compte rendu de l'opuscule kantien mais d'une discussion des thèses kantiennes à la lumière de ses propres recherches, d'une comparaison entre les principes de Kant sur le droit et ceux de son système de droit naturel, annonçant son « *Grundlage des Naturrechts* » de 1796.

Toutefois, le texte de Fichte commence comme un véritable compte rendu, indiquant d'abord l'importance de l'opuscule kantien, qu'il ne faut pas considérer dans son affirmation principale comme « un vœu pieux » ou comme « le beau rêve d'esprits philanthropiques » mais, dit-il, « comme une fin de la nature et une exigence de la raison. » En ce sens l'opuscule est inséparable des résultats de la philosophie kantienne du droit, ce qui donne son titre à la recension.

Fichte énonce ensuite, dans l'ordre même de l'opuscule kantien et sans véritable commentaire, les articles préliminaires contenus dans la première section. C'est à partir de l'examen de la deuxième section qui contient les articles définitifs que Fichte se permet, dit-il, de rappeler sa propre conception du droit naturel « à partir des principes indépendants des principes kantiens connus à ce jour, qui lui ont permis de parvenir à ces résultats et aux résultats kantiens qu'on lira plus loin. » L'accord avec Kant sur les résultats est donc relevé, mais Fichte juge plus claire et plus convaincante la voie qu'il a suivie et qu'il rappelle brièvement ici. S'il n'y a pas d'hommes en dehors de la société, il n'y a pas de société sans le Droit dont la finalité est de permettre à chacun d'exercer sa liberté sans nuire à autrui. Si donc le groupe est la condition d'accès de l'homme à l'humanité, il ne peut subsister qu'à travers une communauté d'êtres libres réunis sous une loi qui institue une limite à la liberté de chaque membre pour qu'elle soit compatible avec la liberté de tous. L'assurance de cette réciprocité est donnée par une déclaration qui constitue une adhésion à cette communauté politique dotée d'une force de contrainte destinée à empêcher qu'on enfreigne la loi. Rejoignant ici Kant, Fichte remarque que dans les trois domaines du droit civil, du droit des gens et du droit cosmopolitique, il n'y a de droit que « sous l'égide d'une loi positive ou d'une autorité. »

A propos du *Premier article définitif* selon lequel : « La condition civile de chaque Etat doit être républicaine », Fichte reproche à Kant de ne pas avoir, avec assez de précision, distingué le pouvoir législatif et le pouvoir exécutif, et il expose sa propre conception qui revient à suggérer la création d'un organe distinct du pouvoir exécutif qu'il nomme « éphorat », chargé d'inviter le peuple à constituer un tribunal « chaque fois que la liberté et le droit sont menacés. »

L'ensemble de ces remarques comme celles qui suivent, sur les *deuxième et troisième articles définitifs*, insistent sur le rôle essentiel de la Raison pure qui est le garant de l'établissement de la paix perpétuelle. Toutefois, Fichte remarque que, dans l'état actuel des choses, contrairement à ce que l'on imaginerait comme l'intérêt bien compris des peuples, la guerre l'emporte sur la paix : c'est que, pense-t-il, « les avantages que procure le désordre doivent encore globalement l'emporter sur ceux qu'apporte l'ordre » et que l'inégale répartition des richesses à l'intérieur des Etats pousse ceux-ci à chercher en dehors de leurs frontières. Toutefois, deux phénomènes nouveaux suscitent l'espoir : la république nord-américaine et la grande république des Etats européens. A partir de ceux-ci et sur leur modèle se façonneront les nouveaux rapports entre les Etats, idée que Kant développe lui-même à plusieurs reprises. Bien loin donc de considérer comme utopique l'idée de la paix perpétuelle, Fichte en conçoit la réalisation comme l'accomplissement d'un des desseins les plus forts de la Raison pure qui inspire l'histoire humaine.

JOHANN GOTTLIEB FICHTE

« Vers la paix perpétuelle »
Un essai philosophique d'Emmanuel Kant
(Königsberg, chez Nicolovius 1795)[1]

Traduction de Marie-Claire MERY[*]

Le nom d'un grand auteur, l'intérêt manifesté pour les événements politiques du présent et de l'avenir immédiat, les divergences d'opinion dans les jugements émis à leur sujet, le désir de savoir quel regard ce grand homme porte sur les événements, et qui sait quel autre motif encore — pour toutes ces raisons, tous ceux qui aiment la lecture ont sans aucun doute déjà eu depuis longtemps cette œuvre en mains. Et notre article, s'il ne voulait qu'informer les lecteurs de ce journal de l'existence de cet écrit, arriverait sans doute trop tard pour la plupart d'entre eux. Mais précisément le fait que cet écrit réponde aux intérêts du moment, la facilité et l'aisance de l'exposé, ainsi que la modestie avec laquelle l'auteur développe des idées sublimes et de portée générale, voilà qui pourrait amener certains des lecteurs à négliger l'importance de cette œuvre — importance à notre avis primordiale —, et à ne considérer son idée centrale que comme un vœu pieux, une proposition sans lendemain, un beau rêve pouvant tout au plus servir à distraire agréablement, le temps d'un instant, les esprits philanthropiques. Qu'il nous soit permis d'attirer l'attention sur le fait que cette idée centrale pourrait pourtant bien être plus que cela ; que peut-être on pourrait démontrer à son sujet — et avec la même rigueur qu'au sujet d'autres dispositions primitives — qu'elle se fonde dans l'essence de la Raison, que c'est la simple Raison qui exige sa réalisation et donc qu'elle fait partie des fins de la nature, fins que l'on peut retarder mais non réduire à néant. Qu'il nous soit aussi permis de remarquer que cet écrit — même s'il ne contient pas toujours tous les fondements de la philosophie kantienne du droit — en renferme du moins l'intégralité des résultats ; et c'est dans ce sens qu'il est de toute première importance, aussi d'un point de vue scientifique.

1. V. *Zum ewigen Frieden — Ein philosophischer Entwurf von Immanuel Kant. Königsberg, bei Nicolovius. 1795.* In : Johann Gottlieb Fichte : *Werke 1794-1796, Gesamtausgabe der Bayerischen Akademie der Wissenschaften*, hrsg. von Reinhart Laut und Hans Jacob, Bd. I, 3, Stuttgart — Bad Cannstatt 1966, p. 221-228.

* Avec le concours de Joachim Kopper.

Première section
Articles préliminaires en vue de la paix perpétuelle
entre les Etats

1. « Aucune conclusion de paix ne doit valoir comme telle, si une réserve secrète donne matière à une guerre future » ; ni aucun traité dans lequel la raison déjà connue ou inconnue d'une guerre future n'est pas en même temps annulée. En outre, il n'y aurait pas conclusion de la paix, mais seulement d'un cessez-le-feu, dit Kant. Cela est contenu dans le concept de *paix*. L'auteur de ce compte rendu croit que par là, les contractants, du fait qu'ils concluent un contrat, s'établissent de toute façon dans un rapport juridique l'un envers l'autre ; et ils ne s'entendent pas par ce traité seulement sur ce qui jusque là était en litige, mais sur tous les droits que chacun s'attribue au moment de la conclusion de la paix. Les parties se concèdent l'une l'autre tacitement ce à propos de quoi il n'y a pas opposition expresse (mais ce par quoi néanmoins la paix serait supprimée).

2. « Aucun Etat indépendant (petit ou grand, cela est indifférent ici) ne doit être », selon Kant, « acquis par un autre Etat à la faveur d'un échange, d'un achat ou d'un don » — parce que cela, tout comme l'engagement des troupes d'un Etat envers un autre, contrevient en somme, dit Kant, au contrat civique ; et c'est *en soi* évident si l'on se rapporte au but poursuivi de la paix perpétuelle, parce que cela a été et sera continuellement la source nécessaire de nombreuses guerres.

3. « Avec le temps, les armées permanentes devront disparaître totalement » — parce qu'elles brandissent constamment la menace de la guerre et que la constitution, l'augmentation et la conservation de celles-ci sont souvent même une cause de guerre.

4. « On ne doit pas faire de dettes touchant aux querelles extérieures de l'Etat » — il faut les interdire parce qu'elles sont le *moyen de faciliter les guerres*, tout comme les armées permanentes —, également à cause de la possibilité de banqueroute pour l'Etat, à un certain moment inévitable.

5. « Aucun Etat ne doit s'immiscer par la violence dans la constitution et le gouvernement d'un autre Etat » — par exemple sous le prétexte du scandale. C'est en tout cas, pour Kant, un *scandalum acceptum*, et l'ingérence étrangère est elle-même un grand scandale.

6. « Aucun Etat en guerre avec d'autres ne doit se permettre des hostilités telles qu'elles rendraient impossible la confiance réciproque dans la paix future, comme le sont le *recrutement d'assassins, d'empoisonneurs, la violation de la*

capitulation, l'instigation à la trahison dans l'Etat avec lequel on est en guerre » etc... —, parce que cela rend la paix impossible et que cela entraîne un *bellum internecinum*.

Incidemment Kant attire notre attention sur le concept de *lex permissiva.* Elle n'est possible pour lui que du fait que la loi ne se rapporte pas à certains cas ; — d'où, comme le croit l'auteur de ce compte rendu, l'on aurait pu voir que la loi morale, cet impératif *catégorique*, *ne* peut *pas* être la source du droit naturel puisque ses commandements sont sans exception et absolus ; le droit naturel donne seulement des *droits* dont on peut ou non se servir. Ce n'est pas le lieu ici de s'étendre davantage sur ce sujet.

Deuxième section contenant les articles définitifs en vue de la paix perpétuelle entre les Etats. — Tout est construit sur les principes, déjà établis autrefois par Kant, qui n'ont pas provoqué un mince scandale, et dont les prémisses, ici aussi, ne sont indiquées que par de brèves allusions : « *tous les hommes qui peuvent agir les uns sur les autres de manière réciproque doivent appartenir à une constitution civile quelconque.* » « Chacun a le droit de traiter en ennemi celui qu'il a exhorté à cette fin, aussi sans que celui-là même ne l'ait auparavant offensé. » Qu'il soit permis à l'auteur de ce compte rendu — qui, dans ses observations sur le droit naturel, à partir de principes indépendants des principes kantiens connus à ce jour, est parvenu à ces résultats et aux résultats kantiens que l'on lira plus loin, qui a trouvé la preuve de ceux-ci et les a aussi exposés publiquement avant qu'il n'ait eu ce livre entre les mains —, qu'il soit donc permis à cet auteur d'ajouter quelques mots pour adoucir un peu, dans un premier temps, l'étonnement que ces principes ne sauraient manquer de susciter vu la façon actuelle de penser. — C'est dans la mesure seulement où les hommes sont conçus en relation les uns avec les autres qu'il peut être question de droits ; et hors d'une telle relation qui, conformément au mécanisme de l'esprit humain, existe toutefois d'elle-même sans qu'on y prenne garde, parce que les êtres humains ne peuvent absolument pas être isolés, et qu'aucun être humain n'est possible si plusieurs ne se trouvent rassemblés, un droit n'est rien. Comment des hommes libres peuvent-ils, en tant que tels, demeurer ensemble ? C'est là la suprême question de droit. La réponse est la suivante : c'est possible si chacun limite sa liberté de telle sorte que celle des autres puisse coexister avec la sienne. La validité de cette loi est par conséquent conditionnée par le concept d'une communauté d'êtres libres ; elle cesse là où cette communauté n'est pas possible, elle cesse à l'égard de tout homme qui ne s'intègre pas dans une telle communauté, et quiconque ne se soumet pas à cette loi ne s'y intégrera pas. Un tel être humain n'a par conséquent absolument aucun droit, il est en dehors du droit. — Tant que les hommes vivent les uns à côté des autres, sans agir les uns sur les autres autrement qu'en prenant connaissance les uns des autres, il est problématique pour l'un et l'autre de savoir s'ils se soumettent ou non dans leur cœur à cette loi. Puisque chacun peut supposer que l'autre est tout aussi bien dans le premier cas que dans le second, il ne peut jamais être en sûreté face à lui ; ne serait-ce déjà pour la simple raison que l'autre sait tout aussi peu si le premier se soumet à la loi et possède donc des droits, ou s'il est en dehors du droit. Chacun doit avoir à cœur de déclarer à l'autre qu'il reconnaît la loi du droit, de s'assurer pour sa part que l'autre agit de même ; et puisque personne ne peut faire confiance à l'autre, de lui en *demander la garantie*. Cela n'est possible que si les êtres humains sont réunis au sein d'une communauté politique dans laquelle on empêche chacun, par la contrainte, d'enfreindre le droit. Celui qui n'accepte pas cette proposition déclare par là qu'il ne se soumet pas à la loi du droit, et il est totalement exclu du droit.

« Mais toute constitution de droit est donc, » (selon Kant), « en ce qui concerne les personnes qui en relèvent, celle qui est conforme 1. au *droit civil* des hommes dans un peuple (*jus civitatis*) ; 2. au *droit des gens* des Etats dans leurs rapports mutuels (*jus gentium*) ; 3. au *droit cosmopolitique*, dans la mesure où hommes et Etats, qui sont dans des rapports d'influence extérieure réciproque, doivent être considérés comme des citoyens d'un Etat universel des hommes (*jus cosmopoliticum*). »

Comme chacun pourra en conclure facilement, il n'existe par conséquent, selon la théorie de Kant, absolument pas de droit naturel à proprement parler, ni non plus aucun rapport de droit entre les hommes, si ce n'est sous l'égide d'une loi positive ou d'une autorité ; et exister au sein d'un Etat est le seul véritable état de nature de l'homme : — ce sont là des affirmations que l'on peut démontrer sans contradiction si l'on déduit bien le concept du droit.

Premier article définitif. « *La constitution civile de chaque Etat doit être républicaine.* » — Cette constitution est pour Kant la seule constitution de droit, conformément au droit civil, et entraîne la paix perpétuelle qu'exige le droit des gens : en effet, on ne peut s'attendre à ce que les citoyens décident de s'infliger les épreuves de la guerre, épreuves qu'un monarque décide si facilement de leur infliger sans que lui-même ne subisse de ce fait la moindre perte. Il faut bien, selon Kant, distinguer entre *république* et *démocratie*. Pour lui, cette dernière correspond à la constitution dans laquelle le peuple en personne exerce le pouvoir exécutif et se donc trouve être juge et partie, ce qui est de toute évidence une forme de gouvernement illégitime. Le républicanisme, c'est la constitution selon laquelle il y a séparation entre pouvoir législatif et pouvoir exécutif (que celui-ci soit entre les mains d'une personne ou de plusieurs) et donc introduction du système de la représentation.

Il a semblé à l'auteur de ce compte rendu que la séparation du pouvoir législatif et du pouvoir exécutif, telle qu'elle est proposée par Kant, n'est jamais déterminée avec une précision suffisante, et qu'elle est au moins susceptible d'engendrer mainte interprétation erronée. L'auteur croit que le pouvoir qui doit être opposé au pouvoir exécutif peut être déterminé plus précisément. Si tant est qu'il lui soit permis d'ajouter à l'exposé kantien le sien propre, voici comment il a établi les faits : — La loi suprême du droit est donnée par la Raison pure —, il s'agit pour chacun de limiter sa liberté de telle sorte qu'autour de lui tous les autres puissent aussi être libres. Les parties en présence doivent s'entendre sur l'*étendue* de la liberté de chacun, et donc sur la propriété au sens le plus large du terme. La loi est seulement *formelle — elle prescrit que* chacun doit limiter sa liberté, mais elle n'est pas *matérielle* — elle ne prescrit pas *dans quelle mesure* chacun doit le faire. C'est sur ce point que les parties doivent s'entendre. Mais la loi exige que chacun déclare quelque chose à ce sujet.

La formule suprême de toutes les lois pénales possibles est également donnée par la Raison pure : chacun doit mettre en jeu exactement la part de liberté qu'il est tenté de léser chez autrui. Le nombre des personnes qui s'associent dans l'Etat, le territoire qu'elles occupent et les ressources qu'elles cultivent donnent donc toujours à l'Etat qu'elles érigent sa loi positive ; et quiconque sera en possession de ces données pourra énoncer la loi positive qui s'applique à ces personnes. Tous ceux qui désirent faire partie de cet Etat déterminé s'engagent à reconnaître cette loi particulière, et il n'est pas besoin ici de compter les voix. Chacun n'a qu'à dire : je veux entrer dans cet Etat ; et ainsi, il a tout dit. La communauté ne doit pas exercer elle-même directement le droit coercitif car elle serait de ce fait juge et partie, ce qui n'est jamais licite. Elle doit par conséquent déléguer l'exercice de ce pouvoir soit à une personne particulière, soit à l'ensemble d'un corps ; et ce n'est qu'après cette séparation qu'elle devient un peuple (*plebs*).

Ce corps exécutif ne doit être contraint à rien d'autre qu'à faire exécuter ce qui est conforme au droit. C'est là sa *responsabilité*, et c'est à lui, comme il convient, de décider des applications générales et particulières de la règle du droit aux cas particuliers. Il est impossible de faire appel contre lui ; toutes les personnes privées lui sont soumises sans exception, et toute opposition manifestée à son égard n'est que rébellion. Seul le peuple est juge de la façon dont le droit est administré, et il doit tout simplement se réserver le droit d'en juger. Mais aussi longtemps que ce corps est en possession de son pouvoir, il n'y a pas de peuple, il n'y a qu'une masse de sujets ; et aucun individu ne peut dire : « le peuple doit se déclarer en tant que tel », sans se rendre coupable de rébellion, et le pouvoir exécutif ne dira jamais cela. Le peuple ne pourrait se constituer que lui-même mais il ne peut se constituer s'il n'*existe* pas. Il faudrait par conséquent que soit adjoint au pouvoir exécutif un autre organe, un *éphorat*, qui ne serait pas là pour *juger* le pouvoir exécutif mais pour *appeler le peuple*, sous sa propre responsabilité, *à se constituer en tribunal* chaque fois que la liberté et le droit lui semblerait menacés.

Deuxième article définitif. « Le droit des gens doit être fondé sur un *fédéralisme* d'Etats libres. » — Il n'y a pas de droit international en vue de la guerre. Le droit, c'est la paix. La guerre n'est en aucun cas un état de droit ; si l'on pouvait maintenir l'état de droit, il n'y aurait pas de guerre. — Nous nous contenterons ici, comme Kant, de brèves indications. Il n'a sans doute jamais existé d'alliance de mots plus insensée que l'expression de « *droit de la guerre* ».

Pour que les Etats, dans leurs relations réciproques, sortent de l'état sans loi qu'est la guerre, il ne peut, selon Kant, y avoir pour eux d'autre moyen que celui qui existe pour les individus : il faut que ceux-là, tout comme ceux-ci, se réunissent dans un Etat civil, qu'ils se réunissent en un Etat des peuples dans lequel leurs querelles seront tranchées selon des lois positives. — Cela relève à vrai dire de la décision de la Raison pure, et l'alliance des peuples que propose Kant pour maintenir la paix est seulement un état intermédiaire que l'humanité, en vue de ce grand dessein, pourrait bien devoir traverser ; de même que sans aucun doute les Etats ne sont eux aussi d'abord nés que du fait d'alliances défensives contractées entre des individus isolés.

Troisième article définitif. « Le *droit cosmopolitique* doit », pour Kant, « se restreindre aux conditions de l'*hospitalité* universelle ; » — c'est-à-dire au droit pour tout homme de ne pas être traité en ennemi pour la seule et unique raison qu'il arrive sur le sol d'un autre Etat ; ce que néanmoins l'Etat, conformément aux principes du seul droit de l'Etat, aurait parfaitement le droit de faire.

Annexe. De la garantie de la paix perpétuelle — Si nous parvenons néanmoins à démontrer (et cela se démontre) que l'idée de paix perpétuelle, en tant que tâche à réaliser, se fonde dans la Raison pure : qui peut donc nous assurer que cette idée deviendra plus qu'un simple concept, qu'elle sera réalisée dans le monde sensible ? La Nature elle-même, répond Kant, grâce à la liaison entre les choses issue de son propre mécanisme. La Nature avait à se fixer trois sortes de fins selon les trois formes des rapports juridiques.

En tout premier lieu, je citerai la fin suivante, conformément au postulat du droit civil : il faut pousser les individus à s'associer dans des Etats. Même si les dissensions internes n'y parvenaient pas, la guerre venue de l'extérieur, qui fait également partie du plan de la Nature, aurait contraint les hommes à unir leur pouvoir. Que la forme de cette union se rapproche de plus en plus de la seule forme conforme au droit et à la Raison, cela s'explique par ce qui pèse sur tous les hommes à cause de l'injustice et la violence, si bien que les hommes seront enfin contraints, par intérêt propre, de faire ce qui est conforme au droit.

Je nommerai *ensuite*, conformément au postulat du droit des gens, cette fin : il faut séparer les peuples les uns des autres, ce qui a été favorisé par la diversité des langues et des religions, ce qui certes doit nécessairement, au début, entraîner la guerre, mais pourtant mener finalement à une paix durable grâce à l'équilibre ainsi réalisé. C'est à cette fin aussi que contribue *en troisième lieu* l'esprit de commerce qui fonde sur l'égoïsme une sécurité que le droit cosmopolitique aurait eu bien du mal à instituer.

Qu'il soit permis à l'auteur de ce compte rendu d'ajouter en guise d'explication comment il voit les choses. — L'insécurité générale qui accompagne toute constitution contraire au droit est néanmoins si pesante que l'on pourrait croire que les hommes, par intérêt propre, ce qui est le seul mobile incitant à se doter d'une constitution conforme au droit, se seraient depuis longtemps dotés d'une telle constitution. Jusqu'à présent, rien de tel ne s'est produit ; les avantages que procure le désordre doivent donc encore globalement l'emporter sur ceux qu'apporte l'ordre ; une partie considérable de l'humanité doit continuer à profiter de ce désordre général plutôt qu'à y perdre ; et ceux qui ne font qu'y perdre doivent pourtant continuer à nourrir l'espoir d'en profiter aussi un jour. Voilà ce qu'il en est. Nos Etats sont dans l'ensemble encore trop jeunes pour des Etats, les différents états et familles sont encore trop peu établis dans leurs rapports réciproques, et pour tous, il reste l'espoir de s'enrichir en spoliant les autres ; dans nos Etats, les richesses sont loin d'être toutes utilisées et réparties, et il reste bien des choses à convoiter et à occuper. Et enfin, si un jour les richesses intérieures venaient à s'épuiser, l'oppression de peuples et de continents étrangers ouvrirait, dans le commerce, une source abondante et intarissable de richesses. Tant qu'il en sera ainsi, l'injustice ne sera pas un fardeau assez pesant pour que l'on puisse compter qu'elle soit un jour abolie partout. Mais dès que la majorité accordera sa préférence à la conservation certaine de ce qu'elle a plutôt qu'à l'acquisition incertaine de ce que d'autres possèdent, on verra naître une constitution conforme au droit et à la Raison. Nos Etats devront bien finalement en arriver là. Les frictions continuelles entre les états et les familles doivent aboutir à une répartition équilibrée de la propriété rendant supportable la situation de chacun. Grâce à l'accroissement de la population et au développement de tous les secteurs de ressources, on doit enfin parvenir à découvrir et à répartir les richesses des Etats ; il faudra bien que l'arrivée de la civilisation chez les peuples et sur les continents étrangers amène enfin ceux-ci à ne plus être lésés quand ils font du commerce, et à ne plus se laisser réduire en esclavage, si bien qu'on verra également disparaître l'avantage de s'adonner au pillage. Deux phénomènes nouveaux dans l'histoire universelle garantissent que ce but sera atteint : l'existence, dans l'autre hémisphère[2], de la florissante République nord-américaine, à partir de laquelle l'esprit des Lumières et la liberté se répandront nécessairement dans les continents jusqu'ici opprimés ; et la grande République des Etats européens qui fait barrage à une invasion des peuples barbares dans les lieux façonnés par la civilisation comme jamais cela ne s'est produit dans le monde d'autrefois, garantissant ainsi aux Etats leur permanence, et par là aux individus à l'intérieur des Etats un équilibre qui ne s'acquiert qu'avec le temps. Ainsi peut-on s'attendre avec certitude à ce qu'un peuple pose pratiquement le problème — théoriquement si simple à résoudre — de la seule constitution conforme au Droit, et qu'il incite, par le spectacle de son bonheur, d'autres peuples à l'imiter.

C'est de cette façon que la nature favorise l'avènement d'une bonne constitution : mais dès que celle-ci se sera réalisée, il en résultera automatiquement, parmi les Etats organisés selon ces principes, l'établissement d'un rapport conforme au droit des gens, c'est-à-dire la paix perpétuelle, car la guerre ne pourrait pour eux que représenter une perte. En revanche, il ne faut pas songer atteindre la seconde fin avant d'avoir atteint la première ; en effet, un Etat injuste sur le plan intérieur sera nécessairement enclin à spolier ses voisins pour procurer quelque répit à ses citoyens saignés à blanc, et accéder à de nouvelles ressources.

L'appendice sur la *discordance entre la morale et la politique, eu égard au dessein de la paix perpétuelle*, contient une foule de vérités énoncées de façon pertinente et dont tout homme ayant à cœur la vérité et la droiture doit souhaiter qu'elles soient mûrement méditées.

---

2. Terme géographiquement inexact, mais employé par Fichte.

FRIEDRICH SCHLEGEL

Présentation par Jean FERRARI

Au moment où il écrit son *Essai sur le concept de républicanisme* Friedrich Schlegel (1772-1829) n'a que vingt-trois ans, et cette période de sa vie correspond encore aux années de formation ; il est alors passionné par la littérature et la philosophie grecques en même temps qu'il cherche à donner, à travers la revue *Athenäum* qu'il a fondée avec son frère aîné, Auguste Guillaume (1767-1845), un fondement théorique au mouvement romantique. Admirateur, comme beaucoup de ses contemporains, des principes démocratiques de la Révolution française, c'est apparemment l'opuscule de Kant *Zum ewigen Frieden* qui le conduit à écrire sur les questions politiques de son temps sans qu'il perde jamais de vue l'idéal de la cité grecque, auquel il souhaitait consacrer un ouvrage distinct de ses études sur la tragédie antique. Le concept de républicanisme semble permettre de rapprocher les Anciens et les Modernes et devient alors le centre des réflexions politiques de Schlegel qui se traduisent par deux textes principaux : le compte rendu de l'ouvrage de Condorcet, *l'Esquisse d'un tableau historique des progrès de l'esprit humain* (1795), et celui sur Kant. L'intention de Schlegel avait d'abord été de faire paraître son *Essai sur le républicanisme* dans le *Philosophisches Journal,* mais cette revue ayant déjà accueilli le compte rendu de Fichte dont l'appréciation à l'égard de Kant, malgré quelques réserves, avait été très positive, la publication avait paru peu souhaitable à l'éditeur. Schlegel se tourna alors vers Johann Friedrich Reichardt, directeur de la revue *Deutschland* qui publia le texte, dans le troisième volume de l'année 1796. Ce long texte ne saurait être considéré comme un simple compte rendu ou même une analyse critique de l'opuscule kantien, mais comme l'expression des réflexions personnelles de Schlegel, certes suscitées par la lecture de la première édition de *Zum Ewigen Frieden*, mais surtout inspirées par le républicanisme antique qu'il admire et qu'il ne cesse de comparer, implicitement ou explicitement, au républicanisme des Modernes.

Après un paragraphe d'éloges convenus et peu significatifs, Schlegel entre immédiatement dans le sujet en rappelant la définition que donne Kant du républicanisme dans l'explicitation du *Premier article définitif en vue de la paix perpétuelle* : la constitution républicaine de l'Etat est fondée sur la liberté de ses membres, leur dépendance commune à l'égard d'une même législation, leur égalité enfin comme citoyens devant la loi. Or d'emblée Schlegel conteste fortement ces affirmations de Kant qu'il juge mal fondées. En effet l'idée de constitution, contenant déjà celle de dépendance, ne saurait être caractéristique de la seule constitution républicaine, et la liberté et l'égalité étant à ses yeux des attributs négatifs, elles supposent un autre attribut qui serait positif et leur servirait de fondement. Schlegel suppose même un cercle vicieux dans la déduction qui conduit à la définition kantienne du républicanisme. « On doit donc déduire la nécessité pratique de la liberté et de l'égalité politiques à partir de l'affirmation pratique supérieure dont est tiré l'attribut positif du républicanisme. »

La définition kantienne de la liberté juridique est à son tour examinée et critiquée comme la forme minimale de la liberté civile, alors qu'il en existe une forme plus évoluée qu'il appelle « degré moyen », et une forme parfaite — et de fait inaccessible — dans laquelle la liberté politique serait en accord total avec la liberté morale. Une analyse semblable peut se faire à propos de l'égalité qui conduirait, dans sa perfection, à l'idée d'une république mondiale. De même, l'affirmation kantienne de la nécessité d'une distinction des pouvoirs et d'une représentation au sein de la constitution républicaine est relativisée par Schlegel, dans l'éloge qu'il fait de la dictature antique à ne pas confondre avec le despotisme : « le genre humain doit à cette intelligente invention grecque plusieurs des produits les plus magnifiques que le génie politique ait jamais créés. »

Dès lors la cause est entendue. Les vues de Kant sont insatisfaisantes et il faut tout reprendre à partir du commencement, c'est-à-dire au niveau des principes. Dès la page quatre où, pour ainsi dire, il donne congé à Kant, Schlegel l'exprime clairement : « en somme, l'auteur ne donne, ne serait-ce qu'allusivement, aucun *principe* de sa répartition des sortes et des composantes de l'Etat — on lira dans ce qui suit l'essai provisoire d'une *déduction du républicanisme* et d'une classification politique *a priori*, dont il me semble qu'il n'est pas tout à fait indigne de l'examen du lecteur. »

Cette déduction, Schlegel va l'établir *a priori*, à partir de principes déterminés par analogie avec les facultés humaines, dans une science générale de l'agir humain et de sa spécification dans des sciences plus particulières. Ainsi le principe : « le moi doit être » s'énonce ainsi déterminé : *la communauté des hommes doit être ou le moi doit être ouvert aux autres.* Cet impératif politique, comme l'impératif moral chez Kant, renvoie nécessairement, comme à son fondement, à l'existence d'une liberté politique qui s'exprime dans la volonté générale. Toutefois cette volonté générale n'existe, sous sa forme absolue, que comme une pure idée et doit se transformer, pour exister concrètement, en une volonté de la majorité, ce qui conduit Schlegel — contrairement à Kant — à lier nécessairement républicanisme et démocratie, récusant ici l'exclusion, commune à l'époque, des pauvres et des femmes du droit de vote. Par là Schlegel est conduit à donner au concept de peuple, et à celui du pouvoir politique du peuple qui ne saurait s'aliéner, une importance particulière qui le rapproche encore du modèle grec. Il montre, de bout en bout, le rôle que joue en ses développements l'archétype, non seulement du républicanisme antique, mais de ce qu'il appelle

« la communauté des mœurs. » A cet égard « la culture politique des Modernes », écrit-il, « comparée à celle des Anciens, n'en est qu'au stade de l'enfance ; et aucun Etat n'a atteint un quantum de liberté et d'égalité plus élevé que l'Etat antique. »

De ces analyses comme de celles du despotisme et de la tyrannie, il résulte que « l'Etat doit être républicain. » Mais les réponses à cet impératif peuvent se mesurer différemment selon qu'on utilise le critère de la perfection technique qui s'attache à la constitution et à la forme du gouvernement, ou celui de la valeur politique qui vise la réalisation d'une véritable communauté — celle-ci en son accomplissement ultime, réunirait, dans un conditionnement réciproque, l'exigence politique et l'exigence morale.

Après avoir considéré le républicanisme à l'intérieur des Etats, Schlegel va traiter, dans la dernière partie de son essai, du républicanisme des nations. Il le voit s'établir à travers un certain nombre d'étapes qui le rapprochent des propositions de Kant en vue de la paix perpétuelle, mais dont il conteste absolument la garantie par la Providence : « Les *lois de l'histoire politique* et les *principes de l'évolution politique* sont les seules données qui permettent de démontrer que "la paix perpétuelle n'est pas une idée creuse"... » Curieusement pour finir, Schlegel revient à des problèmes intérieurs aux Etats, et d'autres insuffisances ou erreurs kantiennes sont dénoncées qui tiennent pour l'essentiel à l'absence dans le texte kantien d'une vraie définition de la politique comme « science pratique qui a pour fondement et objet l'impératif politique » et de l'art politique, comme « la capacité de réaliser cet impératif. » Est évoqué enfin le problème de l'insurrection que Schlegel considère, ainsi que l'auteur anonyme du troisième texte présenté ci-après*, comme non absolument contraire au droit et non absolument incompatible avec la publicité, à l'inverse de ce que pensait Kant.

Les critiques adressées par Schlegel à Kant ne sont pas minces. Elles portent autant sur les fondements que sur les modalités de l'établissement d'une paix perpétuelle par la constitution de républiques à l'intérieur des Etats et de celle d'un Etat mondial ou d'une république universelle. Schlegel traite sans ménagement le plus illustre philosophe de son époque et fait preuve d'une assurance et d'une maturité peu communes. Kant relèvera, dans une note du *Nachlass*, la parution de l'essai de Schlegel. (*Refl.* 6340 ; AK 18 666 08). Celui-ci, dans son ensemble, relève du double intérêt de Schlegel pour l'antiquité classique et pour son temps, marqué par les événements de la France révolutionnaire. Il laisse aussi deviner la lecture de Rousseau et de Fichte. Mais d'une manière plus générale encore, cet essai constitue un exemple caractéristique de l'attention portée par le romantisme allemand aux questions sociales et politiques.

---

* Cf. *Infra*, p. 127 sq.

FRIEDRICH SCHLEGEL

Essai sur le concept de républicanisme,
rédigé à l'occasion de la publication de l'écrit de Kant
« Vers la paix perpétuelle »[1]

Traduction de Marie-Claire MERY[*]

L'esprit qui souffle dans *l'écrit de Kant « Vers la paix perpétuelle »* ne manquera pas de plaire à tous les amis de la justice ; et les nombreuses générations à venir ne pourront qu'admirer aussi dans ce monument le sublime esprit moral de cet homme sage et vénérable. L'exposé, plein d'audace et de grandeur, est sincère, sans prévention, et il est agrémenté de brillants traits d'esprit et d'une verve toute spirituelle. L'exposé regorge de pensées fertiles et de vues nouvelles sur la politique, la morale et l'histoire de l'humanité. Ce qui m'a éminemment intéressé, c'est l'opinion de l'auteur sur la nature du *républicanisme* et sur son rapport aux autres sortes et modalités d'Etat. L'examen que j'y ai consacré m'a amené à réfléchir de nouveau sur ce sujet. C'est là l'origine des remarques qui suivent.

« *Dans tout Etat, la constitution civile* », dit Kant p. 20[2], « *doit être républicaine.* — La constitution, instituée premièrement selon les principes de la *liberté* de chacun des membres d'une société (en tant qu'êtres humains), deuxièmement selon le principe de la *dépendance* de tous par rapport à une même législation commune (en tant que sujets), et troisièmement selon la loi de *l'égalité* de ceux-ci (en tant que citoyens), c'est la constitution *républicaine* ». Cette explication ne me paraît pas satisfaisante. Si la dépendance juridique est déjà présente dans le concept de constitution en général (p. 21, note),[3] elle ne peut pas représenter un attribut spécifique de la constitution républicaine. Puisqu'il n'est indiqué aucun principe pour la répartition des différentes sortes de constitutions en général, on peut se demander si le concept tout entier de

1. V. *Kritische Friedrich — Schlegel — Ausgabe*, hrsg. v. Ernst Behler unter Mitwirkung von Jean-Jacques Anstett und Hans Eichner ; 7. Bd., *Studien zur Geschichte und Politik*, Eingeleitet und hrsg. von Ernst Behler ; München — Paderborn — Wien 1966, p. 11-25.

* Avec le concours de Joachim Kopper

2. L'auteur fait référence à la première édition de l'écrit de Kant (*Zum ewigen Frieden. Ein philosophischer Entwurf von Immanuel Kant.* Königsberg, bey Friedrich Nicolovius, 1795). Nous indiquerons désormais les références correspondantes dans l'« Akademie-Ausgabe » (*Kant's Werke*, Bd. VIII, *Abhandlungen nach 1781)*, Berlin 1912, *Akad.-Ausg.*, p. 349.

3. *Ibid.*, p. 350, note.

constitution républicaine peut être rapporté de façon exhaustive aux deux attributs de liberté et d'égalité. Ni l'un ni l'autre de ces attributs ne sont des attributs positifs, ce sont en fait des négations. Puisque chaque négation suppose une affirmation, et chaque condition quelque chose de conditionné, il doit nécessairement manquer dans la définition un autre attribut (et c'est même le plus important, celui qui contient le fondement des deux autres). La constitution d'un régime despotique ignore ces attributs négatifs (de liberté et d'égalité). C'est donc qu'elle doit différer de la constitution républicaine à cause d'un attribut positif. Nous supposons, sans le démontrer, que républicanisme et despotisme ne sont pas des formes d'Etat mais des formes de constitution ; nous n'expliquerons pas non plus ce qu'est une constitution. — La déduction évoquée ici et définissant ainsi le républicanisme est tout aussi peu satisfaisante que la définition qui en est donnée. Il semble du moins que soit affirmé p. 20[4] : la constitution républicaine est pratiquement nécessaire pour la raison qu'elle est la seule qui émane de l'idée de contrat originel. Mais sur quoi se fonde-t-elle donc, si ce n'est sur les principes de liberté et d'égalité ? N'est-ce pas un cercle vicieux ? — Toutes les négations sont les limites d'une affirmation, et la déduction de leur validité est la preuve que l'affirmation supérieure dont est déduite l'affirmation limitée par elles, sans cette condition, s'annulerait elle-même. On doit donc déduire la nécessité pratique de la liberté et de l'égalité politiques à partir de l'affirmation pratique supérieure dont est tiré l'attribut positif du républicanisme.

Expliquer la liberté juridique comme l'autorisation de faire tout ce que l'on veut à condition de ne faire de tort à personne : c'est pour l'auteur une tautologie vide de sens, et il explique au contraire qu'elle est « l'autorisation de n'obéir à aucune autre loi extérieure que celles auxquelles l'individu a pu donner son assentiment. » — Les deux explications me semblent justes, mais seulement sous réserves. La liberté civile est une *idée* qui ne peut être réalisée que par une approche infiniment progressive. De même que dans toute progression il y a un terme premier, un terme ultime et des termes moyens, il y a dans la progression infinie vers cette idée un minimum, un terme moyen et un maximum. L'explication kantienne contient le *minimum en fait de liberté civile*. Le *degré moyen* de liberté civile, c'est l'autorisation de n'obéir à d'autres lois extérieures qu'à celles qu'a de fait voulues la majorité (représentée) du peuple et que pourrait vouloir la totalité du peuple (telle qu'on l'a pensée). Le *maximum* de liberté civile (du reste inaccessible), c'est l'explication précédemment rejetée, qui ne serait une tautologie que si elle parlait de liberté morale et non pas de liberté politique. La liberté politique suprême serait en adéquation avec la liberté morale qui, entièrement indépendante de toutes les lois coercitives extérieures,

4. *Id.*, p. 349.

est limitée uniquement par la loi morale. De même, ce que Kant déclare comme l'égalité juridique extérieure en général n'est que le degré minimum dans la progression infinie vers l'idée inaccessible *d'égalité politique*. Le *degré moyen* est atteint quand il n'existe aucune autre différence dans les droits et les devoirs des citoyens que celle que la majorité du peuple a voulue de fait et que le peuple dans sa totalité pourrait vouloir. Le degré maximum serait une égalité absolue des droits et des devoirs des citoyens et mettrait donc fin à toute domination et toute dépendance. — Mais ces concepts corrélatifs ne sont-ils pas les attributs essentiels de l'Etat en général ? — Supposer d'emblée que la volonté des citoyens ne concordera pas pour chacun d'eux avec la volonté générale, voilà l'unique fondement de la *domination* et de la *dépendance politiques*. Si répandues que soient celles-ci, rien n'empêche que leur contraire soit pour le moins concevable. En outre, elles sont seulement une condition empirique, permettant certes de déterminer plus précisément le pur concept d'Etat, mais ne pouvant, justement pour cette raison, être elles-mêmes un attribut du concept pur. Le concept empirique suppose un concept pur, le concept plus déterminé suppose un concept moins déterminé à partir duquel il a d'abord été déduit. Il n'est donc pas vrai que *chaque* Etat (p. 30)[5] renferme le rapport d'un supérieur à un inférieur, cela n'est vrai que pour l'Etat empiriquement conditionné par cette donnée factuelle. On peut cependant concevoir un *Etat des peuples* sans ce rapport de domination et sans que les différents Etats doivent se fondre en un seul Etat : on aurait alors une société non pas déterminée par une intention particulière, mais une société tendant vers un but indéterminé (conforme à cette fin non pas hypothétiquement mais thétiquement) assurant la liberté des individus et l'égalité de tous au sein d'une majorité ou d'une masse de peuples politiquement autonomes. L'idée d'une *République mondiale* est valide sur le plan pratique et elle est d'une importance caractéristique.

Les *détenteurs* du pouvoir de l'Etat (p. 25)[6], le nombre des gouvernants, peuvent alors seulement être un principe de répartition, lorsque non pas la volonté générale mais une volonté individuelle est le fondement des lois civiles (dans le despotisme). — Comment l'affirmation selon laquelle « le républicanisme est le principe politique de la séparation du pouvoir exécutif et du pouvoir législatif » s'accorde-t-elle avec la définition donnée en premier et avec la phrase énonçant « que le républicanisme est seulement possible par la représentation » (p. 29) ?[7] — Si la totalité du pouvoir de l'Etat n'était pas entre les mains de représentants du peuple mais qu'il fût partagé entre un souverain héréditaire et une noblesse héréditaire — celui-là possédant le pouvoir exécutif et celle-ci le pouvoir législatif —, la constitution, si l'on fait abstraction de cette

5. *Id.*, p. 354.
6. *Id.*, p. 353.
7. *Id.*, p. 353.

séparation, ne serait pas représentative et donc (selon la propre explication de l'auteur) despotique, puisque de toute façon le caractère héréditaire des charges de l'Etat (p. 22, 23, note)[8] est incompatible avec le républicanisme. — Le législateur, celui qui possède le pouvoir exécutif (et le juge) sont certes des personnes *politiques* tout à fait différentes (p. 26),[9] mais il est physiquement possible qu'une personne *physique* puisse réunir ces différentes personnes politiques. Il est également *politiquement possible*, c'est-à-dire, qu'il n'est pas contradictoire que la volonté générale du peuple décide de remettre pour un temps déterminé tout le pouvoir de l'Etat à une seule personne (mais sans le lui céder). Il est irréfutable que la séparation des pouvoirs est la règle de l'Etat républicain ; mais l'exception à cette règle, la *dictature*, me paraît pour le moins possible. (Sa remarquable utilité est évidente, en premier lieu quand on considère l'histoire des Anciens. Le genre humain doit à cette intelligente invention grecque plusieurs des produits les plus magnifiques que le génie politique ait jamais créés). Mais la dictature est nécessairement un *état provisoire* : car si tout le pouvoir était transmis pour un temps indéterminé, il ne s'agirait plus là de représentation mais de cession du pouvoir politique. La *cession de la souveraineté* est toutefois politiquement impossible : car la volonté générale ne peut pas se détruire elle-même par un acte de la volonté générale. Le concept d'une *dictatura perpetua* est par conséquent aussi contradictoire que celui d'un cercle carré. — Mais la dictature provisoire est une *représentation politiquement possible* — donc une *forme républicaine*, par essence différente du despotisme.

En somme, l'auteur ne donne, ne serait-ce qu'allusivement, aucun *principe* de sa répartition des sortes et des composantes de l'Etat. — On lira dans ce qui suit l'essai provisoire d'une *déduction du républicanisme* et d'une *classification politique a priori*, dont il me semble qu'il n'est pas tout à fait indigne de l'examen du lecteur.

Si l'on relie la thèse pratique la plus haute (laquelle fait l'objet de la science pratique fondamentale) à la donnée théorique de l'extension et de la diversité des facultés humaines, l'impératif pratique pur subit autant de modifications spécifiquement diverses que l'ensemble des facultés humaines renferme de facultés spécifiquement diverses ; et chacune de ces modifications est le fondement et l'objet d'une science pratique particulière. Du fait théorique qu'outre les facultés que possède chaque individu pris isolément, l'être humain — dans son rapport aux autres individus de son espèce — dispose de la *faculté de s'ouvrir aux autres* (dans l'activité de toutes ses autres facultés) ; du fait que les individus sont en permanence de fait soumis à la *condition* de l'*influence*

8. *Id.*, p. 350 s., note.
9. *Id.*, p. 352.

réciproque *naturelle*, ou qu'ils peuvent l'être, de ce fait, l'impératif pratique pur subit une *nouvelle modification spécifiquement différente* qui devient le fondement et l'objet d'une nouvelle science. Le principe « Le moi doit être » s'énonce ainsi déterminé : *la communauté des hommes doit être, ou le moi doit être ouvert aux autres*. Cette thèse pratique issue d'une déduction est le fondement et l'objet de la *politique*, terme qui pour moi ne recouvre pas l'art d'utiliser le mécanisme de la nature pour gouverner les hommes (p. 71)[10], mais terme que j'emploie ici (comme les philosophes grecs) pour désigner une *science pratique, au sens kantien* du terme, et dont l'objet est la *relation* entre les individus et les formes pratiques. Toute société humaine dont la fin est la communauté des hommes (qui est la fin en soi ou dont la fin est la société humaine) s'appelle un *Etat*. Mais comme le moi ne doit pas être seulement dans son rapport aux autres individus, mais qu'il doit être aussi, en chaque personne, un individu, et comme il ne peut être qu'à la condition de l'absolue indépendance de la volonté, on voit que la *liberté politique* est une condition nécessaire de *l'impératif politique* et un attribut essentiel du concept d'Etat : car sinon, l'impératif pratique pur, dont sont déduits l'impératif éthique ainsi que l'impératif politique, s'annulerait de lui-même. L'impératif éthique et l'impératif politique ne valent pas seulement pour tel ou tel individu mais pour *chacun* d'entre eux ; c'est pourquoi *l'égalité politique* est aussi une condition nécessaire de l'impératif politique et un attribut essentiel du concept d'Etat. L'impératif politique vaut pour *tous* les individus ; c'est pourquoi l'Etat renferme une *masse* ininterrompue, un *continuum* coexistant et successif d'êtres humains, la *totalité* de ceux qui sont soumis à une influence physique, par exemple la totalité des habitants d'un pays ou des descendants d'une tribu. Cet attribut est le *critère extérieur* par lequel l'Etat se distingue d'ordres ou associations politiques qui poursuivent des fins *spécifiques* et ne concernent donc que certains individus spécifiquement modifiés. Toutes ces sociétés ne renferment ni masse ni continuum global, elles relient seulement entre eux des membres isolés et dispersés. — L'égalité et la liberté exigent que la *volonté générale* soit le fondement de toutes les activités politiques particulières (pas seulement des lois mais aussi des jugements les appliquant, et de l'exécutif). Mais c'est justement en cela que réside le caractère du *républicanisme*. Le *despotisme* qui lui est opposé, et dans lequel la volonté privée contient le fondement de l'activité politique, ne serait donc nullement un Etat véritable ? Il en bien ainsi dans les faits, au sens le plus strict du terme. Mais puisque toute évolution politique doit trouver son origine dans une fin particulière, dans la force (cf. l'excellent développement p. 69)[11] et dans une volonté privée — dans le despotisme —, et donc puisque *tout gouvernement provisoire doit nécessairement être despotique* ;

10. *Id.*, p. 372.
11. *Id.*, p. 371.

puisque le despotisme usurpe l'apparence de la volonté générale et qu'il tolère la justice, du moins pour quelques cas civils ou criminels qui vont dans son intérêt ; puisqu'il se distingue de toutes les autres sociétés grâce à l'attribut de la continuité de ses membres, attribut propre à l'Etat ; puisque, outre sa fin particulière,[12] il favorise l'intérêt sacré de la communauté au moins incidemment, puisqu'il porte en lui, à son insu et bien malgré lui, le germe d'un Etat véritable et qu'il fait peu à peu mûrir le républicanisme : pour toutes ces raisons, on pourrait l'admettre comme *quasi-Etat*, non pas comme une forme véritable, mais comme une *forme dégénérée* d'Etat.

Mais comment le républicanisme est-il possible puisque la volonté générale en est la condition nécessaire, mais que la volonté générale absolue (et donc absolument constante) ne peut exister dans le domaine de l'expérience, et qu'elle n'existe que dans le monde des idées pures ? Le particulier et le général sont de toute façon séparés l'un de l'autre par une faille infinie que l'on ne peut franchir que par un saut mortel. Il n'y a pas d'autre moyen ici que d'admettre par une *fiction* une volonté empirique comme *succédané* de la volonté générale absolue pensée *a priori*, et puisque la résolution pure du problème politique est impossible, il faut se contenter de *l'approximation* que fournit ce x pratique. Puisque l'impératif politique est catégorique et qu'il ne peut être réalisé que de cette façon (par une approximation infinie), cette *fictio iuris* suprême est non seulement justifiée, mais aussi nécessaire pratiquement ; elle ne vaut pourtant que quand elle ne contredit ni l'impératif politique (sur lequel se fondent ses prétentions), ni les conditions essentielles de celui-ci. — Puisque toute volonté empirique est (selon l'expression d'Héraclite) emportée par *un flux constant*, et que la volonté générale absolue ne peut être trouvée dans *aucune* volonté empirique, l'arrogance du despotisme qui déclare sa volonté privée (paternelle ou divine) parfaitement adéquate à celle-ci, ne représente pas seulement le summum de l'injustice, mais constitue aussi une pure sottise. Mais aussi la fiction selon laquelle la volonté privée individuelle, celle par exemple d'une famille précise, doive valoir pour toutes les générations à venir comme succédané de la volonté générale, est contradictoire et caduque : car elle enlèverait à l'impératif politique (dont la condition essentielle est l'égalité) le fondement sur lequel elle s'appuie, s'annulant donc ainsi elle-même. La seule fiction politique valable est celle qui se fonde sur la loi de l'égalité : *la volonté*

12. (Note de l'auteur) « Tout Etat, qui poursuit une fin spécifique, est *despotique*, si innocente qu'apparaisse cette fin dans les premiers temps. Combien de despotes n'ont-ils pas pris cette fin de la *conservation physique* comme point de départ ? Mais une fois ce résultat atteint, cette fin a, *dans tous les cas*, dégénéré pour se transformer en oppression. Le philosophe pratique ne saurait être surpris par les conséquences effroyables qu'entraîne toute confusion, même née d'une bonne intention, entre le conditionné et l'inconditionné. Le fini ne peut usurper impunément les droits de l'infini. »

de la majorité doit avoir valeur de succédané de la volonté générale. *Le républicanisme est donc nécessairement démocratique*, et le paradoxe non prouvé (p. 26)[13] selon lequel le démocratisme est nécessairement despotique ne peut être juste. Il y a certes un *aristocratisme conforme au droit*, un *patriciat authentique* et complètement différent de la noblesse héréditaire insipide dont Kant a exposé de façon si satisfaisante l'absolue illégitimité (p. 22, 23, note)[14] : mais ils ne peuvent exister que dans une république démocratique. En effet, le principe qui consiste à déterminer la valeur des voix, non pas selon leur nombre, mais selon leur *poids* (en accord avec le degré d'approximation de chaque individu par rapport au caractère absolument général de la volonté) est fort bien compatible avec la loi d'égalité. Mais décider qu'un individu ne possède aucun libre arbitre, ou que sa volonté n'a aucun caractère général, ne doit pas être *présupposé* ; cela doit être authentiquement prouvé, comme on peut prouver chez une personne qu'elle manque de liberté pour cause de puérilité et d'exaltation, et prouver qu'elle manque de sens pour le général si elle a commis un *crime* ou si elle est entrée en contradiction directe avec la volonté générale. (La pauvreté et donc la corruptibilité *supposée* qui en découlerait, la féminité et donc la faiblesse *supposée* qui y serait liée ne sont sans doute pas des raisons légitimes d'exclure totalement tel ou tel du droit de vote. Si la fiction politique admettait qu'un individu soit *politiquement égal à zéro* ou qu'une personne soit une *chose*, elle empêcherait justement par là le contraire de la présupposition arbitraire et serait donc en désaccord avec l'impératif éthique, ce qui est impossible parce que tous deux se fondent sur l'impératif pratique pur. La volonté générale du peuple ne peut non plus jamais décider que les individus puissent juger de façon compétente du degré de généralité de leur propre volonté privée et qu'ils puissent avoir le droit de se constituer de leur propre chef en patriciens. La majorité du peuple doit avoir voulu le patriciat, elle doit avoir déterminé les privilèges de celui-ci ainsi que les personnes qui doivent être admises comme *nobles politiques* (ce sont les personnes dont la volonté privée s'approche excellemment de la volonté générale présomptive). Elle pourrait peut-être laisser les nobles élus participer dans une certaine mesure à l'élection des nobles à venir, toutefois avec la réserve d'en décider en dernière instance : car la souveraineté ne peut être cédée à autrui.

Mais une action politique de la majorité du peuple *en personne* est souvent impossible et presque toujours extrêmement néfaste. Tout peut aussi se passer très convenablement avec des députés et des commissaires. C'est pourquoi il est vrai que la *représentation politique* est un organe indispensable du républicanisme. — Si l'on sépare la représentation de la fiction politique, il

13. *Akad.-Ausg.*, p. 352.
14. *Ibid.*, P. 350 s., note.

peut y avoir, même sans représentation, un républicanisme (quoique techniquement extrêmement imparfait) ; si l'on comprend dans la représentation aussi la fiction, on a tort de dénier celle-ci aux républiques antiques. Leur imperfection technique est notoire. Les concepts généralement admis d'une corruption inévitable de par leur principe même sont d'autant plus confus, les jugements sur la valeur politique de ces admirables républiques, non seulement prétendues telles mais républiques authentiques, fondées sur la fiction valable de la totalité que donne la majorité de la volonté, sont d'autant plus erronés. Quant à la *communauté des mœurs*, la culture politique des Modernes, comparée à celle des Anciens, n'en est qu'au stade de l'enfance ; et aucun Etat n'a atteint un quantum de liberté et d'égalité plus élevé que l'Etat *attique*. La méconnaissance de l'évolution politique des Grecs et des Romains est la source d'une indicible confusion dans l'histoire de l'humanité, et elle nuit aussi beaucoup à la philosophie politique des Modernes qui, sur ce point, ont encore beaucoup à apprendre des Anciens. — Le prétendu manque de représentation n'est pas non plus absolument vrai. Le peuple attique ne pouvait pas non plus exercer le pouvoir exécutif en personne ; même à Rome, une partie au moins des pouvoirs législatif et judiciaire était assurée par des représentants du peuple (préteurs, tribuns, censeurs, consuls).

La force de la majorité du peuple, en tant que forme la plus proche de la totalité et succédané de la volonté générale, c'est le *pouvoir politique*. La classification suprême des phénomènes politiques (c'est-à-dire de toutes les manifestations de la force de ce pouvoir), comme celle de tous les phénomènes, est celle qui se fonde sur la distinction entre ce qui est *durable* et ce qui est *variable*. La *constitution* est l'ensemble des rapports permanents du pouvoir politique et de ses composantes essentielles. Le gouvernement en revanche est l'ensemble de toutes les manifestations de force transitoires du pouvoir politique. Les *composantes* du pouvoir politique se comportent, entre elles et par rapport à la totalité qu'elles constituent, comme les différentes composantes de la faculté de connaître se comportent entre elles et par rapport au tout qu'elles constituent. Le pouvoir *constituant* correspond à la raison, le pouvoir *législatif* à l'entendement, le pouvoir *judiciaire* à la faculté de juger et le pouvoir *exécutif* aux sens, à la faculté d'intuition. *Le pouvoir constituant est nécessairement dictatorial* ; car il serait contradictoire de vouloir faire dépendre le pouvoir d'établir des principes politiques — qui doivent d'abord contenir le fondement de toutes les autres décisions et de tous les autres pouvoirs politiques — justement de ceux-là ; et c'est pourquoi le pouvoir constituant est justement transitoire. En effet, sans *l'acte d'acceptation*, le pouvoir politique ne serait pas représenté, mais cédé, ce qui est impossible. — La constitution concerne la *forme de la fiction* et la *forme de la représentation*. Certes, dans le républicanisme, il y a seulement *un* principe pour la fiction politique, mais *deux directions* différentes de ce même principe ; et dans leur divergence la plus grande possible, il n'y a pas tant deux sortes pures que plutôt deux *extrêmes*, opposés l'un à l'autre, de la constitution républicaine : la forme *aristocratique* et la forme *démocratique*. Il y a un nombre infini de formes différentes de représentation (comme de mélanges de démocratisme et d'aristocratisme), mais il n'existe aucune forme pure et aucun principe de répartition *a priori*. La constitution est l'ensemble de tout ce qui est politiquement permanent ; puisque l'on classe un phénomène selon ses attributs permanents et non selon ses modifications transitoires, il serait insensé de classer le véritable Etat (républicain) d'après la forme de son gouvernement. — Dans le despotisme, il ne peut exister véritablement de constitution politique, il ne peut y avoir qu'une constitution *physique* : il n'existe pas de rapports entre le pouvoir politique et ses composantes essentielles — rapports qui doivent être absolument durables — mais des rapports qui sont relativement durables. Là où il n'existe pas de constitution politique, on peut classifier seulement la forme de gouvernement de façon dynamique ; car les modifications physiques ne donnent pas de classes pures. La seule classification pure est celle que fournit le *principe mathématique de la quantité numérique du personnel despotique*.

La seule qualité physiquement permanente du despotisme détermine la *forme dynamique* (et non politique) du *gouvernement despotique*. Il est *tyrannique*, *oligarchique* ou *ochlocratique*, selon qu'un *individu*, un *état* (ordre, corps, caste) ou une *masse* est au pouvoir. Quand *tous* sont au pouvoir (p. 25, 26)[15], qui donc est soumis à ce pouvoir ? — Du reste, le concept que donne Kant de la démocratie semble s'accorder avec celui de l'ochlocratie. L'*ochlocratie*, c'est le despotisme de la majorité sur la minorité. Le *critère* qui la caractérise, c'est une contradiction flagrante de la majorité, dans sa fonction d'agent de la fiction, avec la volonté générale dont elle doit être le succédané. Elle est, de toutes les non-formes politiques, le mal physique le plus grand — sans oublier toutefois la tyrannie : car les *Nérons* peuvent tout à fait se disputer le premier prix avec le *sans-culottisme* (p. 29).[16] En revanche, l'*oligarchie* — le despotisme des castes en Orient, le système féodal en Europe — est infiniment plus dangereux pour l'humanité : car c'est justement la lourdeur du mécanisme artificiel, tout en paralysant ce que l'oligarchie a de nuisible physiquement, qui lui donne une solidité colossale. La concentration des individus liés entre eux par un intérêt commun isole la caste du reste du genre humain et produit un « esprit

15. *Id.*, p. 352.

16. (Note de l'auteur) « Si c'était ici le lieu, il ne serait pas difficile d'expliquer pourquoi chez les Anciens l'ochlocratie s'est toujours transformée en tyrannie ; il ne serait pas non plus difficile de démontrer avec la plus grande évidence que chez les Modernes, l'ochlocratie doit se transformer en démocratisme, et donc qu'elle est moins dangereuse pour l'humanité que l'oligarchie. »

de corps »[17] tenace. Le traitement intellectuel infligé à la masse fait mûrir précocement l'art infernal de rendre impossible l'ennoblissement de l'humanité.

Le regard soupçonneux, l'oligarchie flaire chacune des avancées de l'humanité et les brise dans l'œuf. En revanche, la *tyrannie* est un monstre insouciant qui, le cas échéant, ne voit souvent pas éclore la liberté suprême et même la justice parfaite. La machine tout entière, mal assemblée, *dépend d'un seul ressort* ; et si celui-ci est faible, elle se désintègre au premier choc violent. — Quand la *forme de gouvernement* est *despotique*, mais que l'*esprit* est représentatif ou *républicain* (v. la remarque excellente p. 26)[18], on a une *monarchie*. (Dans l'ochlocratie, l'esprit du gouvernement ne peut pas être républicain, sinon la forme de l'Etat le serait nécessairement aussi. Dans l'oligarchie pure, l'esprit de l'état dominant doit être despotique si cette forme ne veut pas se transformer en un aristocratisme démocratique légitime ; l'esprit républicain de certains de ses membres ne sert à rien car c'est l'*état* en tant que tel qui est au pouvoir.) Le hasard peut transmettre le pouvoir despotique à un monarque juste. Celui-ci peut gouverner dans un esprit républicain et conserver pourtant à l'Etat sa forme despotique, quand par exemple le niveau de culture politique ou la situation politique d'un Etat rend tout à fait nécessaire un gouvernement provisoire (et donc despotique), et que la volonté générale elle-même serait en mesure d'approuver ce gouvernement. Le *critère* qui distingue la *monarchie* du despotisme, c'est qu'elle est la meilleure voie possible vers le républicanisme. Le degré d'approximation de la volonté privée du monarque par rapport à l'absolue généralité de la volonté détermine le degré de la perfection de la monarchie. La forme monarchique est ainsi tout à fait adaptée à quelques-uns des niveaux de culture politique, puisque ou bien le principe républicain en est encore au stade de l'enfance (comme dans les temps héroïques anciens), ou bien ce principe a complètement disparu (comme au temps des Césars romains) ; dans le cas rare mais pourtant attesté des *Frédéric* et *Marc-Aurèle*, la forme monarchique présente des avantages si grands et si évidents qu'on peut comprendre pourquoi elle a été et est encore la forme préférée de tant de philosophes politiques. — Mais selon l'excellente remarque de Kant (p. 28, note),[19] on ne doit pas associer l'esprit du gouvernement à la forme mauvaise (et non conforme au droit ; p. 22, 23, note)[20] de l'Etat.

N'est *sacré* que ce qui peut être enfreint à l'infini comme la liberté et l'égalité : il en est ainsi de la volonté générale. Je ne comprends donc pas comment Kant peut trouver insensé le concept de majesté du peuple. La *majorité*

17. En français dans le texte.
18. *Akad.-Ausg.*, p. 352.
19. *Ibid.*, p. 353, note.
20. *Id.*, p. 350 s., note.

du peuple, en tant que seul succédané valable de la volonté générale, est également sacrée dans cette fonction de fiction politique, et toutes autres dignité et majesté politiques ne sont que l'émanation du *caractère sacré du peuple*. Le sacro-saint *tribun*, par exemple, ne l'était qu'au nom du peuple, et non pas en son nom propre ; il représente l'idée sacrée de liberté seulement indirectement. Il n'est pas un succédané de la volonté générale sacrée, il en est seulement un représentant.

L'Etat doit être, et il doit être républicain. Les Etats républicains ont une valeur absolue du simple fait qu'ils tendent vers la bonne fin, celle qu'il faut tout simplement atteindre. De ce point de vue, ils se valent tous. Mais leur valeur peut être très différente selon le degré atteint dans la perspective de cette fin inaccessible. De ce point de vue, leur valeur peut être déterminée de deux façons différentes.

La *perfection technique* de l'Etat républicain comprend à la fois la perfection de la constitution et celle du gouvernement. La perfection technique de la constitution est déterminée par le degré d'approximation de la forme individuelle de sa fiction et de sa représentation par rapport à l'adéquation absolue (mais impossible) entre l'agent de la fiction et la réalisation de celle-ci, entre le représentant et ce qui est représenté. (Cela rejoint la remarque pertinente de la p. 27[21], dans la mesure où l'auteur englobe dans la représentation également la fiction. Puisse un homme politique pragmatique combler une lacune importante de la science en donnant une théorie sur les moyens d'accroître extensivement et intensivement fiction et représentation ! — La remarque de Kant sur les détenteurs du pouvoir de l'Etat (p. 27)[22] pourrait ne s'appliquer qu'au pouvoir exécutif et peut-être aussi, dans certaines conditions, au pouvoir constituant ; en revanche, pour les pouvoirs législatif et judiciaire, l'expérience semble avoir prouvé la supériorité des collèges et des jurys.) La perfection technique négative du gouvernement est déterminée par le degré d'harmonie avec la constitution, la perfection positive par le degré de force positive avec laquelle la constitution est vraiment mise en application.

La *valeur politique* d'un Etat républicain est déterminée par le degré — extensif et intensif — de communauté, de liberté et d'égalité réellement atteint. Certes, il est impossible que le peuple accède à un bon développement moral avant que l'Etat ne soit organisé de façon républicaine et qu'il n'ait atteint au moins un certain degré de perfection technique (p. 61)[23] ; mais d'autre part, la *moralité de fait* est la condition nécessaire à la *perfection absolue* de l'Etat (au

21. *Id.*, p. 352 s.
22. *Id.*, p. 353.
23. *Id.*, p. 366.

degré maximum de communauté, de liberté et d'égalité), et elle est même la condition de chacun des niveaux supérieurs de l'excellence politique.

Nous n'avons parlé jusque là que du républicanisme *partiel* d'un Etat ou d'un peuple en particulier. Mais seul un républicanisme *universel* peut réaliser l'impératif politique. Ce concept n'est donc pas l'élucubration de rêveurs exaltés ; il est pratiquement nécessaire, comme l'impératif politique lui-même. Ses composantes sont les suivantes :

1) *transformation de toutes les nations en nations policées ;*
2) *républicanisme de tous les peuples policés ;*
3) *fraternité de tous les républicains ;*
4) *autonomie de chaque Etat en particulier et isonomie entre tous.*

Seul le républicanisme universel et parfait constituerait un *article définitif* valable *en vue de la paix perpétuelle*, et à vrai dire lui seul y suffirait. — Aussi longtemps que la constitution et le gouvernement ne seront pas absolument parfaits, même une guerre injuste et inutile resterait au moins *possible*, même dans les Etats républicains dont Kant a si justement montré la tendance pacifique. Le premier article définitif de Kant en vue de la paix perpétuelle exige certes le républicanisme de *tous* les Etats ; mais le *fédéralisme*, dont la possible mise en place est démontrée de façon si convaincante p. 35,[24] *ne* peut *pas*, déjà selon son *concept* propre, comprendre *tous* les Etats, sinon il s'agirait d'un Etat des peuples universel, ce qui va contre l'avis de Kant (p. 36-38)[25]. L'intention liée à l'alliance de paix — assurer la liberté des Etats républicains (p. 35)[26] — suppose l'existence d'un danger les menaçant, et donc des Etats à tendance guerrière, c'est-à-dire des *Etats despotiques*. L'hospitalité cosmopolite, dont Kant expose si brillamment l'origine et les liens avec l'esprit de commerce (p. 64),[27] semble toutefois supposer même des *nations non policées*. Aussi longtemps qu'existeront encore des Etats despotiques et des nations non policées, il subsisterait *matière à faire la guerre*.

1) *Le républicanisme des nations cultivées,*
2) *le fédéralisme des Etats républicains,*
3) *l'hospitalité cosmopolite des Etats fédérés*

seraient donc les seuls *articles définitifs valables en vue de la première paix véritable et permanente* — bien que seulement partielle — au lieu de ce que

24. *Id.*, p. 356.
25. *Id.*, p. 356 s.
26. *Id.*, p. 355.
27. *Id.*, p. 368.

l'on a jusque là appelé faussement traités de paix et qui n'était en fait que des armistices (p. 104).[28]

On peut aussi les considérer comme les *articles préliminaires en vue de la paix perpétuelle* qu'ils visent à établir, et qui est impensable avant que soit instituée la première paix véritable. — Le républicanisme universel et parfait et la paix perpétuelle sont des corrélats inséparables. Le dernier est tout aussi politiquement nécessaire que le premier. Mais qu'en est-il de la nécessité ou de la possibilité *historiques* de la paix ? Quelle est la *garantie de la paix perpétuelle* ?

« Ce qui donne cette garantie n'est rien moins que la grande artiste, la *nature* », dit Kant p. 47.[29] Si spirituel que soit l'exposé de cette excellente idée, j'ose avouer ce qui, pour moi, manque ici. Il ne suffit pas de montrer les *moyens* qui rendent la paix possible, ou de montrer les *apports extérieurs du destin* en vue de la réalisation réelle et progressive de la paix perpétuelle. On attend une réponse à la question : *l'évolution interne de l'humanité* y conduira-t-elle ? La *conformité* (imaginée en pensée) *de la nature à ses fins* (si belle, si nécessaire que soit cette opinion à d'autres égards) est ici tout à fait indifférente : seules les *lois nécessaires* (de fait) *de l'expérience* peuvent garantir une réussite future. Les *lois de l'histoire politique* et les *principes de l'évolution politique* sont les seules données qui permettent de démontrer « que la paix perpétuelle n'est pas une idée creuse, mais une tâche qui, résolue pas à pas, se rapproche constamment de son but » (p. 104)[30] ; ce sont les seules données qui certes ne permettraient pas de *prédire* la réalité future de cette paix ni même la façon de s'en approcher (p. 65)[31] — thétiquement et selon les conditions de temps et de lieu —, mais elles permettraient pourtant peut-être de la déterminer théoriquement (même de façon hypothétique) avec certitude. — Certes (et l'on pouvait s'y attendre, Kant ne fait ici aucun usage transcendantal du principe téléologique de l'histoire de l'humanité (ce que même des philosophes critiques se sont permis) : pourtant, sur un point, le concept pratique de liberté absolue de la volonté me semble à tort être transféré dans le domaine théorique de l'histoire de l'humanité. — Si la théologie morale peut et doit poser la question — quel est le fondement intelligible de l'immoralité ? — je ne tranche pas la question de savoir si elle le peut et le *doit* —, je ne connais pas d'autre réponse à cette question que le péché originel au sens kantien. Mais l'histoire de l'humanité a seulement affaire avec les *causes empiriques du phénomène* de l'immoralité ; dans le domaine de l'expérience, le concept intelligible de méchanceté première est vide et dénué de

28. *Id.*, p. 386.
29. *Id.*, p. 360.
30. *Id.*, p. 386.
31. *Id.*, p. 368.

sens. — La réalité affirmée par Kant (p. 80, note)[32] selon laquelle il n'y a absolument aucune foi en la vertu n'est pas démontrée ; et comment la malignité évidente dans le rapport extérieur des Etats (p. 79, note)[33] — immoralité d'une petite classe d'êtres humains qui se compose dans la moyenne, pour des raisons faciles à comprendre, de la lie du genre humain — comment cette malignité peut-elle être un argument contre la nature humaine en général ?

C'est un point de vue ici infécond que de considérer la constitution parfaite non comme phénomène de l'expérience politique mais comme problème de l'art de la politique (p. 60),[34] puisque nous voulons des enseignements non pas sur la possibilité de cette constitution mais sur sa réalité future et sur les lois de la progression de l'évolution politique conduisant à ce but.

Seuls les *principes historiques de l'évolution politique*, seule la *théorie de l'histoire politique* permettent d'aboutir à un *résultat* satisfaisant *concernant le rapport entre raison politique et expérience politique*. Au lieu de cela, Kant a consacré un appendice particulier aux désaccords entre morale et politique, désaccords non essentiels qui ne sont apparus qu'accidentellement à cause de maladresses. En effet, il n'entend pas par *politique* la science pratique qui a pour fondement et objet l'impératif politique, ni non plus l'art politique à proprement parler, c'est-à-dire la capacité de réaliser cet impératif ; il entend par ce terme (de politique) l'habileté du despotisme qui n'est pas un art véritable mais une *imposture politique*. Les deux modalités pures de toutes les formes politiquement nécessaires ou possibles, et que l'on peut concevoir, sont le républicanisme et le despotisme. Mais il existe en outre deux autres *situations politiques informes*, apparemment analogues mais tout à fait différentes dans leur essence, dont le concept, en tant que *concept limite*, ne doit pas être passé sous silence dans l'analyse du républicanisme. Seul l'un des deux est politiquement possible, l'autre l'étant seulement historiquement.

L'*insurrection* n'est pas politiquement impossible ou absolument non conforme au droit (comme Kant l'affirme p. 94-97)[35] ; car elle n'est pas absolument incompatible avec la publicité. Ce qui vaut pour le prince au pouvoir (peut-être illégalement, p. 96),[36] c'est ce que dit Kant p. 101[37] : « celui qui a la puissance suprême décisive n'a pas besoin de dissimuler ses maximes. » — Une constitution qui autoriserait chaque individu à s'insurger *chaque fois que cela lui*

32. *Id.*, p. 375, note.
33. *Id.*
34. *Id.*, p. 366.
35. *Id.*, p. 382 s.
36. *Id.*, p. 382.
37. *Id.*, p. 385.

semblerait à lui-même conforme au droit s'annulerait en effet elle-même. En revanche, une constitution qui contiendrait un article *ordonnant péremptoirement* l'insurrection *dans certains cas concrets* ne s'annulerait pas elle-même ; toutefois, ce seul article serait *nul et non avenu* : car la constitution ne peut rien ordonner si elle n'existe plus. Mais l'insurrection ne peut être conforme au droit que lorsque la constitution a été réduite à néant. On peut cependant facilement imaginer qu'un article de la constitution détermine les cas dans lesquels le pouvoir constitué doit être *de facto* considéré comme *annulé* et l'insurrection donc *permise* à chaque individu. On est dans ce cas quand par exemple le dictateur conserve son pouvoir au-delà du temps fixé, quand le pouvoir constitué abolit la constitution, fondement de son existence légale, et s'anéantit ainsi lui-même, etc. Puisque la volonté générale ne peut vouloir une telle abolition du républicanisme par usurpation du pouvoir, et qu'elle veut nécessairement le républicanisme, elle doit pouvoir autoriser aussi les seuls moyens permettant d'abolir l'usurpation (c'est-à-dire l'insurrection) et de réorganiser le républicanisme (c'est-à-dire l'institution d'un gouvernement provisoire). Est donc *conforme au droit* toute insurrection dont le but est d'anéantir la constitution, dont le gouvernement est seulement un organe provisoire, et dont l'objectif est l'organisation du républicanisme. — Le second motif valable autorisant une insurrection conforme au droit est l'existence d'un despotisme *absolu*, c'est-à-dire non provisoire et ne pouvant donc être autorisé à certaines conditions, l'existence d'un despotisme qui aspire à anéantir et à détruire le principe républicain d'évolution (qui, en se développant librement, peut seul permettre la réalisation progressive de l'impératif politique), ainsi que l'orientation qu'il représente ; ce despotisme absolu est donc absolument interdit, c'est-à-dire qu'il ne peut en aucun cas être admis par la volonté générale. Le despotisme absolu n'est même pas un quasi-Etat, c'est plutôt un *anti-Etat*, et c'est même un mal politique infiniment plus grand que l'*anarchie* (même s'il est peut-être plus facile à supporter physiquement). Celle-ci n'est qu'une négation de ce qui est politiquement positif, celui-là est l'affirmation de ce qui est politiquement négatif. L'anarchie est ou bien un *despotisme mouvant* dans lequel le personnel du pouvoir en place, tout comme les limites imposées à la masse dominée, varient constamment, ou bien une *insurrection* inauthentique et *permanente* ; car l'insurrection véritable et politiquement possible est nécessairement transitoire.

ANONYME

Présentation par Jean FERRARI

Ce texte anonyme d'une dizaine de pages est paru en 1796 dans le tome 6 des *Beyträge zur Geschichte der französischen Revolution.* L'auteur commence par un éloge de l'opuscule kantien qu'il rapproche de l'essai de Condorcet et paraît convaincu par l'un et par l'autre que l'humanité, sous la conduite de la raison, parviendra à la paix perpétuelle. Cela dit, il avoue ne pas être un spécialiste de la pensée critique, celle du moins des épigones du philosophe de Königsberg. A celui-ci il prête un bon sens tout cartésien, devenu accessible à ceux qui partagent cette faculté universellement répandue.

C'est précisément parce qu'il admire Kant dont les vues confirment les siennes — « Dans la double formule transcendantale, négative et positive du droit public, je retrouve bien, ici consignée et concentrée, toute la masse de mes convictions à ce sujet » — qu'il va s'attacher à un point qui lui semble aller à l'encontre même de l'intention affichée de l'opuscule.

Il s'agit, dans l'appendice II « De l'accord de la politique avec la morale selon le concept transcendantal du droit public », du point I où Kant se pose la question suivante : « La révolte est-elle pour un peuple un moyen légitime de renverser le pouvoir oppresseur d'un prétendu tyran ? ». Pour Kant, le principe transcendantal de la publicité du droit public — « Toutes les actions relatives au droit d'autrui dont la maxime n'est pas susceptible de publicité sont injustes » — permet aisément de répondre par la négative à la question posée, et il en résulte une condamnation sans appel du soi-disant droit de rébellion, car on ne voit pas qu'une telle clause puisse figurer publiquement dans la constitution civile d'un Etat qui exige la mise en place d'un pouvoir légitime et souverain auquel la rébellion ne pourrait que mettre fin.

Tout en acceptant pleinement le principe transcendantal de Kant sur la publicité, l'auteur anonyme va en tirer des conséquences contraires par l'introduction d'une distinction « entre les concepts de soulèvement et de conjuration ou complot. » Si la conjuration exige le secret, il en va tout autrement pour le soulèvement — « Les citoyens d'un Etat qui commencent à se soulever ne peuvent atteindre leur fin que par la publicité » —lorsque ces citoyens pensent que cette fin est conforme à la fin universelle du public. Il convient donc que soit supprimée l'application du principe transcendantal du droit public à la notion de soulèvement et, dans le même sens, il faut refuser au chef de l'Etat de pouvoir publiquement annoncer le châtiment des rebelles, quelle que soit la justesse de leur cause.

Ce que conteste en fait l'auteur du compte rendu, c'est l'idée d'un pouvoir suprême qui, tant qu'il demeure le pouvoir, ne saurait être, sinon critiqué, du moins contesté, idée que reprendra Kant dans la *Doctrine du droit,* puisque même l'interrogation sur l'origine du pouvoir ne saurait être tolérée. Pour l'auteur au contraire, comme pour Rousseau, la constitution qui fonde le pouvoir naissant d'un contrat, le peuple ne saurait consentir par lui à une totale soumission qui le conduirait à l'esclavage.

L'intérêt de ce texte est de montrer comment chaque lecteur, selon ses convictions propres, réagit devant les thèses de Kant. S'appuyant sur des exemples et raisonnant sur l'idée même de droit tel que l'entend Kant, l'auteur pense pouvoir prouver qu'il y a contradiction à vouloir admettre la violence du côté du chef de l'Etat et à la refuser du côté du peuple, qu'il ne saurait y avoir dans le Droit « collision » entre deux maximes contradictoires, et qu'en prenant, comme le fait Kant, le critère de la publicité, le droit au soulèvement paraît mieux fondé que le droit à l'injustice du pouvoir suprême.

En sa conclusion, l'auteur relève l'affirmation kantienne selon laquelle le bonheur est la fin universelle que vise le public. Voilà qui, à ses yeux, relance le débat, cette fois d'un point de vue moral et politique, sur la conformité du droit au soulèvement qu'il revendique et sur la nature même du contrat qui fonde les sociétés. Mais nous n'en saurons pas plus sur ces nouveaux développements ici annoncés.

ANONYME

Paix perpétuelle et droit du peuple à résister[1]

*Traduction de Marie-Claire MERY**

Le dernier écrit de *Kant* est bien, comme vous me l'annonciez, un petit livre en or. L'existence même de ce petit livre représente à mes yeux le progrès le plus important et le plus décisif de tous les progrès actuellement possibles pour la réalisation de la *paix perpétuelle*. Il suffit de considérer le pouvoir de la Raison d'une part, et d'autre part la force de l'autorité qui s'en dégage pour prévoir quelle influence la réunion de ces deux facteurs exercera dans le cours de l'histoire.

Le genre humain est en possession de la *Paix perpétuelle de Kant* et du *Projet de Condorcet.*[2] Le *Maître des phalanges*[3] peut bien favoriser qui il veut, les *moralistes politiques*,[4] avec leurs discours inauguraux, avec leurs alliances contraires justement au sixième article préliminaire,[5] peuvent bien, à l'intérieur d'un Etat en guerre, être provisoirement vainqueurs ou vaincus : grâce à ces deux œuvres, le *despotisme*[6] est éradiqué du monde intellectuel et, dans le monde physique, il ne peut donc plus que prolonger son agonie.

J'aimerais fournir l'occasion à un homme capable, issu de l'école critique, de comparer Kant et Condorcet. Ne vous êtes-vous pas étonné que

---

1. « Ewiger Friede und Widerstandsrecht des Volkes » (anonyme) ; in : *Beyträge zur Geschichte der französischen Revolution,* 6. Bd., (« An den Herausgeber der Beyträge ») Leipzig 1796, p. 385-395.

* Avec le concours de Joachim Kopper.

2. V. les écrits de Condorcet, en particulier *De l'influence de la révolution d'Amérique sur l'Europe* (1786) et *Projet d'une exposition des motifs* (1792).

3. L'auteur indique : « Zum ewigen Frieden, S. 39 ». Ces numéros de pages renvoient à la première édition de *Zum ewigen Frieden (Ein philosophischer Entwurf von Immanuel Kant,* Königsberg, bey Friedrich Nicolovius, 1795). Nous indiquerons désormais en note, quand l'auteur précise un numéro de page, les références à *l'« Akademie-Ausgabe »* (Bd. VIII, *Kant's Werke, Abhandlungen nach 1781, Zum Ewigen Frieden*, p. 341-386), Berlin 1912, *Akad.-Ausg.*, p. 357, note.

4. L'auteur indique « Ebendas. S. 71 » ; *Akad.- Ausg.*, p. 372.

5. *Id.* : « Ebend. S. 12 » ; *Akad-Ausg.* , p. 346.

6. *Id.* : « Ebend. S. 25 » ; *Akad.-Ausg.*, p. 352.

l'écrit de Condorcet ait été annoncé de façon aussi brève dans le *ALZ*[7] de Iéna ? Qu'est ce périodique sinon un simple répertoire de titres ? La marche vers la perfection infinie est la mer de lumière dans laquelle se perdent toutes les idées de ces deux penseurs. La Raison est le point de lumière dont ils partent constamment tous les deux ; et la seule différence constante entre les deux, c'est que l'un d'eux ne figurait pas dans la masse des *connaissances* de l'autre, tandis que celui-là a pu pleinement profiter de cette masse de connaissances. C'est d'autant plus intéressant que, me semble-t-il, Condorcet, qui ne connaissait pas Kant, anticipe précisément, dans plusieurs passages de son ouvrage, pour ainsi dire ce que celui-ci dira ; et même si la Raison n'a nul besoin de cette authentification de fait, cette dernière mériterait pourtant à tous égards d'être dégagée et analysée en détail. Si j'avais à disposer des fonds d'une académie, je proposerais que la comparaison entre Condorcet et Kant fasse l'objet d'un concours couronné par un prix. Cette comparaison demeure même sans cela une question *louable*, et j'espère donc, tout autant que je le souhaite, qu'il se trouvera des gens pour concourir à son étude. Il y aurait encore un autre parallèle, important pour l'histoire littéraire allemande, à établir entre Lessing et Kant ; car je trouve dans certains traits caractéristiques de l'individualité intellectuelle de ces deux hommes importants des ressemblances plus frappantes qu'il n'y paraît à première vue, si l'on veut bien ne pas négliger le fait que l'un a érigé un monument à la Raison tandis que l'autre, à dire vrai, n'a fait que philosopher.

Or je suis, comme vous le savez, plutôt un profane en matière de philosophie critique. J'ai cependant puisé à sa source même la conviction salutaire qu'elle concorde parfaitement pour l'essentiel avec le bon sens commun, en attendant mieux,[8] à vrai dire plutôt *rare* ; et que donc chaque enfant du genre humain, qui est assez avisé, en même temps qu'animé d'intentions honnêtes, peut très facilement faire de la philosophie à la manière kantienne, comme le Bourgeois gentilhomme de Molière faisait de la prose sans le savoir, qu'il fait même *nécessairement* de la philosophie à la manière kantienne chaque fois qu'il pense juste. Cette découverte m'a assurément donné plus de courage que les visages acerbes ou la raideur affectée de quelques-uns des adeptes de l'école critique ; ceux-ci se rengorgent tant avec tout ce qui dans leur système, ou seulement dans le langage qu'ils empruntent, a pour les novices un goût de sorcellerie, que l'on craindrait de les offusquer. En revanche, leur maître éminent ne fait ni plus ni moins de cas de sa terminologie qu'il n'est nécessaire ; il est suffisamment érudit pour ne pas se vanter de son érudition ni non plus en avoir honte. Et suivant la voie de la science comme la voie la plus sûre, la plus rigoureuse, comme la voie de son propre esprit, il entre cependant en

---

7. *Allgemeine Literatur Zeitung.*

8. En français dans le texte.

communion, toutes les fois que cela est possible, avec toute personne dotée de bon sens, d'une âme sincère, d'un esprit instruit, à l'extérieur comme à l'intérieur de l'Ecole. Le cas ressemble ici assez à ce que l'on a déjà plusieurs fois remarqué dans la vie courante : on rencontre souvent plus de politesse et d'obligeance dans le cabinet des hommes renommés que dans leur antichambre. Et on pourrait reprendre, au sujet du sage de Königsberg, et à l'égard de quelques-uns de ses élèves, ce que l'on disait de Louis XIV : il ramène à lui les cœurs que ses ministres et représentants ont éloignés de lui. Cela explique que je ne craigne pas d'avouer avoir rencontré une difficulté à la lecture de la dernière section du *Traité de la paix perpétuelle.* Dans la double formule transcendantale, négative comme positive, du droit public, je retrouve bien, ici consignée et concentrée, toute la masse de mes convictions à ce sujet ; et l'on peut certainement faire vœu de vivre et de mourir selon cette formule, réconforté et la conscience tranquille. Mais il me semble que la première formule, appliquée au droit civil intérieur, exige, pour être inviolable, une explication plus précise que celle qui est donnée dans l'ouvrage lui-même (p. 94-96).[9] Il me semble que l'emploi du mot *rébellion* entraîne une confusion entre les concepts de *soulèvement* et de *conjuration* ou *complot* ; il est vrai qu'on ne peut fomenter un complot si l'on en fait publiquement confession, mais il en va autrement de l'intention de se soulever. On doit plutôt concevoir que les citoyens d'un Etat qui commencent à se soulever *ne peuvent atteindre leur fin que par la publicité* et qu'ils pensent que *cette fin est conforme à la fin universelle du public.* Nous en avons un exemple tout récent avec les dernières adresses à la nation et au roi envoyées par la Société Londonienne de Correspondance ; c'est là, de toute évidence, le début d'un soulèvement pour lequel le lien avec la publicité qui en est faite est essentiel. La philosophie n'a pas à prendre en considération le succès de ce soulèvement, dont l'issue est encore incertaine, pas plus qu'elle ne doit s'attacher à savoir si les instigateurs de ce soulèvement commettent ou non une erreur matérielle en adoptant une voie formellement conforme au droit. Il me semble qu'il est ici si peu question de cela que je n'ai aucun scrupule à citer encore, au risque d'être trop prolixe, l'exemple un peu plus ancien du soulèvement des sections parisiennes, bien que, dans ce cas, je sois parfaitement convaincu qu'il y a eu erreur matérielle, tout autant que je suis convaincu du fait, ici impossible à prendre en considération car il s'agit d'un fait fortuit, que c'est une conjuration secrète, qui ne pouvait ni ne devait atteindre sa fin grâce à la publicité et qui n'était pas conforme à la seule fin probablement universelle du public, qui constituait le noyau véritable d'un soulèvement, ce dernier servant seulement d'enveloppe extérieure. Par conséquent, je ne me servirai pas d'une circonstance fortuite semblable, accusation facile à prononcer à l'encontre du projet de soulèvement en Angleterre, pour réfuter son efficacité dans l'exemple

9. *Akad.-Ausg.*, p. 381-383.

qui nous intéresse. Pas plus que, pour ma part, je ne tirerai avantage de l'injustice formelle et *indémontrablement certaine* du parti des ministères de là-bas pour fonder mon exemple. Mais s'il est désormais démontré qu'un soulèvement *peut* avoir besoin de publicité, pour la simple et bonne raison qu'étant conforme à la fin universelle du public, il peut constituer une fin — si donc il est prouvé qu'un soulèvement peut être approuvé grâce à la formule de l'autre principe transcendantal (et positif) du droit public, il faut que l'application de la formule inverse (négative) selon laquelle *'toute action qui a trait au droit des autres hommes, dont la maxime n'est pas compatible avec la publicité, est mauvaise'*, il faut nécessairement, dis-je, que l'application de cette formule au concept de soulèvement soit supprimée. Le chef d'Etat ne peut pas non plus *déclarer franchement* (v. p. 96)[10] vouloir châtier tout soulèvement par la mort des rebelles, *même si celui-ci était conforme à la deuxième formule (positive) du droit public.* Le chef de l'Etat peut *agir* ainsi, en vertu du droit du vainqueur ; ou il peut *taire* qu'un *tel* soulèvement est possible, ce qui l'expose au blâme contenu dans la première formule ; ou bien, il peut *dire* qu'un soulèvement est *impossible*, ce qui toutefois ne change rien à l'affaire, le chef de l'Etat *n'étant pas infaillible.* Il peut aussi faire usage de toutes les *maximes sophistiques des moralistes politiques*, de toutes les *pratiques* décrites p. 75 s.[11] pour obscurcir et réduire à néant la concordance existant entre le soulèvement et la formule positive évoquée plus haut — dans la mesure où il s'agit en particulier de la concordance, du moins supposée, avec la fin universelle du public. Mais *déclarer franchement*, dans le cas ici supposé, qu'il va se comporter en suivant les maximes aimées du public mais sans pouvoir les confesser publiquement : *voilà* qui est impossible au chef de l'Etat ; il ne peut donc pas ici acquiescer aux principes transcendantaux du droit public.

L'erreur ne viendrait-elle pas d'une trop grande extension du concept qui établit le *caractère irrésistible du pouvoir suprême* ? En effet, ne faudrait-il pas, pour justifier les résultats qui en sont déduits dans le passage cité, que ce concept englobe le concept établissant le *caractère illimité du pouvoir suprême*, ce qui n'est le cas ni selon la lettre ni selon les faits ? Il est impossible que le peuple ait pensé à ce dernier concept lors de l'élaboration du contrat civique ; au contraire, le contrat lui-même, quelles qu'en soient les conditions, est la limite nécessaire imposée au pouvoir suprême : dans le cas contraire, nous aurions *soumission* et non *contrat.*

Si tout ce qui précède est vrai, et pour moi il ne peut en être autrement, la présence d'un *fondement juridique* expliquant pourquoi le peuple ne peut s'arroger aucun pouvoir sur le chef de l'Etat entraînerait le droit dans une

---

10. *Ibid.*, p. 382.
11. *Id.*, p. 373 s.

contradiction avec lui-même. En effet, d'une part, le contrat serait une limite nécessaire au-delà de laquelle le soulèvement, désormais conforme au droit, présenterait les critères nécessaires de sa concordance avec le droit public ; mais d'autre part, dans ce cas-là, on ferait échouer le projet d'ériger un Etat en cassant le caractère irrésistible du pouvoir suprême. On lit p. 95[12] que le projet d'un soulèvement occasionnel et que l'institution d'un chef de l'Etat ne peuvent devenir en même temps la condition de l'institution de l'Etat, parce qu'alors celle-ci ne serait pas possible bien que le peuple ait eu cette intention. Mais *en tout premier lieu*, on voit de façon irréfutable qu'un pouvoir suprême institué par un contrat, malgré la garantie que lui *confère* celui-ci de son *caractère irrésistible*, aura toujours nécessairement ce contrat comme *limite* ; dans le cas contraire, la condition du contrat annulerait le contrat lui-même, ce qui est inconcevable. D'où encore une déduction justement opposée à celle qui est ajoutée à la p. 96,[13] selon laquelle le droit au soulèvement est évident en ce qu'il a besoin de publicité pour ne pas manquer d'atteindre sa fin, puisque, dans le cas contraire, il n'y aurait pas soulèvement, mais complot ou conjuration. Si ce principe découle directement et irréfutablement du droit au sens strict, l'autre principe (selon lequel un chef d'Etat, à l'encontre duquel le peuple, conformément au droit, ferait usage de violence, ne serait plus chef d'Etat, l'exercice d'une telle violence faisant aussi échouer l'intention d'ériger un Etat), ce principe donc ne constituerait par conséquent qu'une réserve prudente, qu'un inconvénient à prendre en considération. D'où il résulte que la *politique*, en tant que science des meilleurs moyens à utiliser et des dangers les plus urgents à éviter, n'aurait plus à s'occuper qu'aussi longtemps que le nœud (v. p. 91)[14] n'aurait pas été tranché par le *droit*. Dans le *droit* lui-même, on ne peut admettre aucune *collision* ; il est donc impossible, dans le cas de deux principes contradictoires, que plus de l'un d'eux fasse partie du droit. Dans le cas qui nous intéresse, je ne peux, sur la voie du droit, esquiver l'un d'eux, et je suis donc contraint *ipso facto* de m'en remettre pour l'autre à la prudence, dans les limites qui lui sont propres. Je trouve alors (p. 103)[15] la détermination de ce qui constitue la fin universelle du public, conformément à laquelle je dois concevoir les maximes qui ont besoin de publicité pour ne pas manquer leur but. On lit chez Kant que la fin universelle du public est le *bonheur* ; ce mot ouvre pour moi d'un seul coup un vaste champ pragmatique et il me conduit à d'autres questions de morale et de politique qui, nonobstant ma décision catégorique sur cette question directe de droit, m'obligent à m'y consacrer et à m'y arrêter avant que, fort de ma conviction sur la conformité au droit du soulèvement, je ne porte atteinte à la sûreté du contrat civique.

12. *Id.*, p. 382.
13. *Ibid.*
14. *Id.*, p. 380.
15. *Id.*, p. 386.

III

La France révolutionnaire
et le traité de Kant « vers la paix perpétuelle »

Présentation par Jean FERRARI

En même temps que la publication de *Zum ewigen Frieden* suscitait en Allemagne diverses réactions dont nous avons retenu trois exemples caractéristiques, inédits en langue française — ceux de Fichte, de Schlegel et de l'Anonyme* —, la France révolutionnaire découvrait le philosophe de Königsberg dont divers journaux commençaient à soupçonner l'importance. *Zum ewigen Frieden*, bientôt traduit en français, y contribua d'une manière décisive. L'ouvrage de François Azouvi et de Dominique Bourel : *De Königsberg à Paris, La réception de Kant en France (1788-1804)*[1] rassemble les données attestées et apporte un éclairage précieux sur cette entrée de Kant en France. La première partie du second chapitre de cet ouvrage (pp. 65-84) a pour titre « Autour du *Projet de paix perpétuelle* ». Qu'il nous suffise d'y renvoyer le lecteur. Mais il nous a paru intéressant de donner *in extenso* les trois textes les plus importants concernant l'opuscule de Kant, parus en France dans l'année 1796.

Le premier fut publié anonymement dans la *Gazette nationale ou le Moniteur universel*, le 13 nivôse de l'an IV (3 janvier 1796)[2]. Il est attribué à Louis-Ferdinand Huber[3] qui, dans une lettre à Schiller du 9 mars 1796, affirme explicitement en être l'auteur :
« Il t'intéressera peut-être de savoir que la *Paix Perpétuelle* de Kant sera traduite en français. Moi-même n'ayant ni le temps ni le loisir dont j'aurai besoin pour en faire plus, j'ai toutefois provisoirement réussi à faire une petite tentative : j'ai rédigé un extrait en français de cet écrit et l'ai envoyé de manière anonyme au rédacteur du *Moniteur* qui l'a réellement utilisé : l'article se trouve mot à mot dans la moitié du dernier [volume] de Nivôse[4] . »

---

* Cf. *supra*, p. 99-133.

1. Paris, Vrin, 1991.

2. Fondé par Panckoucke ; le premier numéro parut le 24 novembre 1789. Il était destiné à publier les débats de l'Assemblée constituante. A la fin de 1799, il devint le journal officiel du gouvernement français. Il connut diverses transformations au cours du XIXe siècle et cessa définitivement de paraître en 1901. (Code Bibliothèque Nationale : département des Périodiques. Micr. D. 71, bobine n° 25).

3. Né à Paris en 1764, mort à Ulm en 1804, L.-F. Huber était le fils de Michael Huber (1724-1804) qui, par ses traductions, contribua à la diffusion en Fance des œuvres littéraires allemandes du XVIIIe siècle. Soucieux de faire connaître la pensée de Kant en France (Cf. *op. cit.* p. 69-72.), L.-F. Huber se révéla aussi un habile publiciste dans les journaux historico-politiques (*Friedenpräliminarien*, Berlin 1794-1796, 10 volumes et *Klio*, 1795-1798, 3 volumes). Il dirigea un temps l'*Allgemeine Zeitung* de Stuttgart qui se transporta ensuite à Ulm.

4. *Op. cit.* p. 71.

Il a introduit habilement son compte rendu par une critique virulente de la propagande contre-révolutionnaire en France et la présentation d'un résumé succinct de l'opuscule de Kant par l'éloge de la constitution républicaine.

Le second texte est tiré du *Magasin Encyclopédique*[5], 2e année, tome 3e, sous la plume d'Anton Keil[6]. L'annonce d'une prochaine traduction en français de *Zum ewigen Frieden* y est faite page 180 ainsi que celle d'un futur compte rendu de l'ouvrage qui est donné effectivement sous la rubrique « Économie politique » du même volume. C'est donc sur la traduction française que Keil appuie son résumé, tout en affirmant qu'il l'a comparée à l'original allemand, regrettant seulement quelques inexactitudes et la suppression de quatre notes intéressantes. C'est la recension la plus développée et la plus soignée de l'ouvrage de Kant.

Le troisième compte rendu paraît dans le *Journal d'économie publique, de morale et de politique*[7], le 11 octobre 1796, sous le nom d'Adrien Lezay[8]. L'auteur commence par souligner l'utilité de la méthode métaphysique, qu'il identifie comme étant celle de Kant, avec le procédé de l'abstraction, fort nécessaire en politique. Mais il déplore, comme beaucoup avant et après lui, le manque de style, l'obscurité et l'absence d'un ordre rigoureux dans l'opuscule de Kant qui « n'aide en rien son lecteur » et « sème au hasard ses déductions ». A la différence des deux premiers comptes rendus, Lezay prend ses distances par rapport au texte de Kant qu'il recompose d'une certaine manière, commençant par l'énoncé de principes généraux sur la genèse de l'ordre social, puis donnant les trois articles définitifs et leurs développements par Kant en lesquels il introduit de pertinentes interrogations. Par exemple, il se demande si des passions ne peuvent pas aveugler les assemblées républicaines au détriment de

5. Le *Magasin Encyclopédique* se présente comme un recueil scientifique et littéraire qui propose des extraits détaillés d'ouvrages nouveaux, l'analyse des travaux des diverses Académies, ainsi que des informations sur les mouvements intellectuels à l'étranger. Fondé en 1792, il fut dirigé sans interruption par Millin (Aubin-Louis, 1759-1818, conservateur du Cabinet des Antiques et Médailles de la Bibliothèque Nationale) de 1795 à 1816. Des savants de premier ordre comme Sylvestre de Sacy y collaborèrent. (Code Bibliothèque Nationale : Z 54170).

6. Jacobin allemand qui s'était réfugié en France en 1795.

7. Journal fondé par Pierre-Louis Röderer, publiciste, né à Metz en 1754, mort en 1835. Conseiller au parlement de Metz sous l'Ancien régime, membre de l'Assemblée nationale en 1789, Comte d'Empire, Ministre des Finances du Roi de Naples (1806-1810), Pair de France, membre de l'Institut, il sut habilement s'adapter aux divers régimes qu'il servit. Ses œuvres complètes, en 8 volumes, furent publiées à Paris de 1853 à 1859. Le *Journal d'économie publique* a paru du 10 fructidor de l'An IV au 30 vendémiaire de l'An VI. (Bibliothèque Nationale, Imprimés microfiche M 18-792 (1)).

8. Adrien Lezay Marnésia (1770-1814) fit des voyages en Allemagne et en Angleterre et revint une première fois en France en 1794 après la chute de Robespierre, s'exila après Fructidor, mais se mit ensuite au service de Napoléon qui le fit comte d'empire et lui confia diverses responsabilités politiques.

leurs véritables intérêts en faveur de la paix. Les articles préliminaires sont rejetés à la fin du compte rendu avec deux maximes dont il voit la valeur pour le temps présent.

Dans une lettre à Kant du 25 novembre 1798, Kiesewetter écrit : « Quels progrès votre système fait en Angleterre, vous l'aurez sans doute appris de M. N. Tout récemment j'ai reçu de France des nouvelles à ce sujet dont je veux vous faire part. Votre écrit sur la paix perpétuelle, à cause de son objet, a fait du bruit à Paris grâce à la traduction qui en a été faite à Königsberg, mais on l'a trouvée difficile et elle n'a pas eu l'heur de plaire aux Parisiens blasés. C'est seulement à partir du moment où un savant de Paris, dont le nom m'échappe, a développé, à la manière française, le contenu dans un journal, dont des extraits furent donnés ensuite dans le *Moniteur*, que chacun fut pris d'enthousiasme et souhaita être mieux informé sur votre système »[9]. Les éditeurs des lettres de Kant dans l'édition académique de Berlin pensent que ce savant de Paris pourrait être Adrien Lezay dont Röderer disait : « le jeune écrivain a su nettoyer les idées du philosophe de toute la scolastique qui les défigure !! »[10]. Toutefois, la chronologie devrait être inversée puisque les extraits du *Moniteur* sont du 3 janvier 1796 et les *Observations* de Lezay du 11 octobre de la même année.

La présentation de ces textes respecte l'orthographe et la ponctuation des articles originaux. Seules quelques coquilles caractérisées ont été corrigées.

9. AK. 12.265 33.
10. AK. 13 489.

LA GAZETTE NATIONALE
OU
LE MONITEUR UNIVERSEL
(1796)

Projet de paix perpétuelle
par Kant

La rage de parti ne suffit point pour expliquer un triste phénomène, qu'on chercherait vainement autre part qu'en France ; je veux dire l'existence d'un public, qui dispense ceux qui écrivent pour lui, des dehors même du patriotisme ou de l'honneur national. En Angleterre, mille attaques sont chaque jour dirigées contre l'administration ; le champ le plus vaste est sans cesse ouvert et pour les bons patriotes qui détestent les crimes de leur gouvernement, et pour les mauvais citoyens qui n'aspirent qu'à bouleverser leur pays. Mais la gloire particulière à la Nation Anglaise, celle de la marine, est une arche sacrée, garantie par l'esprit public, à laquelle aucun écrivain politique, quelque fougueux ou quelque mal intentionné qu'il soit, n'osera jamais toucher. On reprochera au gouvernement de la compromettre ; mais ces reproches même exprimeront toujours le respect qu'on a pour elle ; et ce respect est peut-être la cause la plus puissante de sa durée au milieu de la corruption et des attentats politiques qui creusent l'abîme où l'Angleterre doit nécessairement se perdre.

En Allemagne, une foule d'écrits attestent combien elle est peu nationale, cette guerre impie et funeste, dont les chances quelconques menacent l'une ou l'autre moitié de ces vastes Etats, et font trembler soit pour la liberté, soit pour le repos de tous ; mais parmi ces écrits, il ne s'en est jamais trouvé qui se soient appésantis avec complaisance sur ces tristes momens, où tel ou tel revers éclipsait chez les Allemands cette valeur, cette persévérance, toutes ces qualités qui honorent une Nation, et compensent en quelque sorte les horreurs de la guerre. Et cette discrétion n'est point un effet des entraves mises à la liberté de la presse, car elle se retrouve jusque dans ces pamphlets clandestins qui éludent tous les règlements de censure.

On veut être lu, on veut ne pas être rejeté avec indignation et mépris par tout lecteur de son pays : cette considération seule obligerait à une certaine pudeur le frondeur allemand le plus effréné, l'écrivain politique dont les intentions seraient les moins pures, les moins patriotiques. Eh ! qu'on ne s'y trompe point : le plus ou moins d'épaisseur dans le voile dont sont obligés de se couvrir les desseins inciviques qui fermentent aujourd'hui dans tous les Etats, quoique sous les prétextes ou par les principes les plus directement opposés, est une mesure infaillible du plus ou du moins d'esprit public, de solidité dans la force nationale, qui peut faire échouer ces desseins, ou du moins retarder leur réussite, lors même que des causes irrésistibles d'un autre genre les secondent. Pourquoi donc, ah ! pourquoi le comble de l'opprobre dans ce fait, est-il réservé à la Nation la plus brillante de bravoure, la plus idolâtre de gloire qui soit dans le Monde ? Quelle est cette profonde lâcheté, qui engendre au milieu de la France des papiers publics plus ouvertement anglais et autrichiens que les gazettes ministérielles de Vienne et de Londres ? car elle existe ; cette lâcheté ; elle existe plus généralement que dans l'âme de tel ou tel scélérat, qui dévoue sa plume à la ruine de sa Patrie ; sinon, quoique peu d'esprit qu'il eût au service de sa bassesse ou de sa rage, il aurait du moins l'instinct de tâcher de modifier ses efforts, suivant la susceptibilité des lecteurs, dont il voudrait flatter et égarer l'opinion. Voilà pourquoi le zele de ceux qui invitent le gouvernement à réprimer les journalistes contre-révolutionnaires, (de ce que je ne parle ici que d'une espèce de poison ; il ne s'en faut point que je n'en connaisse ou n'en admette qu'une seule espèce) tout en compromettant la liberté de penser, qui est la garantie de toute liberté, ne remédierait point au mal, dont les écrits des conspirateurs ne sont que les indices et les suites. Ce mal est moral : tous les moyens matériels d'exécution ne peuvent que le pallier, si même ils ne l'aigrissent.

En attendant que le génie de l'humanité prépare dans le silence, et à l'aide du destin, le remede également moral qui seul pourra l'extirper ; détournons un moment nos regards des ravages qu'il cause dans le sein même de la République ; et tandis qu'au milieu de la Nation Française il est des folliculaires assez impudens pour s'avouer hautement les alliés ou les suppôts de ses plus cruels ennemis, et par conséquent des lecteurs assez lâches pour se dispenser, je ne dis point d'être patriotes et républicains, mais d'avoir l'apparence d'hommes et de Français. Voyons à six cents lieues de Paris un philosophe professer généreusement le républicanisme, non de la France, mais du Monde entier. Le célebre Kant, cet homme qui a produit en Allemagne dans les esprits une révolution pareille à celle que les vices de l'ancien régime ont laissé arriver en France dans les choses, vient d'étayer du poids de son nom la cause de la constitution républicaine : après avoir établi les bases solides et scientifiques d'une réforme de la philosophie, il a cru pouvoir proclamer quelques-uns des résultats de cette réforme, qui jusques là avaient été plus sentis qu'avoués ; il n'a pas craint de s'exprimer loyalement et franchement ; son âge avancé devant le conduire bientôt au terme de sa glorieuse carriere, il a dédaigné les alarmes que pourraient concevoir cette fausse prudence qui féconde le mal en le laissant faire, et l'hypocrisie de l'erreur et le despotisme.

La brochure intitulée : *Projet de paix perpétuelle*, a paru sous son nom à Kœnigsberg, en Prusse, chez Frederic Nicolovius ; et ces caracteres d'entiere publicité sont remarquables en ce qu'ils indiquent la force d'opinion qui soutient la liberté de penser dans quelques parties de l'Allemagne.

Vu l'extrême cohérence des idées et du raisonnement de ce philosophe, nous ne pourrons gueres donner que la table des matieres de son petit ouvrage. Puisse cette notice, toute imparfaite qu'elle sera, inspirer aux patriotes le desir d'en avoir une traduction complette ! puisse-t-elle faire rougir ceux, qui tout entiers à l'ordre éphémère de chaque jour, ont besoin qu'un étranger leur rappelle l'ordre de tous les siècles !

Première section, qui contient les *articles préliminaires* d'une paix perpétuelle entre les Etats.

Art. Ier. Sera regardé comme inadmissible tout traité de paix, contenant la réservation secrette d'un sujet de guerre future.

II. Nul Etat indépendant, quelle que soit son étendue, ne pourra être acquis par aucun autre Etat, à titre d'héritage, d'échange, d'achat ou de don.

III. Les armées permanentes cesseront totalement avec le tems. (Bien entendu qu'il n'est pas question de l'exercice des armes, qui aura lieu volontairement et périodiquement parmi les citoyens de l'Etat, pour se garantir, eux et leur Patrie, contre toute attaque extérieure.)

IV. Nulles dettes publiques ne seront contractées pour le maintien de la politique extérieure.

V. Nul Etat ne s'immiscera de force dans la constitution et dans le gouvernement d'un autre Etat.

VI. Nul Etat en guerre avec un autre ne se permettra des hostilités telles qu'elles rendissent impossible la confiance réciproque au retour de la paix, comme d'aposter des assassins ou des empoisonneurs, de violer des capitulations, d'ourdir des trahisons dans l'Etat ennemi.

Les articles Ier, V et VI sont des lois strictes, dont l'exécution est urgente. Les articles II, III et IV impliquent un délai en tant qu'elles ne concernent que le titre de possession, non la possession actuelle.

Section seconde, qui contient les *articles définitifs* d'une paix perpétuelle entre les Etats.

L'état de paix entre des hommes qui existent à côté les uns des autres, n'est point un état *naturel*. Celui-ci étant au contraire un état de guerre, c'est-à-dire, un état, sinon d'hostilités ouvertes, au moins de menaces continuelles d'hostilités. L'état de paix a donc besoin d'être *établi ;* car la non-commission d'hostilités n'est pas encore une sureté, que des hostilités n'auront pas lieu ; cette sureté doit êre garantie réciproquement par les hommes, ou les Nations qui s'avoisinent, et une pareille garantie ne peut avoir lieu que dans un état *légitime*. Voici donc le principe fondamental des trois articles suivants : tous les hommes qui peuvent agir réciproquement les uns sur les autres, doivent avoir un lieu commun de constitution civile quelconque.

Toute constitution légitime, relativement aux personnes qui s'y soumettent, se rapporte :

1° *Au droit de cité*, des hommes réunis en nation ;

2° *Au droit des gens*, pour des relations réciproques entre les Etats ;

3°*Au droit cosmopolitique*, en tant que des hommes et des états, agissant réciproquement les uns sur les autres par un contact extérieur, doivent être regardés comme citoyens d'un Etat général qui comprend l'humanité entière.

Cette division n'est point arbitraire, mais nécessaire par rapport à la paix perpétuelle. Car si dans une seule de ces trois relations on se trouvait dans l'état d'action réciproque physique, et en même-tems dans l'état de nature, l'état de guerre, dont il s'agit de se délivrer, en serait la conséquence.

Premier article définitif. La constitution civile de chaque Etat doit être républicaine. La constitution républicaine est celle qui se fonde :

1° Sur le principe de la *liberté* des membres d'une société comme homme ;

2° Sur celui de la *dépendance*, dans laquelle tous se trouvent, relativement à une législation unique et commune, comme sujets ;

3° Sur la loi de leur *égalité*, comme citoyens de l'Etat.

Elle est la seule qui résulte de l'idée du contrat primitif, sur laquelle doit être basée toute législation juste. Outre la pureté de son origine, elle est la seule qui tient à la paix perpétuelle, parce qu'elle exige les suffrages des citoyens de l'Etat pour décider la question, s'il y aura guerre ou non ; d'où il résulte que les citoyens étant les arbitres de leur propre sort, relativement à tous les inconvéniens inséparables de la guerre, cette question ne peut se décider aussi legérement que dans tout Etat où les sujets ne sont point citoyens, où le gouvernement n'est point *membre*, mais propriétaire de l'Etat.

Le *républicanisme* est le principe de la séparatîon du pouvoir exécutif et du pouvoir législatif ; le *despotisme* est celui par lequel l'Etat exécute arbitrairement des lois qu'il a faites lui-même, par lequel la volonté générale n'est administrée par le gouvernement que comme sa volonté particulière. Toute forme de constitution qui n'est point *représentative*, ne peut être regardée comme une forme, attendu que le législateur peut y être en même tems exécuteur de sa volonté.

Second article définitif. Le droit des gens doit être fondé sur un fédéralisme d'Etats libres.

Les Peuples, comme Etats, peuvent être considérés de même que ces hommes isolés, qui dans leur état naturel, c'est-à-dire non soumis à des lois extérieures, sont en état de guerre par cela même qu'ils s'avoisinent, et qui peuvent par conséquent exiger les uns des autres, pour leur sureté réciproque, d'entrer ensemble dans une constitution analogue à la constitution civile afin que le droit de chacun se trouve assuré. Cette constitution serait, dans le cas dont il s'agit, une *association*, non une *aggrégation* des Nations. Notre *association de paix (fœdus pacificum)*, différera du *traité de paix (pactum pacis),* en ce que celui-ci ne tend qu'à terminer une seule guerre, tandis qu'elle tendra à terminer à jamais toutes les guerres. L'indépendance des Etats ne permettant point de leur appliquer ce qui est de droit naturel relativement aux hommes dans l'état non légal, c'est-à-dire l'obligation de sortir de cet état : ils ne peuvent se soumettre ensemble à des lois publiques coactives ; l'association fédérale est donc seule possible entre eux.

Quant à la praticabilité de cette idée de fédéralité, qui, en s'étendant successivement à tous les Etats, doit conduire à la paix perpétuelle, elle peut être mise en évidence ; car, *s'il arrive qu'un Peuple puissant et éclairé puisse se former en République, cette République, qui, par sa nature, doit incliner vers la paix perpétuelle, sera un centre d'association fédérale pour d'autres Etats, qui s'attacheront à elle, afin d'assurer la liberté des Etats, conformément à l'idée du droit des gens, et d'étendre peu à peu le lien commun.*[1]

Troisième article définitif. Le droit cosmopolitique sera restreint à des conditions d'hospitalité générale.

Après les développemens de cet article, peu susceptibles d'entrer dans un simple extrait, l'auteur ajoute quelques idées sur la *garantie* de la paix perpétuelle, qu'il trouve dans la *Nature*, celle-ci agissant de maniere à faire naître l'union, même contre le gré des hommes, du sein de leurs discordes. Il examine les opérations de la Nature (dont la tendance à un but quelconque lui fait donner, selon la différence du point de vue, les noms, soit de *Destin*, soit de *Providence*) en tant qu'elles tendent au but de la paix perpétuelle, sous les trois rapports ci-dessus énoncés, du droit public, du droit des gens et du droit cosmopolitique. Il prouve que la volonté de la Nature, relativement à ce qui doit être, est exprimée dans ce qui est : *Fata volentem durant, nolentem trahunt. (Supplément)*

1. Il suffit de remarquer, une fois pour toutes, que dans cette notice nous avons toujours employé et traduit littéralement les propres expressions de l'auteur allemand.

I. Du dissentiment entre la morale et la politique, relativement à la paix perpétuelle.

Ce dissentiment n'est pas *réel ;* il ne peut exister selon la raison que des *politiques moralistes,* qui envisagent la politique de façon qu'elle puisse s'accorder avec la morale, et non des *moralistes politiques*, qui fabriquent une morale conforme aux convenances de la politique. Les développemens de cet article, où l'auteur poursuit dans leurs derniers retranchemens les sophismes des soi-disans moralistes politiques, ne sont point susceptibles d'extrait.

II — De l'harmonie entre la politique et la morale, suivant l'idée transcendentale du droit public.

L'auteur trouve la base de cette harmonie dans la formule suivante :

Toute action relative aux droits d'autrui, dont la maxime ne comporte pas la publicité, est injuste.

Et il en tire la conséquence :

Que toute maxime qui a besoin de la publicité, pour ne point manquer son but, devant dès-lors être conforme au but général du public, s'accorde nécessairement avec le droit et la politique réunis.

LE MAGASIN ENCYCLOPÉDIQUE
(1796)

Économie politique

Projet de paix perpétuelle
Essai philosophique, par EMMANUEL KANT, traduit de l'allemand. A Paris, chez Jansen et Perronneau, imprimeurs-libraires, place du Muséum, an IV (1796), in 12 de cent quatorze pages.

Nous nous empressons de rendre compte de cet écrit qui, sous plusieurs rapports, doit fixer l'attention du public. Les Français ne verront pas sans satisfaction que l'auteur du systême critique publie avec franchise ses principes sur les intérêts les plus chers de l'humanité.

Cet écrit a paru sous le nom de *Kant,* à Kœnigsberg, en Prusse, chez Frederic Nicolovius[1] ; ces caractères d'entière publicité sont remarquables[2] en ce qu'ils indiquent la force d'opinion qui soutient la liberté de penser dans quelques parties de l'Allemagne. Nous avons exactement comparé la traduction avec le texte allemand, et nous pouvons assurer nos lecteurs que les pensées du philosophe critique ont été presque par-tout fidèlement rendues en français ; nous regrettons seulement que le traducteur ait supprimé, nous ne savons pas pourquoi, quatre notes intéressantes.

Ce traité est partagé en deux sections, auxquelles succèdent deux supplémens et un appendix.

La première section renferme *les articles préliminaires* d'une paix perpétuelle.

Art. I. « On ne regardera pas comme valide tout traité de paix où l'on se réserveroit tacitement la matière d'une nouvelle guerre.

II. « Tout Etat, qu'il soit grand ou petit, ne pourra jamais passer au pouvoir d'un autre Etat, ni par échange, ni à titre d'héritage[3], d'achat ou de donation.

III. « Les troupes réglées (*miles perpetuus*) doivent être abolies avec le temps ». (Bien entendu qu'il en est tout autrement d'exercices militaires entrepris volontairement et à des temps réglés, par les citoyens, pour se garantir, eux et leur patrie, des aggressions du dehors.)

---

1. *Zum ewigen Frieden Ein philosophischer Entwurf, von* Immanuel Kant. Kœnigsberg, bey Friedrich Nicolovius, 1795, 8. 104, S.

2. Comme l'a déjà observé le *Moniteur* dans son cent troisième Numéro de l'an IV.

3. Ce mot a été oublié par le traducteur.

IV. « On ne doit point contracter de dettes nationales pour soutenir les intérêts de l'Etat au dehors ».

Les emprunts, faits dans l'intérieur de l'Etat ou chez l'étranger, offriront une source nullement suspecte, si on les destine à l'économie du pays : comme seroient la réparation de grandes routes, de nouvelles colonies, l'établissement de magasins pour les années stériles. Mais, que penser de ce systême de crédit, invention ingénieuse d'une nation commerçante de ce siècle, au moyen duquel les dettes s'accumulent à l'infini sans qu'on soit embarrassé des remboursemens, parce que les créanciers ne les exigent jamais à la fois ? Considéré comme ressort politique, c'est un moyen dangereux de puissance pécuniaire, un trésor pour la guerre, supérieur à celui de tous les autres Etats pris ensemble, et qui ne peut s'épuiser à la longue que par le déchet des taxes (épuisement bien retardé encore par la réaction favorable du crédit sur le commerce et sur l'industrie). Cette facilité de faire la guerre, jointe au penchant naturel qui semble y porter les hommes dès qu'ils en ont le pouvoir, est un très grand obstacle à la paix éternelle. Et ce qui autorise d'ailleurs à en exiger l'abolition, comme un article préliminaire de cette pacification, c'est que, tôt ou tard, il en résulteroit une banqueroute nationale par où plusieurs Etats, qui en souffriroient innocemment, se trouveroient ouvertement lésés. Ils sont donc, pour le moins, en droit de se liguer contre un Etat qui se permet de pareilles mesures attentatoires à leur sûreté.

V. « Aucun Etat ne doit s'ingérer de force dans la constitution ni dans le gouvernement d'un autre Etat ».

VI. « On ne doit pas se permettre, dans une guerre, des hostilités qui seroient de nature à rendre impossible la confiance réciproque quand il sera question de la paix. Tel seroit l'usage qu'on feroit d'assassinats ou d'empoisonnemens, la violation d'une capitulation, l'encouragement en secret à la trahison dans l'Etat ennemi[4] ».

Les articles I, V et VI sont des lois strictes qui exigent une exécution prompte et absolue. Les articles II, III et IV sont moins rigoureux, parce que leur observation dépend de circonstances locales et accidentelles qui peuvent en retarder l'exécution, sans qu'il soit permis néanmoins d'en perdre entièrement le but de vue, et de remettre aux *Kalendes grecques* les restitutions à faire aux Etats qui ont été lésés.

La seconde section contient les *articles définitifs* de la paix perpétuelle.

Pour les hommes, l'état de nature n'est pas un état de paix, mais de guerre, sinon ouverte, au moins prête à s'allumer. Il faut donc que l'état de paix soit établi ; car, pour être à l'abri de tout acte d'hostilité, il ne suffit pas qu'il ne s'en commette point, il faut qu'un voisin garantisse à l'autre sa sûreté

4. Le traducteur a rendu la phrase allemande : *Anstifturg des Verraths in dem bekriegten Staat*, par encouragement secret à la rebellion. Il reconnoîtra facilement qu'il s'est trompé.

personnelle, ce qui ne sauroit avoir lieu que dans un état de législation ; sans quoi l'un est en droit de traiter l'autre en ennemi après lui avoir inutilement demandé cette garantie. Voici donc le principe sur lequel tous les articles suivans sont établis :

Tous les hommes qui influent les uns sur les autres doivent avoir une constitution civile.

Or, toute constitution légitime, considérée quant aux personnes qui en sont l'objet, est :

1°. Ou conforme au *droit civil*, et se borne à un peuple (*jus civitatis*) ;

2°. Ou au *droit des gens*, et règle les relations des peuples entr'eux (*jus gentium*) ;

3°. Ou au *droit cosmopolitique*, en tant que les hommes ou les états sont considérés comme influans les uns sur les autres, en qualité de parties constituantes du grand état du genre-humain (*jus cosmopoliticum*).

Cette division n'est pas arbitraire : l'idée d'une paix éternelle la nécessite. Car supposez que sous un de ces trois rapports deux peuples soient dans l'état de nature et dans une influence physique réciproque, aussitôt renaîtroit l'état de guerre dont il s'agit d'être délivré.

PREMIER ARTICLE DEFINITIF

La constitution civile de chaque Etat doit être républicaine

La seule constitution qui résulte de l'idée du pacte social, sur lequel doit se fonder toute bonne législation d'un peuple, est la constitution républicaine[5]. Elle seule est établie sur des principes compatibles : 1°. avec la liberté qui convient à tous les membres d'une société, en qualité d'hommes ; 2°. avec la soumission de tous à une législation commune, comme sujets ; et enfin, 3°. avec le droit d'égalité qu'ils ont tous, comme membres de l'état. Il n'y a donc que cette constitution qui, relativement au droit, serve de base primitive à toutes les constitutions civiles ; reste à savoir si elle est aussi la seule qui puisse amener une paix perpétuelle. Or, en examinant la nature de cette constitution, on trouve qu'outre la pureté de son origine, qui tient à l'idée même du droit, elle promet aussi les plus heureux effets, et peut seule nous faire espérer une pacification permanente, parce que, suivant le mode de cette constitution, il faut que chaque

5. La *Liberté légale*, dit Kant, et, par conséquent, extérieure, n'est pas, comme on la définit d'ordinaire, la faculté de faire tout ce qu'on veut pourvu qu'on ne nuise pas à autrui : elle consiste à n'obéir qu'à des lois auxquelles j'aie pu donner mon assentiment. De même l'égalité légale dans un état, est le rapport des citoyens entr'eux, suivant lequel l'un ne sauroit obliger l'autre juridiquement sans que celui-ci ne se soumette aussi à la loi de pouvoir être obligé à son tour de la même manière.

citoyen concourre, par son assentiment, à décider la question : si l'on fera la guerre ou non.

Or, déclarer la guerre, n'est-ce pas, pour des citoyens, décréter contre eux-mêmes toutes les calamités de la guerre ? Certes, on se gardera bien de précipiter une entreprise aussi hasardeuse. Au lieu que dans une constitution où les sujets ne sont pas citoyens de l'état, c'est-à-dire, qui n'est pas républicaine, une déclaration de guerre est la chose du monde la plus aisée à décider, puisqu'elle ne coûte pas au chef, propriétaire, et non pas membre de l'état, le moindre sacrifice de ses plaisirs de la table, de la chasse, de la campagne, de la cour, etc. Il peut donc résoudre une guerre, comme une partie de plaisir, par les raisons les plus frivoles, et en abandonner avec indifférence la justification qu'exige la bienséance au corps diplomatique qui sera toujours prêt à la faire.

SECOND ARTICLE DEFINITIF

Il faut que le droit des gens soit fondé sur une fédération d'Etats libres

Il en est des peuples, en tant qu'états, comme des individus : s'ils vivent dans l'état de nature et sans lois, leur voisinage seul est un acte de lésion. L'un peut, pour garantir sa sûreté, exiger de l'autre qu'il établisse avec lui une constitution qui garantisse à tous leurs droits. La raison condamne, sans exception, la guerre comme voie de droit ; elle fait un devoir absolu de l'état de paix ; et, comme cette pacification ne sauroit s'effectuer ni être garantie sans un pacte entre les peuples, il faut qu'ils forment une alliance d'une espèce particulière qu'on pourroit appeler *alliance pacifique (fœdus pacificum)*, différente du *traité de paix (pactum pacis)*, en ce qu'elle terminerait à jamais toutes les guerres, tandis que celui-ci n'en finit qu'une seule. Cette alliance ne tendroit à aucune domination sur les états, mais uniquement au maintien assuré de la liberté de chaque état particulier qui participeroit à cette association, sans qu'ils aient besoin de s'assujétir, à cet effet, comme les hommes dans l'état de nature, à la contrainte légale d'un pouvoir public.

On peut prouver que l'idée d'une fédération qui s'étendroit insensiblement à tous les états, et qui les conduiroit ainsi à une paix perpétuelle, peut être réalisée : *car si le bonheur vouloit qu'un peuple aussi puissant qu'éclairé pût se constituer en république (gouvernement qui, par sa nature, doit incliner à une paix perpétuelle), il y auroit alors un centre pour cette association fédérative ; d'autres états pourroient y adhérer pour garantir leur liberté d'après les principes du droit public, et cette alliance pourroit s'étendre insensiblement.*

TROISIEME ARTICLE DEFINITIF

Le droit cosmopolitique doit se borner aux conditions d'une hospitalité universelle

Il s'agit dans cet article, comme dans les précédens, du droit, non de la philantropie. *Hospitalité* signifie donc uniquement le droit qu'a chaque étranger de ne pas être traité en ennemi dans le pays où il arrive. On refuse de le recevoir, si on le peut sans compromettre son existence : mais on n'ose pas agir hostilement contre lui tant qu'il n'offense personne.

Les liaisons plus ou moins étroites qui se sont établies entre les peuples ayant été portées au point qu'une violation de droits, commise en un lieu, est ressentie par-tout, l'idée d'un droit cosmopolitique ne pourra plus passer pour une exagération fantastique du droit ; elle est le dernier degré de perfection nécessaire au code tacite du droit civil et public ; car il faut que ces systêmes conduisent enfin à un droit public des hommes en général, vers lequel on ne peut se flatter d'avancer sans cesse que moyennant les conditions indiquées.

PREMIER SUPPLEMENT

De la garantie de la paix perpétuelle

Kant trouve la garantie de la paix perpétuelle dans la nature, dont la marche mécanique annonce évidemment le grand but de faire naître parmi les hommes, contre leur intention, l'harmonie du sein même de leurs discordes. Il développe cette assertion en examinant les opérations de la nature, en tant qu'elles tendent au but de la paix perpétuelle, sous les trois rapports ci-dessus énoncés, du droit public, du droit des gens, et du droit cosmopolitique.

SECOND SUPPLEMENT

Article secret pour la paix perpétuelle

Il seroit contradictoire de faire entrer dans les procédures de droit public un article secret, quant à son objet, quoiqu'il puisse très-bien y en avoir de secrets subjectivement, quant à la qualité des personnes qui les dictent ; celles-ci craignant peut-être de compromettre leur dignité, si elles s'en déclaroient ouvertement les auteurs.

Le seul article de ce genre est le suivant :

« Les maximes des philosophes sur les conditions qui rendent possibles la paix perpétuelle doivent être consultées par les états armés pour la guerre ».

Que les rois deviennent philosophes, ou les philosophes rois, on ne peut guères s'y attendre ; mais que les rois, ou les peuples rois, c'est-à-dire, les peuples qui se gouvernent eux-mêmes d'après les lois d'égalité, ne souffrent pas que la classe des philosophes soit réduite à disparoître ou à garder le silence, mais lui permettent, au contraire, de se faire entendre librement : voilà ce qu'exige l'administration du gouvernement, qui ne sauroit s'environner d'assez de lumières.

APPENDIX

1° Sur l'opposition qui se trouve entre la morale et la politique au sujet de la paix perpétuelle

La morale a déjà, par elle-même, un objet-pratique, puisqu'elle est l'ensemble des lois absolues d'après lesquelles nous devons agir. Il est donc absurde d'accorder à l'idée du devoir toute son autorité, et de prétendre neanmoins qu'on ne puisse pas le remplir, ce qui anéantiroit l'idée même du devoir (*ultra posse nemo obligatur*). La politique, en tant qu'elle est une jurisprudence-pratique, ne sauroit donc être en contradiction avec la morale, considérée comme la théorie du droit (c'est-à-dire, il n'y a point d'opposition entre la théorie et la pratique), à moins qu'on n'entende par morale l'ensemble des règles de la prudence, ou la théorie des moyens les plus propres à remplir des vues d'intérêt, c'est-à-dire, à moins qu'on ne rejette entièrement toute idée de morale. Dans le développement de cet article, *Kant* poursuit dans leurs derniers retranchemens les sophismes des soi-disant moralistes politiques.

Voici quelques maximes qu'il leur reproche, et à quoi se réduit à-peu-près tout leur savoir-faire.

1°. *Fac et excusa.* Saisis l'occasion favorable de t'emparer d'un droit sur ton propre état ou sur un état voisin : après l'action, la justification pourra se faire avec bien plus de facilité et d'élégance (surtout dans le premier cas, où le pouvoir suprême est en même-temps le législateur auquel il faut obéir sans raisonner). Il vaut bien mieux commettre l'acte de violence et l'excuser ensuite, que de réfléchir péniblement à des raisons convaincantes, et de perdre du temps à écouter les objections. Cette hardiesse même annonce une sorte de conviction de la légitimité de l'action, et la *Divinité du succès (Bonus eventus)* est ensuite le meilleur avocat.

2°. *Si fecisti, nega.* Nie tout ce que tu as commis. Si tu as, par exemple, porté ton peuple au désespoir et ainsi à la révolte, n'avoue pas que ce soit ta faute. Mets tout sur le compte de l'obstination des sujets. As-tu pris possession d'un état voisin ? soutiens qu'il faut s'en prendre à la nature de l'homme, qui, s'il n'est pas prévenu, s'emparera certainement du bien d'autrui.

3°. *Divide et impera.* Y a-t-il dans un peuple certains chefs privilégiés qui t'ont conféré le souverain pouvoir *(primus inter pares)* ? divises-les entr'eux, tâches de les brouiller avec le peuple, favorises le dernier, et promets-lui plus de liberté : ta volonté aura bientôt force de loi absolue. Tes vues se portent-elles sur des états étrangers ? excite entr'eux des discordes ; et, sous prétexte d'assister toujours le plus foible, tu pourras te les assujétir tous les uns après les autres.

2° *De l'accord que l'idée transcendante du droit établi entre la politique et la morale.*

Kant trouve la base de cet accord dans la formule suivante :

« Toutes les actions relatives au droit d'autrui, dont la maxime n'est pas susceptible de publicité, sont injustes ».

Ce principe n'est pas seulement moral et essentiel à la doctrine de la vertu, il est aussi juridique, et se rapporte également au droit des hommes ; car, une maxime que je n'ose publier sans agir contre mes propres fins, qui exige absolument le secret pour réussir, et que je ne saurois avouer publiquement sans armer tous les autres contre mon projet, une telle maxime ne peut devoir qu'à l'injustice dont elle les menace cette opposition infaillible et universelle dont la raison prévoit la nécessité absolue.

D'ailleurs, ce principe est purement négatif ; il ne sert qu'à reconnoître ce qui est contraire au droit des autres. — Il a l'évidence et la certitude des axiômes, et l'on peut aisément en faire l'application. (L'auteur le prouve par quelques exemples puisés dans le droit public.)

La formule du principe transcendant et affirmatif du droit public seroit, d'après *Kant* :

« Toutes les maximes qui, pour avoir leur effet, ont besoin de publicité, s'accordent avec la morale et la politique combinées ».

Car, si elles ne peuvent produire leur effet qu'autant qu'elles sont notoires, il faut qu'elles s'accordent avec le but général du public, avec le bonheur ; par conséquent elles conviennent à la politique, qui s'occupe à imaginer un état de choses dont chacun puisse être content ; et si ce but ne peut s'atteindre que par la publicité des maximes qu'on propose, c'est-à-dire, qu'en écartant d'elles tout sujet de défiance, il faut encore qu'elles soient conformes aux droits du public, seul point de réunion où puissent se rassembler les fins particulières de tous.

S'il est du devoir, si l'on peut même concevoir l'espérance de réaliser, quoique par des progrès sans fin, le règne du droit public, la paix perpétuelle, qui succédera aux *trèves* jusqu'ici nommées *traités de paix*, n'est donc pas une chimère, mais un problème dont le temps, vraisemblablement abrégé par l'uniformité des progrès de l'esprit humain, nous promet la solution.

A. KEIL

LE JOURNAL D'ÉCONOMIE PUBLIQUE, DE MORALE ET DE POLITIQUE

(1796)

Section seconde

Mémoires

Observations d'Adrien LÉZAY,
sur le Projet de paix perpétuelle, d'Emmanuel KANT.

Un métaphysicien célèbre vient de publier ses idées politiques dans un écrit intitulé : *Projet de Paix perpétuelle.* Le titre de l'ouvrage aussi bien que celui de l'auteur feront rire bien des politiques ; ceux-ci étant d'usage entre eux de regarder comme imaginaire toute vue politique qui n'a pas pris naissance dans la tête d'un politique, ou que la politique n'a pas encore jugé à propos d'appliquer.

L'esprit de maîtrise qui interdit l'exercice d'une profession à quiconque n'y est pas aggrégé, cet esprit si ridicule dans les arts, l'est autrement encore dans les sciences, et décèle assez bien, je crois, l'esprit borné de ceux qui prétendent poser les bornes de l'esprit.

Je ne saurois dire combien de gens j'ai vu s'élever contre l'application de la méthode métaphysique ou de l'abstraction à la science politique. Quand je leur demandois pourquoi ils ne s'élevoient pas de même contre l'application de l'algèbre à la géométrie ; ils répondoient : c'est différent ; réponse familière surtout à ceux qui sont le moins capables d'apprécier les différences.

On ne voit que des sciences appliquées à des arts ou à d'autres sciences, et des méthodes appliquées soit à des sciences, soit à des arts. L'application de la méthode métaphysique à la science politique n'a rien de différent de l'application de l'algèbre à la géométrie, l'une et l'autre n'étant autre chose sinon des méthodes qui, au moyen de formules arbitraires, ou générales, et conséquemment abréviatives, lient les idées par leurs sommets (si je puis me servir de ce terme pour exprimer le point par où elles sont le plus élevées au-dessus des objets), au lieu de les lier par leurs bases, en offrant le double avantage, de leur donner leur plus grande extension possible, tout en les réduisant à leur expression la plus simple.

Ainsi lorsque l'on dit : *Les hommes sont des êtres pensans,* on dit autant que si on les comptoit les uns après les autres en répétant de chacun d'eux : *Cet être est un être pensant.* Mais il y a cette différence entre les deux procédés, que le procédé métaphysique résume dans un seul total toutes ces unités particulières, ce qui fait que l'idée approche aussi près que possible de la généralité des principes, et l'expression, de l'intensité de l'idée.

Le jour viendra, je pense, où l'on aura reconnu la nécessité d'abstraire les questions sur lesquelles on veut opérer, et d'appliquer la méthode métaphysique aux sciences qu'on veut rendre exactes. — La politique et la législation sont les premières à réclamer cette révolution : jusques-là, elles ne cesseront de marcher d'erreurs en erreurs, faute de formules sous lesquelles soient réduits tous les cas non-seulement existans mais possibles. — L'art de penser en profitera, rien n'aidant l'analyse, c'est-à-dire le raisonnement, comme la simplification des idées et leur concentration dans un espace de mots si borné que l'esprit puisse en voir plusieurs en une fois, au lieu de les faire revenir les unes après les autres par le secours de la mémoire. — L'art d'écrire même y gagnera, puisque rien n'étend plus la pensée que d'en resserrer l'expression. — Enfin, jusque sous le rapport d'ordre public, on trouvera que l'usage de traiter les affaires nationales en un langage abstrait, convient particulièrement à l'état populaire où les inconvéniens qui résultent de la manie que tous ont d'en délibérer, ne seront évités, que lorsque la langue politique se sera tellement élevée au-dessus de la langue populaire que peu pourront l'entendre et très-peu la parler.

Ces remarques que j'ai cru bonnes à faire sur la méthode de Kant, seront, je crois, justifiées par son ouvrage. On y verra que si la méthode métaphysique procède par des abstractions, ce n'est pas nécessairement à des abstractions qu'elle aboutit. Mais conclure de ce que ses résultats restent pour la plupart sans pratique, qu'ils sont impraticables, n'est-ce pas oublier un peu trop que ceux qui éclairent les hommes ne sont pas ceux qui les gouvernent, et absoudre la politique de l'inexécution des lois décrétées par la philosophie ?

Kant fonde son projet de paix perpétuelle non sur des considérations de philantropie, mais sur des principes de droit rigoureux. A peine si dans tout l'ouvrage on trouve un sentiment qui décèle l'homme : au ton désintéressé dont il parle des droits de son espèce, et au caractère d'infaillibilité dont sont revêtues ses maximes, on croit entendre une intelligence supérieure révéler des lois à un monde dont elle n'est pas. L'ouvrage d'ailleurs est sans art : le style sans énergie : les idées les plus élevées, tissues avec les plus communes. L'auteur n'aide en rien son lecteur : il le traite en égal, et songe à lui épargner de la peine aussi peu qu'à lui plaire : il établit fortement ses principes, mais il sème au hasard ses déductions, et ce n'est pas sans difficulté qu'on parvient à les rétablir dans la série qui leur est propre. Comme je n'ai guères connu la beauté de cet ouvrage qu'après avoir fait ce travail, je pense qu'il n'est pas inutile d'en donner un fragment, pouvant favoriser peut-être la propagation d'une vue qui, pour n'avoir encore sa place que dans le monde des idées, la prendra tôt ou tard dans le monde politique, comme l'y a prise et l'y conservera la *République en grand* que l'on a pendant tant de siècles traitée de chimérique.

I.

QUOIQUE l'homme ait en lui les germes de la sociabilité, on peut concevoir néanmoins un état de choses antérieur à la société, dans lequel les droits n'étant pas encore reconnus, et où la force de tous n'étant pas encore appliquée à contenir chacun dans les siens, chacun feroit valoir ses propres droits avec sa propre force, et faute de *voies de droit*, n'auroit d'autre recours ouverts au cas où ils seroient violés que dans les *voies de fait*. C'est sous ce rapport que nous disons que l'état naturel de l'homme est un *état de guerre.*

II.

POUR sortir de l'état de guerre, il sort donc de l'état de nature et entre en société, formant avec les hommes auxquels il s'associe deux sortes de traités ; l'un de *paix*, moyennant lequel ils s'engagent à ne plus s'attaquer entre eux, et l'autre d'*alliance* par lequel ils s'engagent à se défendre en commun.

III.

CE premier pas vers la pacification humaine, le seul qui soit fait jusqu'ici, seroit le seul à faire si le genre-humain ne formoit qu'une seule association. Mais cela n'étant pas, il en reste à faire un second. L'homme n'a encore que la paix *intérieure*, il l'a avec la société, mais il l'a seulement avec elle ; jusqu'à ce jour il n'y a de société, et dès lors de *paix garantie,* qu'entre les associés de la même association. Quant aux associations elles-mêmes, elles sont encore en état de nature les unes par rapport aux autres, et dès-lors en état de guerre ; ce qui veut dire, non qu'elles sont sans cesse aux prises, *mais que rien ne les empêche d'y venir,* et que n'ayant point de tribunal au-dessus d'elles où porter leurs différens, elles les vident entre elles par la voie de la guerre, et se font justice elles-mêmes.

IV.

LA paix *extérieure* est donc à faire, et ce que les hommes ont fait entre eux, reste à faire entre les nations. Il faut des sociétés d'état, comme il y a des sociétés d'individus ; et de même que pour avoir la paix extérieure, ces derniers ont passé de l'état naturel à l'état social, de même pour avoir la paix extérieure, il faut que les états passent de l'état de nature où ils se trouvent entre eux, à l'état de société.

V.

AVANT d'aller plus loin, il est nécessaire de savoir si les différences qui sont entre les différens états ne sont pas un obstacle invincible à leur association.

Pour résoudre cette question, examinez d'abord les différences *physiques* qui se remarquent entre les diverses parties de la même nation, et comparez ces différences avec les différences qui sont entre tel état et tel autre. Vous trouverez que deux états diffèrent souvent moins entre eux, que les divers parties d'un même état ne diffèrent entre elles.

Passant aux différences *morales,* vous trouverez de même qu'elles sont toujours moins grandes de masses à masses que d'individus à individus. Si donc des individus différens ont pu, malgré leurs différences, s'associer entre eux, vous concluerez à plus forte raison que les différences physiques et morales qui sont entre les diverses nations ne s'opposent pas invinciblement à leur association entre elles.

VI.

LA paix perpétuelle fondée sur une association d'états est donc possible, puisque cette association l'est elle-même, et elle repose sur trois garanties ; l'une fondée sur la constitution particulière de chaque état, et qui consiste à ce que cette constitution soit compatible avec la paix ; l'autre fondée sur une constitution générale des états qui maintienne la paix entre eux ; et la troisième enfin fondée sur la reconnaissance du droit négatif qu'a tout homme de ne pas être traité en ennemi par un état lorsqu'il ne s'y présente pas en agresseur. Cette triple garantie déduite d'un droit national, fédéral, et cosmopolitique se trouve combinée dans trois articles que Kant appelle *articles définitifs*, pour la paix perpétuelle, et qu'il a rédigés sous les formules suivantes.

ART. I.

LA constitution civile de chaque état doit être républicaine.

II.

IL faut que le droit public soit fondé sur une fédération d'états libres.

III.

LE droit cosmopolitique doit se borner aux conditions d'une hospitalité universelle.

Chacun de ces articles est suivi de son commentaire. Sur le premier, Kant établit : Que la seule constitution qui résulte de l'idée du pacte social sur lequel doit se fonder toute bonne législation d'un peuple, est la constitution républicaine. Elle seule est établie sur des principes compatibles, 1°. avec la liberté qui convient à tous les membres d'une société en leur qualité d'*hommes,* 2°. avec la soumission de tous à une législation commune, en leur qualité de *sujets,* 3°. enfin avec le droit d'égalité qu'ils ont tous en leur qualité de *membres de l'état.*

Il n'y a donc que cette constitution qui, dans le droit, serve de base à toutes les constitutions civiles : et il n'y a qu'elle encore qui, dans le fait, puisse servir de base à une paix perpétuelle.

Suivant le mode de cette constitution, il faut que chaque citoyen concourre par son assentiment à décider si l'on fera la guerre ou non. Or, décréter la guerre, n'est-ce pas pour des citoyens décréter contre eux-mêmes toutes les calamités de la guerre ? Dans une constitution au contraire où les sujets ne sont pas citoyens de l'état, c'est-à-dire où tous ne sont pas appelés à décider ce que tous sont appelés à souffrir, la guerre ne coûte rien à déclarer au chef, puisque c'est lui qui la déclare et que ce sont d'autres que lui qui la font, l'endurent et la payent.

Observons cependant que si il y a dans les constitutions républicaines plus d'*intérêts* qui votent contre la guerre, il y a aussi plus de passions qui votent en sa faveur. De toutes les formes de gouvernemens, celle où les affaires se délibèrent en *assemblées*, est celle où les passions ont le plus de jeu, et où elles influent davantage sur les résolutions publiques. Mais avouons aussi que l'art d'organiser les assemblées est encore dans l'enfance, et que tant que l'être collectif, que l'on nomme *corps législatif,* ne procédera pas dans la formation de ses jugements par les mêmes moyens que procède l'être simple qui veut rendre des jugements sains[1], ses résultats seront fort sujets à erreur.

1. Je réitère ici l'invitation que j'ai faite en particulier à Rœderer, de publier l'ouvrage qu'il m'a lu sur la manière d'organiser les délibérations du corps législatif. Il considère ce corps comme un *entendement collectif,* qu'il appelle *entendement national* ; et après avoir analysé avec beaucoup d'exactitude toutes les opérations qu'exécute l'entendement d'un individu sage, avant de prendre une détermination importante, il soumet le corps législatif à toutes ces opérations qui se réduisent à des *analyses et à des jugements successifs ;* il établit et organise des comités pour chacune de ces opérations, et des discussions élémentaires sur chaque branche de la question principale. De sorte que le corps législatif est, en quelque sorte, une *machine analytique et logique*, dans laquelle tous les talens, même les passions, servent sans pouvoir nuire, et qui arrête l'esprit de l'assemblée sur chaque point d'une question, comme une montre porte son aiguille sur toutes les heures et les minutes de son cadran.

Du reste, pour empêcher qu'on ne confonde, comme on le fait communément, la constitution républicaine avec la constitution démocratique, nous ferons les observations suivantes.

Dans tout état, il y a un *souverain* et un *gouvernement* ; mais le souverain, ainsi que le gouvernement, sont diversement constitués dans chacun ; ainsi, c'est non-seulement d'après la forme du gouvernement, mais encore d'après celle du souverain que les états doivent être classés.

La *forme du souverain* est celle selon laquelle la *souveraineté* est distribuée : la *forme du gouvernement* est celle selon laquelle sont distribués les *pouvoirs.* — Je pourrois dire aussi : La forme du souverain est celle sous laquelle le souverain *existe*, la forme du gouvernement celle sous laquelle le souverain *gouverne.*

Le souverain peut *exister* sous la forme d'*un seul*, et c'est *l'autocratie*, ou sous la forme de plusieurs, c'est *l'aristocratie*, ou sous celle de *tous*, c'est la *démocratie.*

Le souverain peut *gouverner* ou sous la forme *républicaine* quand le pouvoir législatif est séparé de l'exécutif, ou sous la forme *despotique* quand ces pouvoirs sont confondus.

On voit par-là qu'il peut y avoir une autocratie républicaine lorsque, par exemple, à côté d'un roi qui fait la *loi*, en est un autre qui *l'exécute :* une aristocratie républicaine, lorsque deux corps d'aristocrates exercent chacun séparément l'un le pouvoir législatif, l'autre, l'exécutif. De même il y a autocratie et aristocratie despotique, lorsque dans ces deux formes de souverain, les deux pouvoirs sont confondus. Quant à la démocratie, il est visible qu'en aucun cas elle ne peut être républicaine, puisque tous y faisant la loi, elle ne peut être exécutée que par ceux qui la font, d'où résulte invinciblement la confusion des deux pouvoirs. Ce peu de mots suffit pour faire voir qu'on a pris jusqu'ici la forme du souverain pour celle du gouvernement, et que démocratie et république, loin d'exprimer la même idée, expriment deux idées absolument contraires.

Voici le commentaire de l'article II : *Il faut que le droit public soit fondé sur une fédération d'états libres.*

« IL en est des peuples en tant qu'états comme des individus ; s'ils vivent dans l'état de nature et sans lois, leur voisinage seul est un acte de lésion. L'un peut, pour garantir sa sûreté, exiger de l'autre qu'il établisse avec lui une constitution qui garantissent à tous leurs droits...

« On peut prouver que l'idée d'une fédération qui s'étendroit insensiblement à tous les états, et qui les conduiroit ainsi à une paix perpétuelle, peut être réalisée. Car si le bonheur vouloit qu'un peuple aussi puissant qu'éclairé » (Je nommerois la France si elle étoit aussi éclairée que puissante.)

« Si, dis-je ; le bonheur vouloit que ce peuple pût se constituer en république, (gouvernement qui, par sa nature, doit incliner à une paix perpétuelle,) il y auroit dès lors un centre pour cette association fédérative : d'autres états pourroient y adhérer pour garantir leur liberté d'après les principes d'un droit public, et cette alliance pourroit s'étendre insensiblement. »

Nous avons des échantillons d'un tel fédéralisme, et une constitution fédérale d'états est bien moins difficile à concevoir qu'une constitution nationale d'individus, étant beaucoup moins compliquée. Kant n'entre point dans ces détails ; mais, d'après ses principes, ont voit qu'elle seroit bâsée sur une *représentation fédérale*, une division de représentation, etc.

Voici le commentaire de l'article III : *Le droit cosmopolitique doit se borner aux conditions d'une hospitalité universelle.*

« Il s'agit dans cet article, comme dans les précédens, de droit, non de philantropie ; le droit d'hospitalité signifie donc uniquement le droit qu'a chaque étranger de ne pas être traité en ennemi dans le pays où il arrive : droit fondé sur celui d'habitation commune de la terre à laquelle originairement nul n'a plus de droit que l'autre. La mer et ses déserts inhabitables divisent la surface de la terre ; mais le vaisseau et le chameau, ce navire du désert, rétablissent la communication, et facilitent à l'espèce humaine l'exercice du droit que les hommes ont tous de profiter en commun de cette surface. »

Ces trois articles définitifs pour la paix perpétuelle se trouvent précédés dans l'ouvrage de Kant de six articles préliminaires que voici :

Art. I.

ON ne regardera pas comme valide tout traité de paix où seroit implicitement réservée la matière d'une nouvelle guerre.

II.

TOUT état, qu'il soit grand ou petit, ne pourra jamais passer au pouvoir d'un autre état, ni par échange, ni à titre d'achat ou de donation. (J'aurois ajouté : Bien moins encore à titre de conquête.)

III.

LES troupes réglées doivent être abolies avec le temps.

IV.

ON ne doit point contracter de dettes nationales pour soutenir les intérêts de l'état au dehors.

V.

AUCUN état ne doit s'ingérer de force dans la constitution, ni dans le gouvernement d'un autre état.

VI.

ON ne doit pas se permettre dans une guerre, des hostilités qui seroient de nature à rendre impossible la confiance réciproque quand il sera question de paix ; telles seroit l'usage que l'on feroit d'assassins ou d'empoisonneurs, la violation d'une capitulation, l'encouragement secret à la rebellion, etc.

Je supprime les commentaires que l'auteur fait sur chacun de ces articles, et je terminerai l'extrait de son ouvrage par deux maximes qu'il renferme et qui sont, si je ne me trompe, fort applicables à nos affaires.

I. Le politique moral aura pour principe : « Que s'il s'est glissé des abus, soit dans l'état, soit dans les rapports des états entre eux, il est principalement du devoir des chefs d'y faire aussitôt des amendements conformes au droit naturel établi sur la raison, dussent-ils même sacrifier à ces changements leurs propres intérêts : mais ce n'est pas à dire qu'ils doivent rompre violemment les liens de la société civile et cosmopolitique avant même que d'avoir une meilleure forme à substituer à l'ancienne : une opération aussi brusque n'est pas moins désavouée par la morale que par la politique. »

« II. Quand même une révolution violente, nécessitée par les défauts du gouvernement, auroit amené par des *voies injustes* un meilleur ordre de choses, il ne seroit plus permis de faire rétrograder le peuple vers son ancienne constitution, et l'on seroit rebelle tout en attaquant l'ouvrage de la rebellion. »

Voilà en peu de mots l'analyse de l'écrit de Kant sur la paix perpétuelle. Si j'ai commis quelques erreurs, je crois pouvoir m'en excuser partie sur l'obscurité même de l'ouvrage, partie sur la défectuosité de la traduction que dans plus d'un passage j'ai été forcé de traduire.

Adrien LEZAY

IV

Appendice

Quatre textes relatifs à la paix

Présentation par Simone GOYARD-FABRE

Les quatre textes que nous avons rassemblés dans cet *Appendice* montrent comment, dans le courant des XVIIe et XVIIIe siècles, le souci de faire régner la paix entre les hommes est passé, de manière très significative, du plan de la morale au niveau des constructions juridiques. Ainsi se sont progressivement dessinés, dans un climat d'espérance de moins en moins porté par la foi religieuse et des considérations théologiques, mais tributaire d'un rationalisme humaniste qui, au temps des Lumières, s'ouvrira à la dimensions de l'universel, les chemins du droit international public.

Pierre NICOLE (1625-1695) est l'une des grandes figures de Port-Royal auquel sa vie entière est attachée. Moraliste et théologien, ami de Pascal et du Grand Arnauld, il fut mêlé à toutes les controverses de son époque. Cependant dans son profond humanisme, il demeura toujours épris de raison et fut constamment animé par la volonté d'oeuvrer à la discipline et à la pacification du monde intérieur des passions.

Son rigorisme transparaît tout particulièrement dans ses *Essais de morale contenus en divers traités sur plusieurs devoirs importants*, dont la publication, commencée en 1671, s'achèvera en 1715, donc, après sa mort. Ces *Essais* sont complétés par des *Réflexions sur les Epîtres des Evangiles*. L'ensemble de son œuvre comporte vingt-cinq volumes.

Dans l'essai intitulé *Traité des moyens de conserver la paix avec les hommes*, qui date de 1671, il fustige assurément tout ce qui, de près ou de loin, s'apparente à la violence de la guerre. Mais à peu près indifférent aux problèmes politiques et, en tout cas, aux questions de technique juridique, c'est essentiellement en termes de morale et de théologie qu'il s'interroge sur la paix entre les hommes. La première partie du *Traité* étudie comment « l'union de la raison et de la religion » permet à chacun, dans « le monde entier [qui] est notre ville », de « garder la paix avec ceux avec qui ont vit ». La seconde partie — dont nous donnons le texte ci-après — s'attache spécifiquement à la discipline des passions, que Nicole considère comme la condition fondamentale de la paix entre les hommes.

William PENN (1644-1718) qui, dès 1667, avait adhéré àla secte des Quakers, a toujours défendu avec ardeur la liberté et la paix. Dans son puritanisme, il dénonçait toutes les formes de violence, entre les individus comme entre les Etats. Il fut le fondateur de la colonie anglaise de Pensylvanie, dont la capitale porte le nom suggestif de Philadelphie (ou Amour fraternel). Les horreurs de la guerre de la Ligue d'Augsbourg (1689-1697) lui inspirèrent, en 1693, un *projet de paix entre les Etats de l'Europe* qui, avant celui de l'abbé de Saint-Pierre, ne va ni sans hardiesse ni sans noblesse.

A la différence de Pierre Nicole, W. Penn transporte le problème de la paix, comme l'avaient fait Sully, Emeric de Crucé et Grotius, sur le terrain du droit. Il préconise, avec une minutie exemplaire, la création d'un organisme international dont l'arbitrage trancherait les différends qui surgiraient entre les Etats d'Europe. Avec plus de concision et de netteté que l'abbé de Saint-Pierre dans son futur *Projet de paix perpétuelle,* il prône la formation d'une « Diète » européenne qui est, par sa structure comme par son fonctionnement, un lointain prélude aux institutions internationales du XXe siècle. Théodore Ruyssen considérait ce texte comme « l'un des monuments les plus importants de la littérature pacifiste ».

Charles-Irénée CASTEL de SAINT-PIERRE (1658-1743) publiait à Utrecht, en 1713, son *Projet pour rendre la paix perpétuelle en Europe.* Dans cet imposant ouvrage, il exposait, méditées depuis plus de quatre années, les conditions et les clauses d'un système européen dont l'organisation serait susceptible d'établir et de maintenir une paix durable entre les Etats.

Répondant exactement à la même inspiration juridique et pratique, *l'Abrégé* de 1729 condense ces conditions et ces clauses en « cinq articles fondamentaux » dont nous reproduisons le texte.

VOLTAIRE (1694-1778), le 26 mars 1761, annonce par lettre à Cideville qu'il a l'intention de réagir à *l'Extrait du projet de paix perpétuelle de l'abbé de Saint-Pierre* que Rousseau, à la demande de l'abbé de Mably, avait publié au début de la même année. Il a l'intention, dit-il, de jeter par écrit les réflexions que lui inspire le dessein du « bonze Saint-Pierre ».

Réaliste et cinglant, Voltaire, qui ne pouvait connaître le *Jugement* que devait porter Rousseau sur « la paix perpétuelle » — ce texte ne parut à Genève qu'en 1782 — ne ménage pas l'ironie dont il est coutumier. Il estime non seulement que le *Projet* du « bon abbé » est utopique, mais, surtout, qu'il a le grave défaut de ne se préoccuper que d'une éventuelle paix entre les Etats de l'Europe, oubliant de ce fait « le reste de l'univers » comme si — pensée inadmissible — l'humanité n'appartenait pas à la planète entière. Dans sa retraite de Ferney, le malin vieillard confie à sa plume une de ces fantaisies exotiques dont il a l'art afin de faire passer les hardiesses et les subtilités d'une critique aussi sévère que mûrement réfléchie : dans son humanisme universaliste, Voltaire n'hésite pas à déclarer que la paix n'est pas la paix tant qu'elle ne concerne pas tous les peuples de la terre.

PIERRE NICOLE

Essais de Morale

Traité des moyens de conserver la paix avec les hommes.

Tome I. 1671*

Quœrite Pacem civitatis ad quam transmigrare vos feci, & orate pro ea ad Dominum, quia in pace illius erit pax vobis. Jerem. 29. v. 7.

Recherchez la paix de la ville en laquelle je vous ai tranférés, & priez le Seigneur pour elle, parce que votre paix se trouve dans la sienne.

Hommes citoyens de plusieurs villes. Ils doivent procurer la paix de toutes ; & s'appliquer en particulier à vivre en paix dans la société, où ils passent leur vie, & dont ils font partie.

Toutes les sociétés dont nous faisons partie ; toutes les choses avec lesquelles nous avons quelque liaison & quelque commerce, sur lesquelles nous agissons, & qui agissent sur nous, & dont le différent état est capable d'altérer la disposition de notre âme, sont les villes où nous passons le temps de notre pèlerinage, parce que notre âme s'y occupe & s'y répose.

Ainsi le monde entier est notre ville, parce qu'en qualité d'habitants du monde nous avons liaison avec tous les hommes, & que nous en recevons même tantôt de l'utilité & tantôt du dommage. Les Hollandais ont commerce avec ceux du Japon : Nous en avons avec les Hollandais : Nous en avons donc avec ces peuples qui sont aux extrémités du monde ; parce que les avantages que les Hollandais en tirent leur donnent le moyen, ou de nous servir, ou de nous nuire. On en peut dire autant de tous les autres peuples. Ils tiennent tous à nous par quelque endroit ; & ils entrent tous dans la chaîne qui lie tous les hommes entr'eux par les besoins réciproques qu'ils ont les uns des autres.

Mais nous sommes encore plus particulièrement citoyens du Royaume où nous sommes nés, & où nous vivons : de la ville où nous habitons : de la société dont nous faisons partie : & enfin nous nous pouvons dire en quelque sorte citoyens de nous-mêmes & de notre propre cœur. Car nos diverses passions, & nos diverses pensées tiennent lieu d'un peuple avec qui nous avons à vivre : &

---

* Nous conservons la graphie, l'orthographe et la ponctuation de cette première édition.

souvent il est plus facile de vivre avec tout le monde extérieur, qu'avec ce peuple intérieur que nous portons en nous-mêmes.

L'Ecriture qui nous oblige de chercher la paix de la ville où Dieu nous fait habiter, l'entend également de toutes ces différentes villes. C'est-à-dire, qu'elle nous oblige de chercher & de désirer la paix & la tranquillité du monde entier : de notre royaume : de notre ville : de notre société, & de nous-mêmes. Mais comme nous avons plus dc pouvoir dc la procurer à quelques-unes de ces villes qu'aux autres ; il faut aussi que nous y travaillions diversement.

Car il n'y a guère de gens qui soient en état de procurer la paix, ni du monde, ni des royaumes, ni des villes, autrement que par leurs prières. Ainsi notre devoir à cet égard se réduit à la demander sincèrement à Dieu, & à croire que nous y sommes obligés : & nous le sommes en effet, puisque les troubles extérieurs qui divisent les royaumes, viennent souvent du peu de soin que ceux qui en font partie, ont de demander la paix à Dieu, & de leur peu de reconnaissance lorsque Dieu la leur a accordée. Les guerres temporelles ont de si étranges suites, & des effets si funestes pour les âmes mêmes, qu'on ne saurait trop les appréhender. C'est pourquoi S. Paul, en recommandant de prier pour les Rois du monde, marque expressément, comme un principe de cette obligation, le besoin que nous avons pour nous-mêmes de la tranquillité extérieure : *Ut quietam & tranquillam vitam agamus*[1].

On se procure la paix à soi-même en réglant ses pensées & ses passions. Et par cette paix intérieure, on contribue beaucoup à la paix de la société dans laquelle on vit, parce qu'il n'y a guère que les passions qui la troublent. Mais comme cette paix avec ceux qui nous sont unis par des liens plus étroits, & par un commerce plus fréquent est d'une extrême importance pour entretenir la tranquillité dans nous-mêmes, & qu'il n'y a rien de plus capable de nous troubler que la division opposée à cette paix, c'est de celle-là principalement qu'il faut entendre cette instruction du Prophète : *Quœrite pacem civitatis ad quam transmigrare vos feci.*

SECONDE PARTIE DU TRAITÉ

CHAPITRE PREMIER

Qu'il ne faut pas établir sa paix sur la correction des autres. Utilité de la suppression des plaintes. Qu'elles font ordinairement plus de mal que de bien.

Il ne suffit pas pour conserver la paix avec les hommes, d'éviter de les blesser ; il faut encore savoir souffrir d'eux lorsqu'ils manquent à notre égard. Car il est impossible de conserver la paix intérieure, si l'on est si sensible à tout ce qu'ils peuvent faire & dire de contraire à nos inclinations, & à nos sentiments : & il est difficile même que le mécontentement intérieur que nous aurons conçu n'éclate au dehors, & ne nous dispose à agir envers ceux qui nous auront choqué d'une manière capable de les choquer à leur tour : ce qui augmente peu à peu les différents, & les porte souvent aux extrémités.

Il faut donc tâcher d'arrêter les divisions & les querelles dans leur naissance même. Et l'amour propre ne manque jamais de nous suggérer sur ce sujet, que le moyen d'y réussir, serait de corriger ceux qui nous incommodent, & de les rendre raisonnables, en leur faisant connaître qu'ils ont tort d'agir avec nous comme ils font. C'est ce qui nous rend si sujets à nous plaindre du procédé des autres, & à faire remarquer leurs défauts, ou pour les corriger de ce qui nous déplaît en eux, ou pour les en punir par le dépit que nos plaintes leur peuvent causer, & par l'improbation qu'elles leur attirent.

Mais si nous étions nous-mêmes vraiment raisonnables, nous verrions sans peine que ce dessein d'établir la paix sur la réformation des autres est ridicule, par cela même que le succès en est impossible. Plus nous nous plaindrons du procédé des autres, plus nous les aigrirons contre nous sans les corriger. Nous nous ferons passer pour délicats, fiers, orgueilleux ; & le pis est que cette opinion qu'on aura de nous ne sera pas tout à fait injuste, puisqu'en effet ces plaintes ne viennent que de délicatesse & d'orgueil. Ceux mémes qui témoigneront entrer dans nos raisons, & qui croiront qu'on nous aura fait quelque injustice, ne laisseront pas d'être mal édifiés de notre sensibilité. Et comme les hommes sont naturellement portés à se justifier, si ceux dont nous nous plaindrons ont un peu d'adresse, ils tourneront les choses de manière que l'on nous donnera le tort. Car le même défaut de justesse d'esprit & d'équité qui fait faire aux gens les fautes dont nous nous plaignons, les empêche aussi souvent de les reconnaître, & leur fait prendre pour vrai & pour juste tout ce qui peut servir à les en justifier.

Que si ceux dont nous nous plaignons sont élevés au dessus de nous par le rang, par la créance & par l'autorité ; les plaintes que nous en pourrions faire, seraient encore plus inutiles & plus dangereuses. Elles ne nous peuvent donner que la satisfaction maligne & passagère, de les faire condamner par ceux à qui nous nous en plaindrions ; & elles produisent dans la suite de mauvais effets, durables & permanents, en aigrissant ces gens là contre nous & en rompant toute l'union que nous pourrions avoir avec eux.

La prudence nous oblige donc à prendre une route toute contraire ; à quitter absolument le dessein chimérique de corriger tout ce qui nous déplaît dans les autres, & à tâcher d'établir notre paix & notre repos sur notre propre reformation, & sur la modération de nos passions. Nous ne disposons ni de l'esprit ni de la langue des hommes. Nous ne rendrons compte de leurs actions qu'autant que nous y aurons donné occasion ; mais nous rendrons compte de nos actions, de nos paroles & de nos pensées. Nous sommes chargés de travailler sur nous-mêmes, & de nous corriger de nos défauts ; & si nous le faisons comme il faut, rien de ce qui viendrait du dehors ne serait capable de nous troubler.

Nous ne manquons jamais dans les affaires temporelles, de préférer un bien certain qui nous regarde, à un bien incertain qui regarde les autres. Si nous en faisions de même dans les affaires de notre salut ; nous reconnaîtrions tout d'un coup, que le parti de se plaindre est ordinairement un parti faux, & que la raison condamne. Car en ne nous plaignant point nous profitons certainement à nous-mêmes. Et il est fort incertain qu'en nous plaignant nous profitions au prochain. Pourquoi donc nous privons-nous du bien de la patience ? sous prétexte de leur procurer le bien de la correction ? Il faudrait au moins qu'il y eût une grande apparence d'y réussir : & à moins que de cela, c'est agir contre la vraie raison que de renoncer sur une espérance si incertaine, au bien certain qu'apporte la souffrance humble & paisible.

On peut dire en général à l'égard du silence, qu'il faut des raisons pour parler ; mais qu'il n'en faut point pour se taire : c'est à dire, qu'il suffit pour être obligé au silence, de n'avoir pas d'engagement à parler. Mais cette maxime se peut encore appliquer avec plus de raison à ce silence qui étouffe les plaintes. Il faut des raisons très-fortes & très-évidentes pour se plaindre ; mais pour ne se plaindre pas, il suffit de ne pas être dans une nécessité évidente de se plaindre.

Quelles dettes remettrons-nous à nos frères, si nous exigeons d'eux par nos plaintes, tout ce qu'ils nous peuvent devoir ; & si nous nous vengeons d'eux pour les moindres fautes qu'ils commettent contre nous, en les faisant condamner par tous ceux que nous pouvons ? Comment pourrons-nous demander à Dieu avec quelque confiance, qu'il nous remette nos offenses, si nous n'en remettons aucune de celles que nous croyons qu'on nous fait.

Il n'y a rien de plus utile que de supprimer ainsi ses plaintes & son ressentiment. C'est le meilleur moyen d'obtenir de Dieu qu'il ne nous traite pas selon la rigueur de sa justice, & qu'il n'entre pas, comme dit l'Écriture, en jugement avec nous[2]. C'est la voie la plus sûre d'assoupir les différends dans leur naissance & d'empêcher qu'ils ne s'aigrissent. C'est une charité qu'on pratique envers soi-même, en se procurant le bien de la patience, en ne s'attirant pas la réputation de délicat & de pointilleux, en s'épargnant la peine que l'on ressent lorsque l'adresse des hommes à se justifier, fait que l'on nous donne ouvertement le tort dans les choses où nous croyons avoir raison. C'est une charité que l'on fait aux autres en les souffrant dans leurs faiblesses, & en leur épargnant, & la petite confusion qu'ils ont méritée, & les nouvelles fautes qu'ils feraient peut-être en se justifiant & en chargeant de nouveau ceux à qui ils ont déjà donné sujet de se plaindre. Enfin c'est ordinairement le meilleur moyen de les gagner, l'exemple de notre patience étant bien plus capable que nos plaintes de leur changer le cœur envers nous. Car les plaintes ne peuvent tout au plus que leur faire corriger l'extérieur qui est peu de chose ; & elles augmentent plutôt l'aversion intérieure qui produit les choses dont nous nous plaignons.

Que perdons-nous en faisant résolution de ne nous point plaindre ? Rien du tout ; je dis de même pour ce monde. On n'en médira pas davantage de nous. Au contraire, si-tôt que l'on s'apercevra de notre retenue, on sera moins porté à en médire. On ne nous en traitera pas plus mal. On nous en aimera davantage. Tout se réduira à quelques incivilités, & quelques discours injustes auxquels nous ne remédirions pas en nous plaignant. Cette maligne satisfaction que nous recevons en communiquant notre mécontentement aux autres par nos plaintes, vaut-elle la peine de nous priver du trésor que nous pouvons acquérir par l'humilité & par la patience.

Le temps le plus propre pour nous confirmer dans cette résolution, c'est lorsqu'il nous arrive de nous échapper en quelques plaintes. Car nous ne reconnaissons jamais mieux la vanité & le néant de ce plaisir que nous y avons cherché. C'est alors qu'il faut que nous disions à nous-mêmes : c'est donc pour cette vaine satisfaction que nous nous sommes privés du bien inestimable de la patience & de la récompense que nous en pouvions espérer de Dieu. A quoi nous ont servi nos plaintes & que nous en revient-il ? Nous avons tâché de faire condamner par les hommes ceux dont nous nous sommes plaints, & peut-être ils n'ont condamné que nous : mais ce qui est certain est que Dieu nous a condamnés de malignité, d'impatience, & de peu d'estime des biens du ciel. Avant ces plaintes nous avions quelque avantage sur ceux qui nous avaient offensés ; mais en nous plaignant nous nous sommes mis au dessous d'eux, parce que nous avons sujet de croire que la faute que nous avons commise contre Dieu, est plus grande que toutes celles que les hommes peuvent faire contre nous. Ainsi nous nous sommes fait beaucoup plus de tort, que nous n'en pouvions recevoir par les petites injustices des hommes. Car elles ne nous pouvaient priver que de choses peu considérables, au lieu que l'injustice que

2. *Ps. 142. 2.*

nous nous faisons à nous-mêmes par ces plaintes d'impatience, nous privent du bien éternel qui est attaché à chaque bonne action. Nous avons donc infiniment plus de sujet de nous plaindre de nous-mêmes que des autres.

Ces considérations peuvent beaucoup servir pour réprimer l'inclination que nous avons à nous décharger le cœur par des plaintes, & pour nous régler extérieurement dans nos paroles. Mais il n'est pas possible que nous demeurions long-temps dans cette retenue si nous laissons agir au dedans notre ressentiment dans toute sa force & toute sa violence. Les plaintes extérieures viennent des intérieures ; & il est bien difficile de les retenir quand on en a le cœur rempli. Elles échappent toujours & se font ouverture par quelque endroit. Outre que la principale fin de la modération extérieure étant de nous procurer la paix intérieure, il servirait peu de paraître modéré & patient au dehors, si tout était au-dedans dans le désordre & dans le tumulte. Il faut donc tâcher d'étouffer aussi-bien ces plaintes que l'âme forme en elle-même, & dont elle est l'unique témoin, que celles qui éclatent devant les hommes : & le seul moyen de le faire est de se dépouiller de l'amour des choses qui les excitent. Car enfin on ne se plaint point pour des choses qui sont absolument indifférentes.

Les sujets de plaintes sont infinis, puisqu'ils comprennent tout ce que nous pouvons aimer, & en quoi les hommes nous peuvent nuire ou déplaire. On les peut néanmoins réduire à quelques chefs généraux, comme le mépris, les jugements injustes, les médisances, l'aversion, l'incivilité, l'indifférence & l'inapplication, la réserve, ou le manque de confiance, l'ingratitude, les humeurs incommodes.

Nous haïssons naturellement toutes ces choses, parce que nous aimons celles qui y sont contraires, savoir l'estime, & l'amour des hommes, la civilité, l'application à ce qui nous regarde, la confiance, la reconnaissance, les humeurs douces & commodes. Ainsi, pour se délivrer de l'impression que font sur notre esprit ces objets de notre haine, il faut travailler à nous délivrer de l'attache que nous avons aux objets contraires. Il n'y a que la grâce qui le puisse faire. Mais, comme la grâce se sert des moyens humains, il n'est pas inutile de se remplir l'esprit des considérations qui nous découvrent la vanité de ces objets de notre attachement. Et c'est la vue que nous avons dans les réflexions suivantes.

CHAPITRE II

Vanité & injustice de la complaisance que l'on prend dans les jugements avantageux qu'on porte de nous.

Rien ne fait plus voir combien l'homme est profondément plongé dans la vanité, dans l'injustice, & dans l'erreur, que la complaisance que nous sentons ; lorsque nous nous apercevons qu'on juge avantageusement de nous & qu'on nous estime ; parce que d'une part la lumière qui nous reste, toute aveugle qu'elle est, ne l'est point à cet égard, & qu'elle nous convainc clairement que cette passion est vaine, injuste, & ridicule ; & que de l'autre tout convaincus que nous en sommes, nous ne la saurions étouffer, & nous la sentons toujours vivante au fond de notre cœur. Il est bon néanmoins d'écouter souvent ce que la raison nous dit sur ce sujet. Si cela n'est pas capable d'éteindre entièrement cette malheureuse pente, il suffit au moins pour nous en donner de la honte & de la confusion, & pour en diminuer les effets.

Il y a peu de gens assez grossièrement vains pour aimer des louanges visiblement fausses, & il ne faut qu'avoir un peu d'honnêteté pour n'être pas bien-aise que l'on se trompe tout à fait sur notre sujet. C'est une sottise, par exemple, dont peu de personnes sont capables, que d'aimer à passer pour savant dans une langue que l'on n'a jamais étudiée ; ou pour habile dans les mathématiques, lorsque l'on n'y sait rien du tout. On aurait peine à ne pas ressentir quelque confusion intérieure d'une vanité si basse. Mais pour peu de fondement qu'ait cette estime, nous la recevons avec une complaisance qui nous convainc à peu près de la même bassesse & de la même mauvaise foi.

Pour en donner quelque image, que dirait-on d'un homme qui se trouvant frappé & défiguré depuis les pieds jusqu'à la tête, d'un mal horrible & incurable sans avoir rien de sain qu'une petite partie du visage, & sans savoir même si cette partie ne serait point corrompue au dedans, l'exposerait à la vue en cachant tout le reste ; & se verrait louer avec plaisir de la beauté de cette partie. On dirait sans doute que l'excès de cette vanité approcherait de la folie. Cependant ce n'est qu'un portrait de la nôtre, & qui ne la représente pas encore dans toute sa difformité. Nous sommes pleins de défauts, de péchés, de corruption. Ce que nous avons de bon est fort peu de chose, & ce peu de chose est souvent gâté & corrompu par mille vues & mille retours d'amour propre. Et néanmoins il arrive que des gens qui ne voient pas la plupart de nos défauts, regardent avec quelque estime ce peu de bien qui paraît en nous, qui est peut-être tout corrompu, ce jugement tout aveugle & tout mal fondé qu'il est, ne laisse pas de nous flatter.

Je dis que cette image ne représente pas notre vanité dans toute sa difformité. Car celui qui se trouvant frappé d'un mal si étrange, se plairait dans l'estime que l'on ferait de la beauté de cette partie saine, serait sans doute vain et ridicule : mais au moins il ne serait pas aveugle, & ne laisserait pas de connaître son état. Mais notre vanité est jointe à l'aveuglement. En cachant aux autres nos défauts, nous tâchons de nous les cacher à nous-mêmes, & c'est à quoi nous réussissons le mieux. Nous ne voulons être vus que par ce petit endroit que nous considérons comme exempt de défaut ; & nous ne nous regardons nous-mêmes que par là.

Qu'est-ce donc que cette estime qui nous flatte ? Un jugement fondé sur la vue d'une petite partie de nous-mêmes, & sur l'ignorance de tout le reste. Et qu'est-ce que cette complaisance ? Une vue de nous-mêmes pleine d'aveuglement, d'erreur, d'illusion, dans laquelle nous ne nous considérons que par un petit endroit, en oubliant toutes nos misères & toutes nos plaies.

Qu'est ce qu'il y a de si agréable & de si digne de notre attache dans ces Jugements qui nous flattent ? Interrogeons-nous nous-mêmes, ou plutôt interrogeons notre propre expérience : elle nous dira qu'il n'y a rien de plus vain & de moins durable que cette estime. Celui qui nous aura approuvés dans quelque rencontre particulière n'en sera pas moins disposé à nous rabaisser en une autre. Souvent cette estime même en sera la cause, parce qu'elle excite plutôt la jalousie que l'affection. Après avoir tiré de la bouche des hommes quelques louanges vaines & stériles, ils nous préféreront les derniers des hommes qui seront plus dans leurs intérêts. Ils empoisonneront les témoignages qu'ils ne pourront refuser à ce que nous avons de bon, de la remarque maligne de nos défauts. Ils estimeront en nous ce qu'il y a de moins estimable, & ils y condamneront ce qui méritera d'y être estimé. En vérité ne faut-il pas avoir une extrême bassesse de cœur ou une petitesse d'esprit étrange, pour se plaire à un objet si vain & si méprisable.

Mais supposons l'estime la plus judicieuse & la plus sincère que nous puissions nous imaginer, & que notre vanité puisse souhaiter ; relevons-la par la qualité des personnes, par leur esprit, & par tout ce qui peut le plus servir à flatter l'inclination que nous y avons ; qu'y a-t-il d'aimable & de solide en tout cela à ne regarder cette estime qu'en elle-même ? C'est un regard de ces personnes vers nous, qui suppose que nous avons quelque bien, mais qui ne l'y met pas, & qui n'y ajoute rien. Il nous laisse tels que nous sommes, & ainsi il nous est entièrement inutile. Ce regard ne subsiste qu'autant qu'ils s'appliquent à nous. Et cette application est rare. Tel de ceux dont l'estime nous flatte ne pensera pas à nous deux fois l'an : quand il y pensera, il y pensera peu, en nous oubliant le reste du temps.

Ce regard d'estime est de plus un bien si fragile, que mille rencontres nous le peuvent faire perdre sans qu'il y ait même de notre faute. Un faux rapport, une inadvertance, une petite bizarrerie effacera toute cette estime, ou la rendra plus nuisible qu'avantageuse ; car quand l'estime est jointe à l'aversion, elle ne fait qu'ouvrir les yeux pour remarquer les défauts, & le cœur pour recevoir favorablement tout ce qu'on entend dire contre ceux que l'on estime & que l'on hait, parce que l'on hait même cette estime, & que l'on est bien-aise de s'en délivrer comme d'une chose dont on se trouve chargé.

Si nous ne voyons point ce regard d'estime dans l'esprit des autres, il est à notre égard comme s'il n'était point. Si nous le voyons c'est un objet dangereux pour nous, dont la vue nous peut ravir le peu de vertu que nous avons. Quel est donc ce bien qui ne sert de rien quand on ne le voit pas, & qui nuit quand on le voit, & qui a tout ensemble toutes ces qualités, d'étre vain, inutile, fragile, dangereux ?

CHAPITRE III

Qu'on n'a pas droit de s'offenser du mépris, ni des jugements désavantageux qu'on fait de nous.

Si nous n'aimions point l'approbation des hommes, nous serions peu sensibles à tous les discours désavantageux qu'ils pourraient faire de nous, puisque l'effet n'en serait tout au plus, que de nous priver d'une chose qui nous serait indifférente. Mais parce qu'il y en a qui s'imaginent qu'encore qu'il ne soit pas permis de désirer l'estime, on a sujet néanmoins de s'offenser du mépris & de la médisance, il est bon d'examiner ce qu'il y a de réel dans ces objets qui irritent si fort nos passions.

Pour reconnaître donc combien notre délicatesse est injuste sur ce point, & que tous les sentiments qu'elle excite en nous, sont contraires à la vraie raison, & ne naissent pas tant des objets mêmes que de la corruption de notre cœur, il ne faut que considérer que ces jugements & ces discours qui nous blessent peuvent être de trois sortes. Car ils sont ou absolument vrais, ou absolument faux, ou vrais en partie, & en partie faux. Or dans toutes ces trois diverses espèces, le ressentiment que nous en avons est également injuste.

Si ces jugements sont vrais, n'est-ce pas une chose horrible de ne se mettre pas en peine que nos défauts soient connus de Dieu, & de ne pouvoir souffrir qu'ils le soient des hommes ? Et peut-on témoigner plus visiblement que l'on préfère ces hommes à Dieu ? N'est-ce pas le comble de l'injustice de reconnaître que nos péchés méritent une éternité de supplices, & de ne pas accepter avec joie une peine aussi légère que l'est la petite confusion qu'ils nous attirent devant les hommes ?

Cette connaissance que les hommes ont de nos fautes & de nos misères ne les augmente pas, elle serait capable au contraire de les diminuer si nous la souffrions humblement.

C'est donc une folie toute visible de n'avoir aucun sentiment des maux réels que nous nous faisons nous-mêmes, & de sentir si vivement des maux imaginaires qui ne nous peuvent faire que du bien ? Et cette sensibilité n'est qu'une preuve évidente de la grandeur de notre aveuglement, qui doit nous apprendre que ce que les autres connaissent de nos defauts n'en est qu'une bien petite partie.

Que si ces jugements & ces discours sont faux & mal fondés, le ressentiment que nous en avons n'en est guère moins déraisonnable & moins injuste. Car pourquoi le jugement de Dieu qui nous justifie[3], ne suffit-il pas pour nous faire mépriser celui des hommes ? Pourquoi ne fait-il pas sur nous le même effet que l'approbation de nos amis & de ceux que nous estimons qui suffit

3. *Rom. 8.33.*

ordinairement pour nous consoler de ce que les autres peuvent penser ou dire contre nous ? Pourquoi la raison qui nous fait voir que ces discours ne nous peuvent nuire, qu'ils ne font aucun mal par eux-mêmes, ni à notre âme, ni à notre corps, qu'ils nous peuvent même être très-utiles, a-t-elle si peu de pouvoir sur notre cœur qu'elle ne nous puisse faire surmonter une passion si vaine & si déraisonnable ?

Nous ne nous mettons pas en colère lorsque l'on s'imagine que nous avons la fièvre quand nous sommes assurés de ne la pas avoir. Pourquoi donc s'aigrit-on contre ceux qui croient que nous avons commis des fautes que nous n'avons point commises ; ou qui nous attribuent des défauts que nous n'avons pas, puisque leur jugement peut encore moins nous rendre coupables de ces fautes & nous donner ces défauts, que la pensée d'un homme qui croit que nous avons la fièvre, n'est capable de nous la donner effectivement ?

C'est, dira-t-on, qu'on ne méprise pas une personne qui a la fièvre, & que c'est un mal qui ne nous rend pas vils aux yeux du monde : qu'ainsi le jugement de ceux qui nous l'attribuent ne nous blesse pas ; mais que ceux qui nous imputent des défauts spirituels y joignent ordinairement le mépris & causent la même idée & le même mouvement dans les autres.

C'est en effet la véritable cause de ce sentiment ; mais cette cause n'en fait que mieux connaître l'injustice. Car si nous nous faisions justice à nous-mêmes, nous reconnaîtrions sans peine que ceux qui nous attribuent des défauts que nous n'avons pas, ne nous en attribuent pas aussi un grand nombre d'autres que nous avons effectivement ; & qu'ainsi nous gagnons à tous ces jugements dont nous nous plaignons, quelque faux qu'ils soient. Les jugements des hommes nous seraient infiniment moins favorables s'ils étaient entièrement conformes à la vérité, & si ceux qui les font connaissaient tous nos véritables maux. S'ils nous font donc quelque petite injustice, ils nous font grâce en mille manières, & nous ne voudrions pour rien qu'ils nous traitassent avec une exacte justice.

Mais nous sommes si déraisonnables & si injustes que nous voulons profiter de l'ignorance des hommes. Nous ne pouvons souffrir qu'ils nous ôtent rien de ce que nous croyons avoir : Et nous voulons conserver dans leur esprit la réputation de beaucoup de bonnes qualités que nous n'avons pas. Nous nous plaignons de ce qu'ils croient voir en nous des défauts qui n'y sont pas, & nous ne comptons pour rien, de ce qu'ils n'y voient pas une infinité de défauts qui y sont réellement, comme si le bien & le mal ne consistaient que dans l'opinion des hommes.

Si nous n'avons donc aucun sujet de nous plaindre, ni des jugements véritables, ni même des faux, nous n'en avons point par conséquent de nous offenser de ceux qui sont vrais en partie & en partie faux. Cependant par le plus injuste partage que fut jamais, nous nous blessons de ce qu'ils ont de faux, & nous ne nous humilions point de ce qu'ils ont de véritable. Et au lieu que le sentiment de ce que nous devrions avoir de ce qu'ils ont de vrai, devrait étouffer le ressentiment de ce qu'ils ont de faux & d'injuste ; nous étouffons au contraire, par le vain sentiment que nous avons de quelque fausseté & de quelque injustice qui y est mêlée, celui que nous devrions avoir de ce qu'ils ont de réel & de solide.

CHAPITRE IV

Que la sensibilité que nous éprouvons à l'égard des discours & des jugements désavantageux que l'on fait de nous, vient de l'oubli de nos maux. Quelques remèdes de cet oubli & de cette sensibilité.

Je ne prétends pas que ces considérations suffisent pour nous corriger de notre injustice, mais elles peuvent au moins nous en convaincre : & c'est quelque chose que d'en être convaincu. Car il y a toujours dans toutes ces plaintes intérieures, & dans ce dépit que nous ressentons des jugements & des discours qu'on fait de nous, un oubli de nos défauts & de nos misères véritables ; puisqu'il est impossible que ceux qui les connaîtraient dans leur grandeur réelle, & qui en auraient le sentiment qu'ils devraient, pussent s'occuper des discours & des jugements des hommes. Un homme chargé de dettes, accablé de procès, de pauvreté, de maladies, ne pense guère à ce que l'on peut dire de lui. La réalité de ses maux ne lui permet pas de s'appliquer à ces maux imaginaires.

Aussi le vrai remède de cette délicatesse, qui nous rend si sensibles à ce que l'on dit de nous, est de nous appliquer fortement à nos maux spirituels, à nos faiblesses, à nos dangers, à notre pauvreté & au jugement que Dieu fait de nous, & qu'il nous fera connaître à l'heure de notre mort. Si ces pensées étaient aussi vives, & aussi continuelles dans notre esprit qu'elles y devraient être, il serait mal-aisé que les réflexions sur les jugements des hommes y pussent trouver entrée, ou du moins qu'elles l'occupassent tout entier, & le remplissent de dépit & d'amertume comme elles font si souvent.

Il est utile pour cela de comparer les jugements des hommes avec celui de Dieu, & d'en considérer les diverses qualités. Les jugements des hommes sont souvent faux, injustes, incertains, téméraires, & toujours inconstants, inutiles, impuissants. Soit qu'ils nous approuvent, ou nous désapprouvent, ils ne changent rien à ce que nous sommes, & ne nous rendent en effet ni plus heureux, ni plus malheureux. Mais c'est du jugement que Dieu portera de nous que dépend tout notre bien, ou tout notre mal. Ce jugement est toujours juste, toujours véritable, toujours certain & inébranlable, les effets en sont éternels. Quelle plus grande folie peut-on donc s'imaginer, que de n'appliquer son esprit qu'à ces jugements humains qui nous importent si peu, & d'oublier celui de Dieu, d'où dépend tout notre bonheur ?

On prétend souvent colorer envers soi-même le dépit intérieur que ces jugements désavantageux nous causent, d'un prétexte de justice, en s'imaginant que nous n'en sommes blessés que parce qu'ils sont injustes, & que ceux qui les font ont tort. Mais si cela était, nous serions aussi touchés des jugements injustes que l'on fait des autres, que de ceux que l'on fait de nous ; & comme cela n'est pas, c'est se flatter que de ne pas voir que c'est l'amour propre qui produit ce dépit que nous sentons dans les choses qui nous regardent. Ce n'est pas l'injustice en soi qui nous blesse, c'est d'en être l'objet. Qu'on lui en donne un autre, notre ressentiment cessera, & nous nous contenterons de désapprouver tranquillement & sans émotion cette même injustice qui nous donnait tant d'indignation.

Cependant si nous raisonnions plus juste, nous trouverions que ces jugements désavantageux ne nous regardent point proprement, & que c'est le hasard & non le choix qui les détermine à nous avoir pour objet. Car il faut que ceux qui jugent ainsi de nous aient été frappés par quelques apparences qui les y aient portés. Et quoi que ces apparences fussent trop légères, puisque nous supposons que ces jugements soient faux ; il est pourtant vrai que ces personnes avaient l'esprit disposé à les former sur ces apparences, de sorte qu'ils ne sont nés que de la rencontre de ces apparences, avec leur mauvaise disposition. Elles auraient produit le même effet s'ils les avaient vues en quelque autre. Ainsi nous ne devons point croire que ces jugements nous regardent en particulier ; nous devons seulement supposer que ces gens étaient disposés à juger mal de toute personne qui les frapperait par telles & telles apparences. Le hasard a voulu que ce fût nous. Mais cette mauvaise disposition & cette légèreté d'esprit qui produit les jugements téméraires, n'était pas moins indifférente d'elle-même, qu'une pierre jetée en l'air, qui blesse celui sur qui elle tombe, non pas par choix, & parce qu'il est un tel homme ; mais parce qu'il s'est rencontré au lieu où elle devait tomber.

Lorsque l'on tombe entre les mains de ces mal-heureux qui attendent les gens dans les forêts, & qu'on en est volé & mal-traité, nous ne regardons point cela comme un affront. Ce n'est point de cette sorte que l'on exprime le mouvement qu'on ressent contr'eux, parce qu'on sait qu'ils ne choisissent pas les gens, & qu'ils sont résolus en général de voler tous ceux qu'ils trouveront hors d'état de leur résister.

La disposition qui fait les jugements téméraires est toute aussi générale & aussi peu déterminée, & fait aussi peu de choix des personnes. C'est une légèreté d'esprit par laquelle certaines gens se laissent emporter sur de petites apparences. Lors donc que nous lui fournissons ces apparences, & qu'elle fait son effet contre nous, nous n'avons pas plus de sujet d'avoir cette sorte de ressentiment qu'on appelle dépit, & offense, que nous en aurions de nous piquer contre des voleurs qui nous auraient attaqués, parce qu'ils nous auraient rencontrés.

Il y a de plus une bizarrerie ridicule dans le dépit que nous avons des jugements & des discours désavantageux qu'on a fait de nous. Car il faut avoir peu de connaissance du monde pour n'être pas persuadé qu'il est impossible qu'on n'en fasse. On médit des Princes dans leurs antichambres. Leurs domestiques les contrefont. On parle des défauts de ses amis, & on se fait une espèce d'honneur de les reconnaître de bonne foi. Il y a même des occasions où l'on le peut faire innocemment. Quoi qu'il en soit, il est certain que le monde est en possession de parler librement des défauts des autres en leur absence. Les uns le font par malignité, les autres bonnement ; mais il y en a peu qui ne le fassent. Il est donc ridicule de se promettre d'être le seul au monde qu'on épargnera ; & si ces jugements & ces discours nous mettent en colère, nous n'en devons jamais sortir. Car il n'y a point de temps où nous ne devions nous tenir assurés en général, ou qu'on parle, ou qu'on a parlé de nous autrement que nous ne voudrions. Mais parce qu'une colère continuelle nous incommoderait trop, il nous plaît de nous l'épargner sans raison, & d'attendre à nous fâcher lors qu'on nous rapporte ce qui se dit de nous, & qu'on nous marque ceux qui en parlent. Cependant ce rapport n'y ajoute presque rien, & devant qu'on nous l'eût fait, nous devions nous tenir presque aussi assurés que l'on parlait de nous & de nos défauts, que si l'on nous en eût déjà avertis. Ce petit degré d'assurance que produit le rapport qu'on nous fait, est en véritée bien peu de chose pour changer comme il fait l'état de notre âme.

Ainsi de quelque manière que l'on considère cette sensibilité que nous éprouvons en ces rencontres, on trouvera qu'elle est toujours injuste & contraire à la raison.

CHAPITRE V

Qu'il est injuste de vouloir être aimé des hommes.

Quand on désire d'être aimé des hommes, & que l'on est fâché d'en être haï, à cause que cela sert ou nuit à nos desseins, ce n'est pas proprement vanité ni dépit, c'est espérance ou crainte : & ce n'est pas ce que nous considérons ici, où nous n'examinons que l'impression que font par eux-mêmes dans nos cœurs les sentiments d'amour ou de haine qu'on a pour nous, la seule vue de ces objets n'étant en effet que trop capable de nous plaire ou de nous troubler sans que nous en considérions les suites. Car comme l'estime que nous avons pour nous-mêmes est jointe à un amour tendre & sensible ; nous ne désirons pas seulement que les hommes nous approuvent, nous voulons aussi qu'ils nous aiment : & leur estime ne nous satisfait nullement, si elle ne se termine à l'affection. C'est pourquoi rien ne nous choque tant que l'aversion, ni n'excite en nous de plus vifs ressentiments, mais quoi qu'ils nous soient devenus naturels depuis le péché, ils ne laissent pas d'être injustes, & nous ne sommes pas moins obligés de les combattre : ce qu'on peut faire par des réflexions peu différentes de celles que nous avons proposées contre l'amour de l'estime.

La recherche de l'amour des hommes est injuste, puisqu'elle est fondée sur ce que nous nous jugeons nous-mêmes aimables, & qu'il est faux que nous le soyons. Elle naît d'aveuglement & d'une ignorance volontaire de nos défauts. Un homme accablé de maux & dans l'indigence, se contenterait bien que l'on eût de la charité pour lui, & qu'on le souffrît. Nous n'en demanderions pas davantage, si nous connaissions bien notre état, & nous le connaîtrions si nous ne nous aveuglions point volontairement.

Quiconque sait qu'il mérite que toutes les créatures s'élèvent contre lui, peut-il prétendre que ces mêmes créatures le doivent aimer ? Ainsi, au lieu que nous regardons l'amour des hommes, comme nous étant dû, & leur aversion comme une injustice qu'ils nous font ; nous devrions regarder au contraire leur aversion comme nous étant due, & leur affection comme une grâce que nous ne méritons pas.

Mais s'il est injuste en général de se croire digne d'être aimé, il l'est encore beaucoup plus de vouloir être aimé par force. Rien n'est plus libre que l'amour, & on ne doit pas prétendre de l'obtenir par des reproches ni par des plaintes. C'est peut-être par notre faute que l'on ne nous aime pas ; c'est peut-être aussi par la mauvaise disposition des autres ; mais ce qui est certain c'est que la force & la colère ne sont pas des moyens pour y parvenir.

La source de toutes les aversions est la contrariété qui se rencontre entre la disposition où l'on est, & ce que l'on croit voir dans les autres. Or cette disposition agit contre tous ceux en qui cette contrariété paraît. Quand il arrive donc, ou que nous avons en effet ces qualités qui sont l'objet de l'aversion de certaines personnes, ou que nous ne nous montrons à eux qùe par des endroits qui leur donnent lieu de nous les attribuer, nous ne devons point nous étonner que leur disposition fasse son effet contre nous ; elle l'aurait fait de même contre tout autre : & ce n'est pas proprement nous qu'ils haïssent, c'est cet homme en général qui a telles & telles qualités qui les choquent.

On hait en général les avares, les gens intéressés, les présomptueux. On croit en particulier que nous le sommes ; cette aversion générale agit donc contre nous. Qu'est-ce qui nous blesse en cela ? Est-ce cette aversion générale ? Mais elle est juste en quelque manière ; car un homme, en.qui ces défauts se rencontrent, mérite qu'on ait quelque espèce d'aversion pour lui. Est-ce le jugement que l'on fait de nous ? Mais ce jugement est formé sur quelques apparences qui peuvent être légères à la vérité, mais qui ne laissent pas d'emporter l'esprit de ceux qui les voient. Nous devons donc nous plaindre de leur légèreté & de leur faiblesse, au lieu de nous plaindre de leur injustice.

Quand les hommes nous aiment, ce n'est pas nous proprement qu'ils aiment, leur amour n'étant fondé que sur ce qu'ils nous attribuent des qualités que nous n'avons pas, ou qu'ils ne voient pas en nous des défauts que nous avons. Ils en font de même quand ils nous haïssent. Ce que nous avons de bon ne leur paraît point alors, & ils ne voient que nos défauts. Or nous ne sommes ni cette personne sans défaut, ni cette personne qui n'a rien de bon : Ce n'est donc pas tant nous qu'un fantôme qu'ils se sont formé qu'ils aiment, ou qu'ils haïssent : & ainsi nous avons tort, & de nous satisfaire de leur amour, & de nous offenser de leur haine.

Mais quand cet amour ou cette haine nous regarderaient directement dans notre être véritable, que nous en revient-il de bien ou de mal, à ne considérer comme nous avons dit ces sentiments qu'en eux-mêmes ? Ce ne sont que des vapeurs passagères qui se dissipent d'elles-mêmes en moins de rien ; les hommes étant incapables de s'arrêter long temps à un même objet. Quand elles subsisteraient, elles n'auraient aucun pouvoir par elles-mêmes de nous rendre plus heureux ni plus malheureux. Ce sont des choses entièrement séparées de nous, qui n'ont sur nous aucun effet, à moins que notre âme ne s'y joigne, & que par une imagination fausse & trompeuse elle ne les prenne pour des biens ou pour des maux. Qu'on unisse ensemble l'amour de toutes les créatures, & qu'on le rende le plus ardent & le plus tendre qu'on se le puisse imaginer, il n'ajoutera pas le moindre dégré de bonheur, ni à notre âme, ni à notre corps. Et si notre âme s'y amuse, bien loin d'en devenir meilleure, elle en deviendra pire par la vanité qu'elle en concevra. Qu'on unisse de même contre nous l'aversion de tous les hommes ensemble, elle ne saurait diminuer le moindre de nos véritables biens, qui sont ceux de l'âme. Cette seule considération de l'impuissance de l'amour, & de la haine des créatures, à nous servir ou à nous nuire ne devroit-elle pas suffire, pour nous rendre indifférents ?

Quelle liberté serait celle d'un homme qui ne se soucierait point d'être aimé, qui ne craindrait point d'étre haï, & qui ferait néanmoins par d'autres motifs tout ce qui est nécessaire pour être aimé & pour n'être point haï : Qui servirait les autres sans en attendre de récompense, non pas même celle de leur affection, & qui ferait toujours son devoir envers eux indépendamment de leur disposition envers lui. Qui ne se proposerait, dans les offices qu'il leur rendrait, qu'un objet stable & permanent, qui est d'obéir à Dieu sans aucune vue des créatures, qui ne peuvent que diminuer la récompense qu'il doit attendre de Dieu

Qui pourrait haïr un homme de cette sorte, & même s'empêcher de l'aimer ? Il arriverait donc qu'en ne craignant point la haine des hommes il l'éviterait, & que sans rechercher leur amour, il ne laisserait pas de se l'acquérir ; au lieu que ceux, que la passion qu'ils ont d'être aimés rend si sensibles à l'aversion, ne font d'ordinaire que se l'attirer par cette délicatesse incommode.

CHAPITRE VI

Qu'il est injuste de ne pouvoir souffrir l'indifférence ; que l'indifférence des autres envers nous. nous est plus utile que leur amour.

[4]Il y a encore quelque chose de plus déraisonnable quand nous nous offensons de ce que les autres ont de l'indifférence pour nous. Car s'il était à notre choix de leur imprimer quels sentiments que nous voudrions, ce serait celui-là proprement que notre véritable intérêt nous devrait faire choisir. Leur amour est un objet dangereux, qui attire notre cœur & qui l'empoisonne par une douceur mortelle. Leur haine est un objet irritant qui nous met en danger de perdre la charité ; mais l'indifférence est un milieu trés-proportionné à notre état & à notre faiblesse, et qui nous laisse la liberté d'aller à Dieu sans nous détourner vers les créatures.

Tout amour des autres pour nous est une espèce de lien & d'engagement, non seulement parce que la concupiscence nous y attache & que nous craignons de le perdre, mais aussi parce qu'il produit certains devoirs dont il est difficile de se bien acquitter. Comme il ouvre leur cœur pour nous, il nous oblige d'user de cette ouverture pour leur bien spirituel, & cet usage n'est pas facile. Il est vrai que c'est un grand bien quand on le sait ménager ; mais c'est un bien qu'il ne faut pas souhaiter, parce qu'il est accompagné de trop de dangers. On s'arrête d'ordinaire à cette affection, on s'y plaît, on craint de la perdre : & bien loin que ce nous soit une occasion de porter les autres à Dieu, c'en est souvent une de nous en détourner nous-mêmes & de nous amollir en nous faisant entrer dans leurs passions.

Mais dit-on pourquoi cette personne a-t-elle tant d'indifférence pour moi, puisque je n'en ai point pour elle ? Pourquoi n'a-t-elle aucune application à ce qui me touche, moi qui m'applique avec tant de soin à ce qui peut la regarder ? Ce sont les discours que l'amour propre forme dans le cœur des gens sensibles & qui ont peu de vertu, mais dont il est aisé de découvrir l'injustice.

Si notre unique fin dans la complaisance que nous avons eue pour les hommes, a été de les attacher à nous, & de faire qu'ils nous traitassent de la même sorte, nous méritons bien d'être privés d'une si vaine récompense.

Mais si nous avons eu un autre but ; si nous ne nous sommes appliqués aux hommes que pour obéir à Dieu, cette application ne porte-t-elle pas sa récompense avec elle-même, & pourrons-nous en exiger une autre sans injustice ?

Il est vrai qu'il peut y avoir de la faute dans l'inapplication & l'indifférence des autres pour nous : mais c'est Dieu & non pas nous que cette faute regarde. Elle leur nuit à eux, & non pas à nous. Elle nous peut donner sujet de les plaindre, mais non pas de nous plaindre d'eux. Et ainsi le ressentiment qui nous en reste est toujours injuste, puisqu'il n'a point d'autre obiet que nous-mêmes.

4. *Indifférence. Inapplication.*

CHAPITRE VII

Combien le dépit qu'on ressent contre ceux qui manquent de reconnaissance envers nous est injuste.

[5]Rien ne marque plus combien la foi est éteinte ou peu agissante dans les Chrêtiens, que ce dépit qu'ils ont quand on n'a pas pour eux toute la reconnaissance qu'on devrait, parce qu'il n'y a rien de plus opposé aux lumières de la foi.

S'ils regardaient comme ils doivent les services qu'ils rendent aux autres, ils les considéreraient comme des grâces qu'ils ont reçues de Dieu, & dont ils sont redevables à sa bonté, & comme des œuvres qu'ils lui ont dû offrir, & consacrer sans aucun égard aux créatures.

Ils regarderaient ceux à qui ils ont rendu ces services, comme leur ayant en quelque façon procuré ce bien ; & par conséquent ils croiraient qu'ils ont beaucoup plus reçu d'eux qu'ils ne leur ont donné.

Ils craindraient comme le plus grand des malheurs, de recevoir en ce monde la récompense de ces œuvres ; & d'être privés de celle qu'ils auraient reçûe en l'autre, s'ils avaient regardé Dieu plus purement.

Ils reconnaîtraient que ces œuvres, telles qu'elles soient, ont été mêlées de plusieurs imperfections, & qu'ainsi ils ont sujet de s'en humilier, & de désirer de s'en purifier par la Pénitence.

Le moyen d'allier avec ces sentiments où la foi nous doit porter, ce dépit & ce chagrin que nous éprouvons, quand les hommes manquent à ce que nous nous imaginons qu'ils nous doivent. N'est-ce pas faire voir au contraire que nous n'avons travaillé que pour les hommes, que nous n'avons regardé qu'eux ; & qu'ainsi les œuvres dont nous nous glorifions sont un larcin que nous avons fait à Dieu, & dont il a droit de nous punir ?

Si dans les services que nous avons rendus aux hommes, nous n'avons eu que les hommes en vue, c'est un bien pour nous qu'ils en soient méconnaissants ; parce que leur ingratitude nous peut servir à obtenir miséricorde de Dieu, si nous la souffrons comme il faut. Si nous n'avons regardé que Dieu, c'est encore un bien que les hommes ne nous en récompensent pas, parce que la vue que nous aurions de leur reconnaissance est plus capable que toute chose de diminuer ou d'anéantir la récompense que nous attendons de Dieu. De quelque manière que nous considérions donc la gratitude des hommes ; nous trouverons que si c'est un bien pour eux, c'est un mal pour nous, & que leur ingratitude nous est infiniment plus avantageuse. Leur gratitude n'est capable que de nous ravir le fruit de nos meilleures actions, & d'augmenter le châtiment des mauvaises. Leur ingratitude

5. *Gratitude. Ingratitude.*

nous conserve le fruit des bonnes, & nous peut servir à payer ce que nous devons à la justice de Dieu pour les mauvaises.

On ne ferait jamais cette injure à un Prince qui aurait promis de grandes récompenses à ceux qui le serviraient, & qui s'offenserait qu'on en attendît d'ailleurs que de lui, de préférer les caresses de quelques-uns de ses sujets aux biens solides qu'on aurait sujet d'espérer de lui. C'est néanmoins la manière dont nous agissons tous les jours envers Dieu. Il promet un royaume éternel aux services charitables qu'on rend au prochain ; mais il veut que l'on se contente de cette récompense, & que l'on n'en attende point. Cependant l'esprit de la plupart des hommes est continuellement occupé à examiner si l'on leur rend ce qu'on leur doit. Si ceux qu'ils ont servis sentent les obligations qu'ils leur ont, & s'ils s'acquittent ponctuellement des devoirs que les hommes ont établis pour marquer la reconnaissance.

Si l'on avait donc les vrais sentiments que la foi doit inspirer, on serait persuadé que comme Dieu nous fait une grande grâce lorsqu'il nous donne moyen de servir les autres ; il nous en fait une autre qui n'est pas moindre, lorsqu'il permet que les hommes ne nous en témoignent pas la reconnaissance qu'ils devraient. Car c'est mettre ordre en nous donnant un trésor inestimable, que ce trésor nous demeure, & qu'on ne nous le ravisse pas.

Mais notre joie doit être pleine & accomplie lorsque nous avons lieu de croire que les personnes qui semblent manquer de reconnaissance, sont d'elles-mêmes très-reconnaissantes, & que cela ne vient que de l'ignorance de l'obligation qu'elles nous ont. Car quoi qu'il nous soit toujours réellement avantageux, que les autres manquent de gratitude pour nous, néanmoins nous ne le devons pas souhaiter, parce que c'est ordinairement un mal pour eux. Mais il n'y a rien que de souhaitable, lorsque ce n'est un mal ni pour eux ni pour nous, & que sans qu'ils soient coupables d'ingratitude, ils ne nous mettent point en danger par une reconnaissance humaine, de perdre la récompense que nous attendons de Dieu.

Il y a non seulement beaucoup d'injustice dans cette attente de la reconnaissance des autres, mais aussi beaucoup de bassesse : & ce nous devrait être un grand sujet de confusion quand nous considérons pour quelles choses nous nous privons d'une récompense éternelle. Ces devoirs de reconnaissance que nous exigeons se réduisent le plus souvent à un simple compliment, ou à quelques civilités inutiles : & ce sont là les choses que nous préférons à Dieu & aux biens qu'il nous promet.

Souvent même nous sommes cause du défaut que nous imputons aux autres. Nous éteignons la gratitude dans leur cœur par la manière dont nous les servons. Et nous avons presque toujours lieu de croire, quand nous voyons que l'on est moins reconnaissant pour nous que pour d'autres, qu'il y a quelque chose en nous qui n'attire pas la reconnaissance. Mais soit que cela arrive par notre faute, ou par celle des autres, c'est toujours une faiblesse que de se piquer quand on ne nous rend pas de devoirs que nous voyons clairement ne nous pouvoir être que dangereux.

CHAPITRE VIII

Qu'il est injuste d'exiger la confiance des autres, & que c'est un grand bien que l'on n'en ait pas pour nous.

La confiance qu'on a pour nous étant une marque d'amitié & d'estime, ce n'est pas merveille si elle flatte notre amour propre, & si la réserve de ceux que nous croyons devoir avoir ces sentiments pour nous, le blesse & l'incommode. Mais la raison & la foi doivent nous donner des sentiments tout contraires, & nous persuader fortement que la réserve que les autres auront pour nous, nous est beaucoup plus avantageuse que leur confiance.

Quand il n'y en aurait point d'autre raison sinon qu'il nous est utile d'être privés de ces petites satisfactions qui contentent & nourrissent notre vanité, elle nous devrait suffire pour nous porter à embrasser avec joie ces occasions d'une mortification spirituelle qui nous pourrait être d'autant plus avantageuse, qu'elle combat plus directement la principale de nos passions. Mais il y en a encore plusieurs autres aussi solides & aussi importantes que celle-là. Et en voici quelques-unes.

Celui qui s'ouvre à nous, nous consulte en quelque sorte, & nous ne lui saurions parler après cela, sans prendre part à sa conduite, puisqu'il est comme impossible d'éviter que ce que nous dirons n'ait quelque rapport à ce qu'il nous aura découvert, & il ne se peut même que nous ne fassions par là quelque impression sur son esprit, parce qu'il est disposé par cette ouverture même à nous écouter & à nous croire. Or ce n'est pas un petit danger que d'être obligé de parler dans ces circonstances, parce qu'il faut beaucoup de lumière pour le pouvoir faire utilement, & pour soi, & pour les autres. Souvent on ne fait qu'autoriser les gens dans leurs passions, parce qu'on est naturellement porté à ne les pas contrister, & l'on seconde ainsi le désir secret qu'ils ont de trouver des approbateurs de leur conduite, qui est ordinairement ce qui les porte à s'ouvrir.

Il y a peu de gens qui puissent recevoir l'effusion du cœur & de l'esprit des autres, sans participer à leur corruption. On entre insensiblement dans leurs passions, on se prévient contre ceux contre qui ils sont prévenus : & comme la confiance qu'ils ont pour nous, nous porte à croire qu'ils ne voudraient pas nous tromper, nous embrassons leurs opinions & leurs jugements sans prendre garde qu'ils se trompent souvent les premiers. Et nous nous remplissons ainsi de toutes leurs fausses impressions.

On se charge souvent par là de diverses choses, qu'il faut tenir secrètes : ce qui n'est pas un fardeau peu considérable puisqu'il oblige à une application trés-incommode, pour ne se pas laisser surprendre, & qu'il met souvent au hasard de blesser la vérité. Et comme il arrive d'ordinaire que ces choses viennent à être sues par diverses voies, le soupçon en tombe naturellement sur ceux à qui on en a fait confidence.

On contracte même par la confiance & l'ouverture des autres pour nous quelque sorte d'obligation de s'ouvrir à eux & de s'y confier, parce qu'on les choque si on ne les traite comme on en est traité : au lieu que ceux qui agissent avec plus de réserve, ne trouvent point mauvais qu'on en use de même à leur égard. Or cette obligation est souvent très-incommode, puisqu'on n'y saurait manquer sans fâcher les gens, ni s'en acquitter sans se mettre en danger de leur nuire, ou de se nuire à soi-même, par l'abus qu'ils peuvent faire de ce qu'on leur découvre.

Si nous considérons de plus combien le plaisir que nous avons quand on se fie en nous est peu réel & plein de vanité. Combien il est injuste d'exiger des autres une chose qui doit être aussi libre que la découverte de ses secrets, & enfin si nous nous faisons justice à nous-mêmes en reconnaissant que puisqu'on n'a pas d'ouverture pour nous, il faut qu'il y ait en nous quelque chose qui l'éloigne ; il sera difficile que nous ne condamnions ces dépits intérieurs que la réserve nous cause, & que nous n'ayons honte de notre faiblesse.

CHAPITRE IX

Qu'il faut souffrir sans chagrin l'incivilité des autres. Bassesse de ceux qui exigent la civilité.

La civilité nous gagne. L'incivilité nous choque. Mais l'une nous gagne, & l'autre nous choque, parce que nous sommes hommes, c'est-à-dire tous vains & tous injustes.

Il y a très-peu de civilités qui nous doivent plaire, même selon la raison humaine, parce qu'il y en a très-peu qui soient sincères, & désintéressées. Ce n'est souvent qu'un jeu de paroles, & un exercice de vanité qui n'a rien de véritable & de réel. Se plaire en cela, c'est se plaire à être trompé. Car ceux qui nous en témoignent le plus en apparence, sont peut-être les premiers qui se moquent de nous si-tôt qu'ils nous ont quittés.

La plus sincère & la plus véritable nous est toujours inutile ; & même dangereuse. Ce n'est tout-au-plus qu'un témoignage qu'on nous aime & qu'on nous estime. Et ainsi elle nous présente deux objets qui flattent notre amour propre, & qui sont capables de nous corrompre le cœur.

Toutes les civilités qu'on nous rend nous engagent à des servitudes fâcheuses. Car le monde ne donne rien pour rien. C'est un commerce & une espèce de trafic qui a pour juge l'amour propre ; & ce juge oblige à une égalité réciproque de devoirs, & autorise les plaintes que l'on fait contre ceux qui y manquent.

Les civilités nous corrompent d'ordinaire le jugement, parce qu'elles nous portent souvent à préférer ceux de qui nous les recevons à d'autres qui ont les qualités essentielles qui méritent notre estime.

Mais comme les civilités qu'on nous rend nous servent peu, l'incivilité nous fait peu de mal, & ainsi c'est une faiblesse extrême que d'en être choqué. Ce n'est souvent, qu'un défaut d'application, qui vient de ce que l'esprit est occupé à d'autres choses plus solides. Et ceux qui sont les moins exacts en civilités sont souvent ceux qui ont plus de désirs effectifs de nous rendre des services réels & importants.

Mais l'incivilité vienne si l'on veut d'indifférence, & même de peu d'affection, quel bien nous ôte-t-elle ? Quel mal est-ce qu'elle nous apporte ? Et comment pouvons-nous espérer que Dieu nous remette ces dettes immenses dont nous lui sommes redevables par les lois inviolables de la justice éternelle, si nous ne remettons pas aux hommes de petites déférences qu'ils ne nous doivent que par des établissements humains.

Ce n'est pas que Dieu n'autorise ces établissements, & qu'ainsi on ne se doive de la civilité les uns aux autres, même selon la loi de Dieu, comme nous l'avons montré dans la première partie de ce Traité. Mais c'est une sorte de dette qu'il ne nous est jamais permis d'exiger. Car ce n'est pas à notre mérite qu'on la doit, c'est à notre faiblesse. Et comme nous ne devons pas être faibles, & que c'est par notre faute que nous le sommes, notre premier devoir consiste à nous corriger de cette faiblesse : & nous n'avons jamais droit de nous plaindre de ce qu'on n'y a pas assez d'égard, & moins encore de souhaiter ce qui ne sert qu'à l'entretenir.

CHAPITRE X

Qu'il faut souffrir les humeurs incommodes.

Ce n'est pas assez pour conserver la paix, & avec soi-même, & avec les autres, de ne choquer personne, & de n'exiger de personne, ni amitié, ni estime, ni confiance, ni gratitude, ni civilité ; il faut encore avoir une patience à l'épreuve de toutes sortes d'humeurs & de caprices. Car comme il est impossible de rendre tous ceux avec qui on vit, justes, moderés, & sans défauts, il faudrait désespérer de pouvoir conserver la tranquillité de son âme, si on l'attachait à ce moyen.

....

LXXIX

Il faut donc s'attendre qu'en vivant avec les hommes, on y trouvera des humeurs fâcheuses, des gens qui se mettront en colère sans sujet, qui prendront les choses de travers, qui raisonneront mal, qui auront un ascendant plein de fierté ou une complaisance basse & désagréable. Les uns seront trop passionnés, les autres trop froids. Les uns contrediront sans raison, d'autres ne pourront souffrir qu'on les contredise en rien. Les uns seront envieux & malins, d'autres insolents, pleins d'eux-mêmes, & sans égards pour les autres. On en trouvera qui croiront que tout leur est dû, & qui ne faisant jamais réflexion sur la manière dont ils agissent envers les autres, ne laisseront pas d'en exiger des déférences excessives.

Quelle espérance de vivre en repos, si tous ces défauts nous ebranlent, nous troublent, nous renversent & font sortir notre âme de son assiette.

Il faut donc les souffrir avec patience & sans se troubler, si nous voulons posséder nos âmes, comme parle l'Écriture, & empêcher que l'impatience ne nous fasse échapper à tous moments, & ne nous précipite dans tous les inconvénients que nous avons représentés. Mais cette patience n'est pas une vertu bien commune. De sorte qu'il est bien étrange qu'étant si difficile d'une part, & si utile de l'autre, on ait si peu de soin de s'y exercer, au même-temps que l'on s'étudie à tant d'autres choses inutiles & de peu de fruit.

LXX

Pour diminuer cette forte impression que les défauts des autres font sur nous, il est utile de considérer souvent,

1. Que les défauts étant aussi communs qu'ils sont, c'est une sottise d'en être surpris, & de ne s'y pas attendre. Les hommes sont mêlés de bonnes & de mauvaises qualités : ils nous sont utiles & incommodes. Il les faut prendre sur ce pied-là : & quiconque veut profiter des avantages que l'on reçoit de leur société, doit se résoudre à souffrir en patience les incommodités qui y sont jointes.

2. Qu'il n'y a rien de plus ridicule que d'être déraisonnable parce qu'un autre l'est, de se nuire à soi-même parce qu'un autre se nuit, & de se rendre participant de toutes les sottises d'autrui, comme si nous n'avions pas assez de nos propres défauts, & de nos propres misères, sans nous charger encore des défauts & des misères de tous les autres.

3. Que quelque grands que soient les défauts que nous trouvons dans les autres, ils ne nuisent qu'à ceux qui les ont, & ne nous font aucun mal, à moins que nous n'en recevions volontairement l'impression. Ce sont donc des objets de pitié & non de colère, & nous avons aussi peu de sujet de nous irriter contre les maladies de l'esprit des autres, que contre celles qui n'attaquent que leur corps. Il y a même cette différence que nous pouvons contracter les maladies du corps

malgré que nous en ayons ; au lieu qu'il n'y a que notre volonté qui puisse donner entrée dans nos âmes aux maladies de l'esprit.

LXXI

Nous ne devons pas seulement regarder les défauts des autres comme des maladies, mais aussi comme des maladies qui nous sont communes. Car nous y sommes sujets comme eux. Il n'y a point de défauts dont nous ne soyons capables, & s'il y en a que nous n'ayons pas effectivement, nous en avons peut-être de plus grands. Ainsi n'ayant aucun sujet de nous préférer à eux, nous trouverons que nous n'en avons point de nous choquer de ce qu'ils font, & que si nous souffrons d'eux, nous les faisons souffrir à notre tour.

LXXII

Les défauts des autres, si nous les pouvions regarder d'une vue tranquille & charitable, nous seraient des instructions d'autant plus utiles que nous en verrions bien mieux la difformité que des nôtres dont l'amour propre nous cache toujours une partie. Ils nous pourraient donner lieu de remarquer que les passions font d'ordinaire un effet tout contraire à celui que l'on prétend. On se met en colère pour se faire croire, & l'on en est d'autant moins cru. On se pique de ce qu'on n'est pas aussi estimé que l'on croit le mériter, & on l'est d'autant moins qu'on cherche plus à l'être. On s'offense de n'être pas aimé, & par là on gêne les gens & l'on attire encore plus leur aversion.

Nous y pourrions voir aussi avec étonnement, à quel point ces mêmes passions aveuglent ceux qui en sont possédés. Car ces effets qui sont si sensibles aux autres, leur sont d'ordinaire inconnus. Et il arrive souvent que se rendant odieux, incommodes, & ridicules à tout le monde, ils sont les seuls qui ne s'en apperçoivent pas.

Et tout cela nous pourrait faire ressouvenir ou des fautes où nous sommes autrefois tombés par des passions semblables, ou de celles où nous tombons encore par d'autres passions qui ne sont peut-être pas moins dangereuses, & dans lesquelles nous ne sommes pas moins aveugles ; & par là toute notre application se portant à nos propres défauts, nous en deviendrions beaucoup plus disposés à supporter ceux des autres.

LXXIII

Enfin il faut considérer qu'il est aussi ridicule de se mettre en colère pour les fautes & les bizarreries des autres, que de s'offenser de ce qu'il fait mauvais temps, ou de ce qu'il fait trop froid ou trop chaud, parce que notre colère est aussi peu capable de corriger les hommes, que de faire changer les saisons. Il y seulement cette différence qu'en se mettant en colère contre les saisons, on ne les rend ni plus ni moins incommodes ; au lieu que l'aigreur que nous concevons contre les hommes les irrite contre nous, & rend leurs passions plus vives & plus agissantes.

Conclusion

LXXIV

Ce que nous avons vu jusqu'ici, suffit pour donner une légère idée des moyens qui peuvent servir à conserver la paix entre les hommes, & ils sont tous compris dans ce verset du Psaume : *Pax multa diligentibus legem tuam, & non est illis scandalum*[6]. Car si nous n'aimions que la loi de Dieu, nous nous rendrions attentifs à ne pas choquer nos frères ; nous ne les irriterions jamais par des contestations indiscrètes, & jamais leurs fautes ne nous seraient une occasion de colère, d'aigreur? de trouble & de scandale, puisque ces fautes ne nous empêchent pas de demeurer attachés à cette loi, qu'elle nous oblige de les souffrir avec patience, & que c'est en particulier ce précepte de la tolérance chrétienne que l'Apôtre appelle la loi de JÉSUS-CHRIST[7]. *Portez,* dit-il, *les fardeaux les uns des autres, & vous observerez la loi de* JÉSUS-CHRIST. Nous devons donc reconnaître que toutes nos impatiences, & tous nos troubles viennent de ce que nous n'aimons pas assez cette loi de la charité : que nous avons d'autres inclinations que celle d'obéir à Dieu ; & que nous cherchons notre gloire, notre plaisir, notre satisfaction dans les créatures. Ainsi le principal moyen pour établir l'âme dans une paix solide & inébranlable, c'est de l'affermir dans cet unique amour qui ne regarde que Dieu en toutes choses, qui ne désire que de lui plaire, & qui met tout son bonheur à obéir à ses lois.

---

6. Ps. 118. 165.
7. Galat. 6. 2.

WILLIAM PENN

Essai sur la paix perpétuelle et future de l'Europe
1693

ARTICLE PREMIER. Les Princes souverains d Europe, par amour de la paix et de l'ordre, devraient convenir de se réunir, en la personne de leurs députés désignés, en une Diète générale, États ou Parlement, et y établir des règles de justice qu'ils devraient mutuellement respecter.

ART. 2. Ce Corps devrait se réunir annuellement, ou au moins une fois tous les deux ou trois ans, ou lorsqu'ils (les Princes) jugeraient qu'il y a lieu de le réunir.

ART. 3. Il (ce Corps) porterait le titre de Diète souveraine ou impériale, Parlement ou États de l'Europe.

ART. 4. A cette assemblée souveraine devraient être soumis tous les différends pendants entre un souverain et autre souverain, et qui, antérieurement au commencement de sa session, n'ont pu être réglés par les moyens diplomatiques.

ART. 5. Si l'une des souverainetés constituant cette Diète impériale refusait de soumettre ses réclamations ou prétentions à la Diète ou d'accepter son jugement et cherchait une réparation par les armes ou retardait sa soumission au-delà du délai imparti, toutes les autres souverainetés, unissant leurs forces, devraient la contraindre à la soumission et à l'exécution de la sentence et au payement de tous les frais et dommages.

ART. 6. La Diète impériale devrait être composée selon la représentation proportionnelle.

ART. 7. La détermination du nombre de personnes ou de voix pour chaque souveraineté ne serait pas impraticable si elle dépendait d'une estimation du revenu annuel de leurs pays respectifs.

ART. 8. Cette estimation devrait être faite en prenant en considération les revenus des terres, les exportations, et les entrées en douane, les livres d'impositions et les cadastres qui existent dans tout gouvernement aux fins de calculer les impôts nécessaires à son maintien.

ART. 9. Il n'est pas absolument nécessaire qu'il y ait autant de délégués que de voix, car le vote peut être donné aussi bien par un délégué que par dix ou douze.

ART. 10. Cependant, plus l'assemblée sera complète et nombreuse, plus les débats seront solennels, efficaces et libres, et ses résolutions comporteront une grande autorité.

ART. 11. Le lieu de la première session devrait être aussi central que possible ; ensuite l'assemblée le déterminera elle-même.

ART. 12. Afin d'éviter les querelles de préséance, la Chambre pourrait être ronde et avoir plusieurs portes d'entrée et de sortie.

ART. 13. L'assemblée pourra être divisée en sections, dont chacune contiendra dix membres ; chaque section élira un de ses membres qui présidera l'assemblée, par voie de roulement.

ART. 14. Tous les discours devront être adressés au président qui devra résumer le sens des débats et formuler la question, avant de procéder au vote.

ART. 15. Le vote devrait avoir lieu à l'aide de boules, selon la prudente et recommandable méthode des Vénitiens.

ART. 16. Aucune résolution ne devrait être adoptée sans l'approbation des trois quarts ou tout au moins d'une majorité de sept voix.

ART. 17. Toute plainte devra être dressée par écrit, sous la forme d'un mémoire ou d'un journal qui sera conservé par une personne appropriée dans un coffre ou armoire pourvu d'autant de serrures qu'il y a de sections dans l'assemblée (de dizaines dans les États).

ART. 18. Il devra y avoir un secrétaire pour chaque section (un clerc pour chaque dizaine), et un bureau ou table pour ces secrétaires dans l'assemblée.

ART. 19. A la fin de la session, un membre de chaque section (dizaine) désigné à cet effet, devra examiner et comparer entre eux les comptes rendus de ces secrétaires (les journaux de ces clercs) et les enfermer ensuite dans l'armoire ou coffre commun.

ART. 20. Chaque souveraineté, s'il lui plaît — et ainsi qu'il sied — pourra obtenir une expédition ou copie desdits mémoires et des comptes rendus des débats.

ART. 21. L'assemblée ne manquera pas d'établir des règles et règlements pour les débats, cette assemblée étant composée des plus sages et des plus nobles de chaque souveraineté, pour son propre honneur et sécurité.

ART. 22. Si un différend surgit parmi les délégués d'une même souveraineté, un des membres de la majorité devra exprimer leur vote sur la question.

ART. 23. Il est extrêmement nécessaire que chaque souveraineté soit représentée à la Diète, sous peine de graves sanctions, et que nul ne quitte la session sans autorisation, tant que toutes les âffaires n'ont pas été terminées ; et aussi qu'aucune neutralité (abstention) dans les débats ne soit permise ; car toute tolérance de ce genre ouvrirait rapidement la voie des agissements inéquitables et serait suivie d'une succession d'inconvénients tant apparents que cachés.

ART. 24. La langue employée au cours des sessions des États souverains doit être soit le latin, soit le français. La première serait excellente pour les civilistes, mais la seconde serait plus aisée pour les gens de qualité.

Texte cité d'après Le Fur et Chklaver, *Recueil de textes de droit international public*, Dalloz, 1934.

CHARLES-IRÉNÉE CASTEL DE SAINT-PIERRE

Projet de Paix perpétuelle*

Utrecht 1713

Entre les articles dont les Souverains peuvent convenir pour former la société européenne, il me semble qu'il y en a de deux sortes : les uns fondamentaux, où chacun soit sûr qu'il ne se fera jamais aucun changement, s'il n'y consent lui-même, et d'autres qui sont importants pour parvenir à cette sûreté suffisante de la conservation de la paix. Pour ceux-ci on y pourra toujours faire les changements convenables aux trois quarts des voix.

ARTICLES FONDAMENTAUX

ARTICLE PREMIER. Les Souverains présents par leurs députés soussignés sont convenus des articles suivants. Il y aura dès ce jour à l'avenir une société, une union permanente et perpétuelle entre les souverains soussignés, et s'il est possible entre tous les souverains chrétiens, dans le dessein de rendre la paix inaltérable en Europe ; et dans cette vue l'union fera, s'il est possible, avec les Souverains mahométans ses voisins des traités de ligue offensive et défensive, pour maintenir chacun en paix dans les bornes de son territoire, en prenant d'eux, et leur donnant toutes les sûretés possibles réciproques.

Les Souverains seront cependant perpétuellement représentés par leurs députés dans un Congrès ou Sénat perpétuel dans une ville libre.

ART. 2. La Société européenne ne se mêlera point du gouvernement de chaque État, si ce n'est pour en conserver la forme fondamentale, et pour donner un prompt et suffisant secours aux princes dans les monarchies, et aux magistrats dans les républiques, contre les séditieux et les rebelles. Ainsi elle garantira que les souverainetés héréditaires demeureront héréditaires de la manière et selon l'usage de chaque nation ; que les électives demeureront de même électives dans les pays où l'élection est en usage ; que parmi les nations où il y a des capitulations, ou bien ces conventions qu'on appelle *Pacta conventa,* ces sortes de traités seront exactement observés, et que ceux qui dans les monarchies auraient pris les armes contre le prince, ou qui dans les républiques les auraient prises contre quelques-uns des premiers magistrats, seront punis de mort avec confiscation de biens.

---

* Nous conservons, la présentation, la graphie et la ponctuation du document original.

ART. 3. L'Union emploiera toutes ses forces et tous ses soins pour empêcher que pendant les régences, les minorités, les règnes faibles de chaque État, il ne soit fait aucun préjudice au souverain, ni en sa personne, ni en ses droits, soit par ses sujets, soit par les étrangers ; et s'il arrivait quelque sédition, révolte, conspiration, soupçon de poison, ou autre violence contre le prince, ou contre la maison souveraine, l'Union, comme sa tutrice et comme sa protectrice née, enverra dans cet État des commissaires exprès pour être par eux informée de la vérité des faits, et en même temps des troupes pour punir les coupables selon toute la rigueur des lois.

ART. 4. Chaque Souverain se contentera pour lui et pour ses successeurs du territoire qu'il possède actuellement, ou qu'il doit posséder par le traité ci-joint.

Toutes les souverainetés d'Europe demeureront toujours en l'état où elles sont, et auront toujours les mêmes limites qu'elles ont présentement. Ainsi aucun territoire ne pourra être démembré d'aucune souveraineté, et aucun autre n'y pourra être ajouté par succession, pacte de maisons différentes, élection, donation, cession, vente, conquête, soumission volontaire des sujets ou autrement.

Aucun Souverain, ni aucun membre de maison souveraine ne pourra être souverain d'aucun État, que de celui, ou de ceux qui sont actuellement dans sa maison.

Les Souverains, qui, par leurs députés, vont signer ce traité et ceux qui par leurs députés le signeront dans la suite, seront censés par cette signature en considération des avantages qu'ils en doivent tous retirer, s'être mutuellement cédé et abandonné pour eux et pour leurs successeurs, tous les droits et toutes les prétentions qu'ils peuvent avoir les uns contre les autres, et particulièrement sur le territoire les uns des autres, sous quelque titre que ce puisse être, de quelque nature qu'elles soient ; de sorte qu'ils demeureront tous quittes les uns envers les autres, non seulement envers les Souverains qui vont signer ce traité, mais encore envers ceux qui le signeront dans la suite, et ceux-ci en signant demeureront réciproquement quittes, soit envers ceux qui auront déjà signé, soit envers ceux qui resteront à signer.

Les rentes que doivent les Souverains aux particuliers d'un autre État, seront payées, comme par le passé.

Aucun Souverain ne prendra le titre de Seigneur d'aucun pays, dont il ne sera point en actuelle possession, ou dont la possession ne lui sera point promise par le traité ci-joint.

Les Souverains ne pourront entre eux faire d'échange d'aucun territoire, ni signer aucun traité entre eux que du consentement, et sous la garantie de l'Union aux trois quarts des vingt-quatre voix, et l'Union demeurera garante de l'exécution des promesses réciproques...

ART. 7. Les députés travailleront continuellement à rédiger tous les articles du commerce en général, et des différents commerces entre les nations particulières, de sorte cependant que les lois soient égales et réciproques pour toutes les nations, et fondées sur l'équité. Les articles qui auront passé à la pluralité des voix des députés présents seront exécutés par provision selon leur forme et teneur, jusqu'à ce qu'ils soient réformés aux trois quarts des voix, lorsqu'un plus grand nombre de membres auront signé l'Union.

L'Union établira en différentes villes, les chambres pour le maintien du commerce, composées de députés autorisés à concilier et à juger à la rigueur, et en dernier ressort, les procès qui naîtront pour violence, ou sur le commerce, ou autres matières entre les sujets de divers Souverains, au-dessus de dix mille livres ; les autres procès de moindre conséquence seront décidés à l'ordinaire par juges du lieu où demeure le défendeur ; chaque Souverain prêtera la main à l'exécution des jugements des chambres du commerce, comme si c'étaient ses propres jugements.

Chaque Souverain exterminera à ses frais les voleurs et les bandits sur ses terres, et les pirates sur ses côtes, sous peine de dédommagement, et s'il a besoin de secours, l'Union y contribuera.

ART. 8. Nul Souverain ne prendra les armes et ne fera aucune hostilité que contre celui qui aura été déclaré ennemi de la société européenne ; mais s'il a quelque sujet de se plaindre de quelqu'un des membres ou quelque demande à lui faire, il fera donner par son député son mémoire au Sénat dans la ville de paix, et le Sénat prendra soin de concilier les différends par ses commissaires et médiateurs, ou s'ils ne peuvent être conciliés, le Sénat les jugera par jugement arbitral à la pluralité des voix pour la provision, et aux trois quarts pour la définitive. Ce jugement ne se donnera qu'après que chaque sénateur aura reçu sur ce fait les instructions et les ordres de son maître, et qu'il les aura communiqués au Sénat.

Le Souverain qui prendra les armes avant la déclaration de guerre de l'Union, ou qui refusera d'exécuter un règlement de la société, ou un jugement du Sénat, sera déclaré ennemi de la société, et elle lui fera la guerre, jusqu'à ce qu'il soit désarmé, et jusqu'à l'exécution du jugement et des règlements ; il paiera même les frais de la guerre, et le pays qui sera conquis sur lui lors de la suspension d'armes, demeurera pour toujours séparé de son État.

Si après la société formée au nombre de quatorze voix, un Souverain refusait d'y entrer, elle le déclarera ennemi du repos de l'Europe, et lui fera la guerre jusqu'à ce qu'il y soit entré, ou jusqu'à ce qu'il soit entièrement dépossédé.

ART. 9. Il y aura dans le Sénat d'Europe vingt-quatre sénateurs ou députés des souverains unis, ni plus ni moins, savoir : France, Espagne, Angleterre, Hollande, Savoie, Portugal, Bavière et Associés, Venise, Gênes et Associés, Florence et Associés, Suisse et Associés, Lorraine et Associés, Suède, Danemark, Pologne, Pape, Moscovie, Autriche, Courlande et Associés, Prusse, Saxe, Palatin et Associés, Hanovre et Associés, Archevêques-électeurs et Associés. Chaque député n'aura qu'une voix.

ART. 10. Les membres et les associés de l'Union contribueront aux frais de la société, et aux subsides pour la sûreté à proportion chacun de leurs revenus et des richesses de leurs peuples, et les contingents de chacun seront réglés d'abord par provision à la pluralité, et ensuite aux trois quarts des voix, après que les commissaires de l'Union auront pris sur cela dans chaque État les instructions et les éclaircissements nécessaires, et si quelqu'un se trouvait avoir trop payé par provision, il lui en serait fait raison dans la suite en principal et intérêt par ceux qui auraient trop peu payé. Les Souverains moins puissants et associés pour former une voix, alterneront pour la nomination de leur député à proportion de leurs contingents.

ART. 11. Quand le Sénat délibérera sur quelque chose de pressant et de provisoire pour la sûreté de la Société ou pour prévenir, ou apaiser quelque sédition, la question pourra se décider à la pluralité des voix pour la provision, et avant que de délibérer, on commencera par décider à la pluralité, si la matière est provisoire.

ART. 12. On ne changera jamais rien aux onze articles fondamentaux ci-dessus exprimés, sans le consentement unanime de tous les membres ; mais à l'égard des autres articles, la Société pourra toujours aux trois quarts des voix y ajouter, ou y retrancher pour l'utilité commune qu'elle jugera à propos.

Projet sur la Paix perpétuelle
Abrégé de 1729

Premier article, p. 21-22

« Il y aura désormais entre les Souverains qui auront signé les cinq articles suivants une alliance perpétuelle :
1 - pour se procurer mutuellement, durant tous les siècles à venir, sûreté entière contre les grands malheurs des guerres étrangères ;
2 - pour se procurer mutuellement, durant tous les siècles à venir, sûreté entière contre les grands malheurs des guerres civiles ;
3 - pour se procurer mutuellement, durant tous les siècles à venir, sûreté entière de la conservation en entier de leurs États ;
4 - pour se procurer mutuellement, dans tous les temps d'affaiblissement, une sûreté beaucoup plus grande de la conservation de leur personne et de leur famille dans la possession de la souveraineté, selon l'ordre établi dans la nation ;
5 - pour se procurer mutuellement une diminution très considérable de leur dépense militaire, en augmentant cependant leur sûreté ;
6 - pour se procurer mutuellement une augmentation très considérable du profit annuel que produiront la continuité et la sûreté du commerce ;
7 - pour se procurer mutuellement, avec beaucoup plus de facilité et en moins de temps, l'agrandissement intérieur ou l'amélioration de leurs États par le perfectionnement des Lois, des Règlements, et par la grande utilité de plusieurs excellents établissements ;
8 - pour se procurer mutuellement sûreté entière de terminer plus promptement, sans risques et sans frais, leurs différends futurs ;
9 - pour se procurer mutuellement sûreté entière de l'exécution prompte et exacte de leurs traités futurs et de leurs promesses réciproques. »

Second article, p. 26

Chaque allié contribuera, à proportion des revenus actuels et des charges de son État, à la sûreté et aux dépenses communes de la Grande Alliance. »

Troisième article, p. 27

« Les Grands Alliés, pour terminer entre eux leurs différends présents et à venir, ont renoncé et renoncent pour jamais (...) à la voix des armes ; et sont convenus de prendre toujours dorénavant la voie de conciliation par la médiation du reste des Grands Alliés dans le lieu de l'Assemblée générale. » Si cette médiation ne réussit pas, les Alliés sont convenus « de s'en rapporter au jugement qui sera rendu par les plénipotentiaires des autres alliés perpétuellement assemblés, et à la pluralité des voix pour la définitive, cinq ans après le jugement provisoire. »

Quatrième article, p. 30

Au cas où la puissance condamnée refuserait de s'incliner devant la décision arbitrale, « la Grande Alliance armera et agira contre elle offensivement », c'est-à-dire la contraindra par la force à respecter cette décision.

Cinquième article, p. 32

« Les Alliés sont convenus que les plénipotentiaires, à la pluralité des voix pour la définitive, régleront dans leur Assemblée perpétuelle tous les articles qui seront jugés nécessaires et importants, pour procurer à la Grande Alliance plus de solidité, plus de sûreté, et tous les autres avantages possibles ; mais l'on ne pourra jamais rien changer à ces cinq articles fondamentaux que du consentement unanime de tous les Alliés. »

VOLTAIRE

Rescrit de l'Empereur de la Chine à l'occasion du projet de paix perpétuelle
1761

Nous l'empereur de la Chine, nous sommes fait représenter dans notre conseil d'État les mille et une brochures qu'on débite journellement dans le renommé village de Paris, pour l'instruction de l'univers. Nous avons remarqué, avec une satisfaction impériale, qu'on imprime plus de pensées , ou façons de penser, ou impressions sans pensées, dans ledit village situé sur le petit ruisseau de la Seine, contenant environ cinq cent mille plaisants, ou gens voulant l'être, que l'on ne fabrique de porcelaines dans notre bourg de Kingtzin sur le fleuve Jaune, lequel bourg possède le double d'habitants, lesquels ne sont pas la moitié si plaisants que ceux de Paris.

Nous avons lu attentivement la brochure de notre amé Jean-Jacques, citoyen de Genève, lequel Jean-Jacques a extrait un *Projet sur la paix perpétuelle* du Bonze Saint-Pierre, lequel bonze Saint-Pierre l'avait extrait d'un clerc du mandarin marquis de Rosny, duc de Sully, excellent économe, lequel l'avait extrait du creux de son cerveau.

Nous avons été sensiblement affligé de voir que dans ledit extrait rédigé par notre amé Jean-Jacques, où l'on expose les moyens faciles de donner à l'Europe une paix perpétuelle, on avait oublié le reste de l'univers, qu'il faut toujours avoir en vue dans toutes ces brochures. Nous avons connu que la monarchie de France, qui est la première des monarchies ; l'anarchie d'Allemagne, qui est la première des anarchies ; l'Espagne, l'Angleterre, la Pologne, la Suède, qui sont, suivant leurs historiens, chacune en son genre, la première puissance de l'univers, sont toutes requises d'accéder au traité de Jean-Jacques.

Nous avons été édifié de voir que notre chère cousine l'impératrice de toute Russie était pareillement requise de fournir son contingent. Mais grande a été notre surprise impériale quand nous avons en vain cherché notre nom dans la liste. Nous avons jugé qu'étant si proche voisin de notre chère cousine, nous devions être nommé avec elle, que le Grand Turc voisin de la Hongrie et de Naples, le roi de Perse voisin du Grand Turc, le Grand Mongol voisin du roi de Perse, ont pareillement les mêmes droits, et que ce serait faire au Japon une injustice criante de l'oublier dans la confédération générale.

Nous avons pensé de nous-mêmes, après l'avis de notre conseil, que si le Grand Turc attaquait la Hongrie, si la diète européaine, ou européenne, ou européane ne se trouvait pas alors en argent comptant ; si, tandis que la reine de Hongrie s'opposerait au Turc vers Belgrade, le roi de Prusse marchait à Vienne ;

si les Russes pendant ce temps-là attaquaient la Silésie ; si les Français se jetaient alors sur les Pays-Bas, l'Angleterre sur la France, le roi de Sardaigne sur l'Italie, l'Espagne sur les Maures, ou les Maures sur l'Espagne, ces petites combinaisons pourraient déranger la paix perpétuelle.

Notre accession était donc d'une nécessité absolue, nous avons résolu de coopérer de toutes nos forces au bien général, qui est évidemment le but de tout empereur, comme de tout faiseur de brochures.

A cet effet, ayant remarqué qu'on avait oublié de nommer la ville dans laquelle les plénipotentiaires de l'univers doivent s'assembler, nous avons résolu d'en bâtir une sans délai. Nous nous sommes fait représenter le plan d'un ingénieur de Sa Majesté le roi de Narsingue, lequel proposa, il y a quelques années, de creuser un trou jusqu'au centre de la terre pour y faire des expériences de physique ; notre intention étant de perfectionner cette idée, nous ferons percer le globe de part en part. Et comme les philosophes les plus éminents du village de Paris sur le ruisseau dit la Seine croient que le noyau du globe est de verre, qu'ils l'ont écrit, et qu'ils ne l'auraient jamais écrit s'ils n'en avaient été sûrs, notre ville de la diète de l'univers sera toute de cristal, et recevra continellement le jour par un bout ou par un autre ; de sorte que la conduite des plénipotentiaires sera toujours éclairée.

Pour mieux affermir l'ouvrage de la paix perpétuelle, nous aboucherons ensemble, dans notre ville transparente, notre saint-père le grand lama, notre saint-père le grand daïri, notre saint-père le muphti et notre saint-père le pape, qui seront tous aisément d'accord moyennant les exhortations de quelques jésuites portugais. Nous terminerons tout d'un temps les anciens procès de la justice ecclésiastique et de la séculière, du fisc et du peuple, des nobles et des roturiers, de l'épée et de la robe, des maîtres et des valets, des maris et des femmes, des auteurs et des lecteurs.

Nos plénipotentiaires enjoindront à tous les souverains de n'avoir jamais aucune querelle, sous peine d'une brochure de Jean-Jacques pour la première fois, et du ban de l'univers pour la seconde.

Nous prions la république de Genève et celle de Saint-Marin de nommer, conjointement avec nous, le sieur Jean-Jacques pour premier président de la diète, attendu que ledit sieur ayant déjà jugé les rois et les républiques sans en être prié, il les jugera tout aussi bien quand il sera à la tête de la chambre ; et notre avis est qu'il soit payé régulièrement de ses honoraires sur le produit net des actions des fermes, des billets de loterie, et de ceux de la compagnie des Indes de Paris, qui sont les meilleurs effets de l'univers. Priant le Tien qu'il ait en sa sainte garde ledit Jean-Jacques, comme aussi le sieur Volmar, la demoiselle Julie et son faux germe.

Donné à Pékin, le 1er du mois de Hi han, l'an 1898436500 à la fondation de notre monarchie.

BIBLIOGRAPHIE

1. Sources doctrinales pour la construction de la paix

BELLERS (John) : *Some reasons for an European State,* 1710 ; le texte est reproduit dans *John Bellers* (George Clarke, éd.), Londres, Routledge et Kegan Paul, 1987, p. 132-153.

BENTHAM (Jeremy) : *Plan de paix universelle et perpétuelle,* rédigé en 1789, publié en 1831.

CASTEL DE SAINT-PIERRE (Charles Irénée) : *Projet pour rendre la paix perpétuelle en Europe,* Utrecht, 1713 ; réédition Garnier, 1981 ; Fayard, 1986.

CAMPANELLA (Tommaso) : *Civitas Soli* (chap. De re publica), 1602 ; *La Cité du soleil* (éd. L.Firpo), Droz, Genève, 1972 ; rééd. 1978.

— *Aforismi politici*, in *Opera latina*, Francfort, 1623 et Paris, 1637 ; éd. Firpo, Turin ; traduction française *Aphorismes politiques*, in Bibliothèque de philosophie politique et juridique, Caen, 1993.

— *Monarchie d'Espagne* (1598) et *Monarchie de France* (1635), traduction française, PUF, 1997.

Charte des Nations-Unies signée à San Francisco le 26 juin 1945, in P. Reuter et A. Gros, Traités et documents diplomatiques, PUF, 1959.

Convention pour le règlement pacifique des conflits internationaux signée à La Haye le 18 octobre *1907,* in P. Reuter et A. Gros, *op. cit.*, PUF, 1957.

CRUCE (Emeric de) : *Le nouveau Cynée ou Discours des occasions et moyens d'établir une paix générale et la liberté du commerce par tout le monde,* Paris, 1623, Reprint Edhis, Paris, 1976.

CYRANO DE BERGERAC (Savinien de) : *L'Autre monde ou les Etat et Empire de la Lune*, 1657 ; *Histoire comique des Etat et Empire de la lune et du soleil,*1662 ; Pauvert, Paris, 1962.

ERASME (Didier) : *Eloge de la folie,* 1510 ; Bibliothèque de Cluny, Paris, Colin, 1959.

FICHTE (Jean Gottlieb) : *Grundlegung des naturrechts,* 1796 ; traduction française, PUF, 1986.

GENTILIS (Alberico) : *De jure belli libri tres,* Hanovre, 1612 ; Oxford, Classics of international Law, 1933.

GENTZ (Friedrich) : *Über den ewigen Frieden,* 1796 ; traduction française, Thesaurus de philosophie du droit, Paris II-Duchemin, 1997.

GÖRRES (Joseph) : *Friedenutopien. Kant, Fichte, Schlegel, Görres,* 1796.

GROTIUS (Hugo) : *De jure belli ac pacis libri tres, inquibus jus naturae et gentium, item juris publici praecipua explicantur,* 1625 ; traduction Jean Barbeyrac : *Droit de la guerre et de la paix,* Paris, 1724 ; rééditée par la Bibliothèque de philosophie politique et juridiquc, Cacn, 1984 ; traduction Pradier-Fodéré, Thesaurus de philosophie du droit, 1998.

HEGEL (Georg W. F.) : *Principes de la philosophie du droit,* Berlin, 1821 ; trad. R. Derathé, Vrin, 1975.

HOBBES (Thomas) : *De Cive,* 1642 (Flammarion, 1982) ; *Léviathan,* 1651 (Sirey, 1971) ; cf. édition en cours des *Œuvres complètes*, Vrin.

HÖLDERLIN, *Friedenfeier*, 1802.

KANT (Emmanuel) : *Idée d'une histoire universelle d'un point de vue cosmopolitique (*1784) ; *Théorie et pratique* (1793) ; *La Religion dans les limites de la simple raison* (1793) ; *Essai sur la paix perpétuelle* (1795) ; *Doctrine du Droit* (1796). Cf. Bibliothèque de la Pléiade, tomes II et III, Gallimard, 1986.

KELSEN (Hans) : *Der Problem der Souveränität und die Theorie des Völkerrechts*, Tübingen, Mohr, 1920 ; *Reine Rechtslehre* (1932), trad. Ch. Eisenmann, *La théorie pure du droit*, Sirey, 1972 ; *General Theory of Law and State*, New York, Russell and Russell, 1945 ; rééd. 1961 ; traduction française LGDJ, 1997.

LEGNANO (Jean de) : *De bello, de repraesaliis et de duello*, Oxford University Press, 1917.

LEIBNIZ (Gottfried W.) : in *Opera omnia,* édition Dutens, Genève, 1768 ; édition Foucher de Careil, (1859-1865) reprint Olms, Hildesheim et New York, tomes IV et VI, 1969. *Textes inédits*, éd. G. Grua, PUF, 1948 ; *Leibniz et le droit naturel*, textes rassemblés par R. Sève, Vrin, 1994 ; *Correspondance Leibniz-Castel de Saint-Pierre* (présentation par A. Robinet), Thesaurus de philosophie du droit, Paris II- Duchemin, 1996.

MABLY (Gabriel Bonnot de) : *Droit public de l'Europe fondé sur les traités,* Genève, 1748 (5e éd. 1776).

MACHIAVEL (Nicolas) : *L'art de la guerre* (rédigé de 1513 à 1520), in Bibliothèque de la Pléiade, 1964.

MARSILE DE PADOUE, *Defensor Pacis , 1324 (imprimé à Bâle en 1522).*

MARTENS (Georg Friedrich von) : *Précis du droit des gens moderne de* l'*Europe, fondé sur les traités et l'usage,* 3e éd., Göttingen, 1821.

MONTAIGNE (Michel de) : *Essais,* Bibliothèque de la Pléiade, 1950.

MORE (Thomas) : *Utopia*, Louvain, 1516 ; traductions françaises : *L'Utopie,* Evreux, 1550 ; Bruxelles, 1966 ; Paris (Mame), 1978 ; éd. Flammarion, 1987.

MOSER (Johann J.) : *Grundsätze des Europäischen Völkerrechts in Kriegszeiten*, Tübingen, 1752.

Pacem in terris, encyclique du pape Jean XXIII, 11 avril 1963.

Pacte de la Société des Nations de 1919, in P. Reuter et A. Gros, *Traités et documents diplomatiques*, PUF, 1959 ; H. Aufricht, Guide to League of Nations Publications, New York, 1951.

PENN (William) : *Essay toward the present and future Peace of Europe,* Londres,1693 ; Olms, Hildescheim, Zürich, New-York, 1983 ; trad. française in Le Fur et Chklaver, *Recueil de textes de droit international public*, Dalloz, 1934.

POSTEL (Guillaume) : *De orbis terrae concordia,* 1542.

PROUDHON (Pierre-Joseph) : *La guerre et la paix*, Rivière, Paris, 1927.

PUFENDORF (Samuel) : *De jure naturae et gentium libri octo*, Amsterdam, 1672 ; Oxford, 1931. traduction française de Barbeyrac, *Le droit de la nature et des gens*, 1732 rééditée par la Bibliothèque de philosophie politique et juridique, Caen, 1986.

— *De officio hominis et civis juxta legem naturalem libri duo,* 1672 ; Oxford, 1927 ; traduction française de Barbeyrac, *Devoirs de l'homme et du citoyen,* rééd. Caen, 1984.

RACHEL (Samuel) : *De jure naturae et gentium dissertationes,* 1676 ; Washington, 1916.

REIGNY L.A. (dit Cousin Jacques) : *Nicomède dans la lune ou la révolution pacifique*, Paris, 1791.

Résolutions de l'Assemblée générale (des Nations-Unies) concernant « L'Union pour le maintien de la paix », (résolution 377, V, du 3 novembre 1950, in P. Reuter et A. Gros, *op. cit.,* 1959.

ROUSSEAU (Jean-Jacques) : *Le contrat social*, 1752 ; *Ecrits sur l'abbé de Saint-Pierre ; Fragments politiques,* in Bibliothèque de la Pléiade, tome III, 1964.

SCHELER (Max) : *L'idée de paix et les pacifismes* (1927), traduction française, Aubier, 1953.

SCHLEGEL (Friedrich) : *Der allgemeine Frieden : ein Ideal*, 1796.

SCHMITT (Carl) : *Der Begriff des Politischen*, Berlin, 1928 ; traduction française, *La notion de politique*, Calmann-Lévy, 1972.

— *Politische Theologie*, Munich et Leipzig, 1922 ; traduction française, Le Seuil, 1988.

SUAREZ (Francisco) : *Tractatus de legibus ac Deo legislatore,* Coïmbra, 1612.

TOLSTOï (Léon) : *Guerre et paix,* 1865-1869.

VATTEL (Emeric de) : *Le droit des gens, ou Principes de la loi naturelle appliqués à la conduite et aux affaires des nations et des souverains,* Neuchatel, 1758 ; Washington, 1916.

VICO (Jean-Baptiste) : *De universi juris uno principio et fine uno*, Naples,1720 ;

— *Diritto universale* (reprend l'ouvrage précédent sous le titre *De Uno* et ajoute *Liber alter qui est de Constantia jurisprudentiae*), Naples, 1721-1722.
VITORIA (Francisco de) : *De Indis et de jure belli relectiones*, éd. Washington, 1917 ; *Leçons sur les Indiens et le droit de la guerre*, Genève, 1970.
VOLTAIRE : *Rescrit de l'Empereur de la Chine à l'occasion du projet de paix perpétuelle*, 1761.
WOLFF (Christian) : *Institutiones juris naturae et gentium*, Halle, 1750.
ZOUCHE (Richard) : *Juris et judicii fecialis sive juris inter gentes, et quaestionum de eodem explicatio*, Oxford, 1650 ; Washington, 1911.

2. Etudes relatives au problème de la paix

N.B. Les travaux portant sur le droit de la guerre et la polémologie sont extrêmement nombreux. Bien que guerre et paix soient deux notions qui se renvoient l'une à l'autre, nous ne mentionnons ici que les études susceptibles d'éclairer la construction de la paix, principalement telle qu'elle est pensée au XVIIIe siècle.

AHRENS H. : *Cours de droit naturel*, 1837 ; 4e éd. Bruxelles, 1853.
ALAIN (Emile Chartier) : *Mars ou la guerre jugée*, 1921.
ANZILOTTI D. : *Corso di diritto internazionale*, Rome 1912 ; trad. fr. Paris, 1929 ; 4e éd. 1955.
ARON R. : *Les guerres en chaîne*, Gallimard, 1951 ; Introduction à Max Weber : *Le savant et le politique*, Plon, 1969 ; *Paix et guerre entre les nations*, Calmann-Lévy, 1969 ; *La République impériale*, Calmann-Lévy, 1972 ; *Penser la guerre : sur Clausewitz*. Tome I : *L'âge européen* ; tome II : *L'âge planétaire*, Gallimard, 1976 ; « La paix belliqueuse » (1946), in *Commentaire*, hiver 1996-1997, p. 913-917.
BACOT G. : *La doctrine de la guerre juste*, Economica, 1989.
BASDEVANT J. : « Règles générales du droit de la paix », in *Recueil des cours de l'Académie de droit international de La Haye*, 1936, IV, tome 58, p. 475-692.
BERBER F. : *Lehrbuch des Völkerrechts*, 3 vol. Munich, 1960-1964.
BERLIN I. : *Le bois tordu de l'humanité*, A. Michel, 1992.
BLONDEL M. : *Lutte pour la civilisation et philosophie de la paix*, Flammarion, 1939.
BOBBIO N. : *Il problema della guerra e le vie della pace*, Bologne, 1984 ; *La guerre et ses théories*, Paris, 1970.
BOUTHOUL G. : *Avoir la paix*, Paris, 1967 ; *La guerre*, PUF, 4e éd. 1969 ; *Traité de polémologie*, Payot, 1974 ; *Lettre ouverte aux pacifistes*, Paris (A. Michel), 1972 ; *La paix*, 1974.

BOUTROS-GHALI B. : *Contribution à une théorie générale des alliances,* Pedone, 1963.

BRUNSCHVICG : *L'esprit européen*, La Baconnière, 1947.

CAILLOIS R. : *La vertigine della guerra,* Rome, 1990.

CASTILLO M. : *Kant et l'avenir de la culture,* PUF, 1990.

CHANTEUR J. : *De la guerre à la paix*, PUF, 1989.

CHAUNU Pierre : *Les fondements de la paix. Des origines au début du XVIIIe siècle*, PUF, 1994.

CLARK G. et SOHN L. B. : *La paix par la loi mondiale*, 1961.

CLAUSEWITZ : *De la guerre,* Editions de Minuit, 1955 ; rééd. 1988.

COLLIARD C.A. : *Institutions internationales*, 1956 (7e éd. 1978).

CONSIDERANT V. : *La dernière guerre et la paix définitive en Europe,* Paris, 1850.

DEFRASNE J. : *Le pacifisme*, PUF, 1983.

DELBOS V. : « Kant et la paix perpétuelle », in *Nouvelle Revue,* 1899. ; *La philosophie pratique de Kant,* Alcan, 1905 (rééd. PUF, 1969).

DUPUY R.J. : *Le droit international,* 1963 ; 4e éd. 1972.

FAGUET E. : Le pacifisme, Société française d'imprimerie et de librairie, Paris, 1908.

FREUND J. : *L'essence du politique*, Sirey, 1965. ; *Sociologie du conflit,* 1963 ; *Le nouvel âge. Eléments pour une théorie de la démocratie et de la paix,* 1970.

GALBRAITH : *La paix indésirable*, Calmann-Lévy, 3e éd. 1984.

GLUCKSMANN A. : *Le discours de la guerre*, L'Herne, 1967 ; Grasset, 1979.

GOYARD-FABRE S. : *Pufendorf et le droit naturel,* PUF, 1993 ; *La construction de la paix ou le travail de Sisyphe*, Vrin, 1995 ; *La philosophie du droit de Kant,* Vrin, 1996.

GUGGENHEIM P. : *Traité de droit international public,* Genève, 1953-1954.

HABERMAS J. : *La paix perpétuelle : le bicentenaire d'une idée kantienne,* Le Cerf, 1996.

HASSNER P. : « Les concepts de guerre et de paix chez Kant », in *Revue française de science politique,* 1961, vol. XI.

HAGGENMACHER P. : *Grotius et la doctrine de la guerre juste,* PUF, 1983.

HÖFFE O. : *Introduction à la philosophie pratique de Kant,* Fribourg, Castella, 1985.

HÖFFE O. : *Immanuel Kant : Zum ewigen Frieden*, Berlin, Akad. Verl., 1995.

JÜNGER E. : « La paix », in *Table ronde*, Paris, 1948.

KELSEN H. : « Théorie générale du droit international public », in *Recueil des Cours de l'Académie de droit international de La Haye*, tome 42, 1932, IV, p. 121-351 et tome 84, 1953. III, p. 1-201.

KOJEVE A. : *Esquisse d'une phénoménologie du droit,* Gallimard, 1981.

LALOY J. : *Entre guerres et paix :* 1945-1966, Plon, 1966.

LANGE Ch. F. : *Histoire de l'internationalisme.* tome I, Kristiana, 1919 ; Lange et Schou, tome II, Oslo, 1954 ; tome III, Oslo, 1963. « Histoire de la doctrine pacifique et son influence sur le développement du droit international », in *Recueil des Cours de l'Académie de droit international de La Haye,* 1926, tome 13, III, p. 175-423.

LA PRADELLE A. de : *Maîtres et doctrines du droit des gens,* Paris, 1939 ; 2e éd. 1950.

LAVELLE L. : *Traité des valeurs,* PUF, 1955.

LE FUR L. : *Guerre juste et juste paix,* Pedone, 1920.

LIVET G. : *Guerre et paix de Machiavel à Hobbes,* A. Colin, 1972.

LORENZ : *L'agression*, Flammarion, 1969.

LOSURDO D. : *Autocensura e compromesso nel pensiero politico di Kant*, Naples, 1985 ; trad. française *Autocensure et compromis dans la pensée politique de Kant*, Lille, 1993.

LYON G. : « Le Léviathan et la paix perpétuelle », in *Revue de métaphysique et de morale*, 1902.

MERLE M. : *Pacifisme et internationalisme : XVIIe-XXe siècle,* A. Colin, 1966.

MERLEAU-PONTY M. : *Humanisme et terreur*, Gallimard, 1947 ; *Sens et non-sens*, Nagel, 1948.

MESNARD P. : *L'essor de la philosophie politique au XVIe siècle,* Boivin, 1937 ; Vrin, 1951.

MITSCHERLICH A. : *Die Idee des Friedens und die menschliche Agressivität*, Munich, 1969 ; traduction française : *L'idée de paix et l'agressivité humaine,* 1970.

NYS E. : « Honoré Bonet et Christine de Pisan », in *Etudes de droit international et de droit politique,* 1896, p. 145-162 ; *Les théories politiques et le droit international en France jusqu'au XVIIIe siècle,* Bruxelles, 1899 ; *Le droit des gens et les anciens jurisconsultes espagnols,* La Haye, 1914.

PFISTER Ch. : « Les *Œconomies royales* de Sully et le grand dessein d'Henri IV », in *Revue historique*, 1894, tome 54, 55, 56.

PHILONENKO A. : *L'œuvre de Kant*, Vrin, 1972 ; *Essais sur la philosophie de la guerre,* Vrin, 1976 ; *Etudes kantiennes*, Vrin, 1982 ; *La théorie kantienne de l'histoire,* Vrin, 1986.

POLIN R. : « Signification de la paix d'après Hobbes », in *Revue française de science politique*, 1954.

RAUMER K.von : *Ewiger Friede. Friedensrufe und Friedenspläne seit der Renaissance*, Munich, 1953.

REUTER P. *Introduction au droit des traités*, Paris, 1972.

REVES E. : *The anatomy of Peace*, New York, 1945 ; traduction française, Paris, 1946.

ROUVIER J. : « Naissance du droit international au XVIIe siècle », in *Revue XVIIe siècle*, 1963, n° 58-59, p. 40-56.

RUYSSEN Th. : *De la guerre au droit,* Alcan, 1920 ; « Kant et l'origine de la Société des Nations », in *Revue de métaphysique et de morale*, 1924 ; *Les sources doctrinales de l'internationalisme,* 3 tomes, PUF, 1954, 1958, 1961.

SCELLE G. : *Précis du droit des gens,* 2 vol. Paris, 1934-1939.

SCHWEITZER A. : *Paix ou guerre atomique,* Paris, 1958.

SCOTT J.B. : *Les Conférences de la paix de La Haye de 1899 et 1907,* Pedone, 1927.

SENGHAAS D. : *Kritische Friedensforschung*, Francfort, 1971.

SOULEYMAN E.V. : *The Vision of World peace in 17 and 18th Century in France,* New York, 1941.

TRUYOL Y SERRA A. : *Théorie du droit international public*, Nijhoff, Dordrecht, Londres, 1981 ; « El derecho de gentes como orden universal », in *La Escuela de Salamanca y el Derecho internacional en America. Del Pasado al futuro,* Salamanque, 1993.

VANDERPOL A. : *La doctrine scolastique du droit de la guerre,* Pedone, 1919.

VASAK K. : *Les dimensions internationales des droits de l'homme,* UNESCO, 1978.

VERDROSS A. : *Die Quellen universellen Völkerrechts*, Fribourg en Brisgau, 1973.

VERDROSS A. et SIMMA B. : *Universelles Völkerrecht. Theorie und Praxis*, Berlin, 1976.

VLACHOS G. : *La pensée politique de Kant,* PUF, 1962.

VUILLEMIN J. : « De la paix perpétuelle et de l'espérance comme devoir », in *Revue de théologie et de philosophie*, 1996-4, p. 323-338.

WEIL E. : *Problèmes kantiens,* 2e éd. Vrin, 1970 ; *Essais et conférences*, 2 tomes, Plon, 1971.

Le consensus, in *Pouvoirs,* 1978, n° 5.

La philosophie politique de Kant, *Annales de l'Institut international de philosophie politique*, PUF, 1962, n° 4.

La guerre et ses théories, *Annales de l'Institut international de philosophie politique*, PUF, 1970, n° 9.

La guerre, *Cahiers de philosophie politique et juridique*, Presses universitaires de Caen, 1986, n° 10.

Collectif : *Eviter la guerre ?* Maspero, 1983.

Journal of Conflict Resolution, Michigan, depuis 1951.

Journal of peace research, Oslo, depuis 1964.

Justicia, solidaridas, Paz, (Hommage à J. M. R. Sanz), Valence, 1995.

Pacifisme et dissuasion, *Institut français de relations internationales*, 1983.

La paix/Leibniz, *Philosophique*, Faculté des Lettres de Besançon, 1995.

Le règlement pacifique des différends internationaux : perspectives d'avenir, Martinus Nijhoff, Dordrecht, 1991.

UNESCO : *Paix sur la terre. Anthologie de la paix,* 1980 ; *La guerre ou la paix ?* Paris, 1980.

Table des matières

TROISIÈME PARTIE

La France révolutionnaire et le Traité de Kant « vers la paix perpétuelle »

QUATRIÈME PARTIE

Appendice : quatre textes relatifs à la paix

ACHEVÉ D'IMPRIMER
EN NOVEMBRE 1998
PAR L'IMPRIMERIE
DE LA MANUTENTION
A MAYENNE
N° 410-98

Dépôt légal : 4e trimestre 1998